田中浩集

第八巻

現代日本政治

未來社

田中浩集　第八巻　現代日本政治◎目次

序章　戦後民主主義の前提 …… 7
一　政治的・思想的先行条件　7
二　明治維新から明治憲法制定まで　13
三　明治憲法体制と自由民主主義　26
四　「大正デモクラシー期」から昭和ファシズム・敗戦まで　46

第一章　戦後民主主義への転換――「民主改革」から「講和会議」まで …… 63
一　敗戦への道　63
二　「ポツダム宣言」と「民主改革」　68
三　日本の再軍備問題とサンフランシスコ講和条約　75

第二章　「五五年体制」の成立から「第一次安保闘争」まで
――自民党一党支配のはじまりと日米安保体制の確立 …… 90
一　「対日平和条約」の締結・発効後の日本の政治　90
二　「講和」（日本の独立）から「五五年体制」の成立　95
三　第一次安保闘争　110

第三章　高度成長と列島改造論――池田内閣から田中内閣まで …… 128
一　自民党支配の確立過程　128

二　所得倍増計画と高度成長政策――池田内閣の時代　133
三　連続最長不倒内閣――佐藤内閣の時代　144
四　「今太閤」の功罪――田中内閣の時代　158

第四章　新たな保守政党支配の時代――三木内閣から中曾根内閣まで……170
一　田中支配を軸にする総保守体制への準備段階　170
二　「ロッキード事件」と政治改革――三木内閣の時代　175
三　狂乱物価の沈静化と後世にのこる火種――福田内閣の時代　184
四　印象希薄な四年間――大平内閣・鈴木内閣の時代　188
五　日本における新保守主義の体現者――中曾根内閣の時代　196

第五章　「五五年体制」崩壊への道――竹下内閣から宮沢内閣の時代……209
一　竹下派支配＝「総主流派」体制の確立　209
二　消費税導入とリクルート事件――竹下内閣・宇野内閣の時代　213
三　竹下派操縦内閣の内憂外患――海部内閣の時代　238
四　「ＰＫＯ協力法」制定と「政治改革」問題――宮沢内閣の時代　246

第六章　「五五年体制」の終焉と保守再編成――細川内閣から橋本内閣へ……259
一　プロローグ――保守再編成　259
二　「五五年体制」の終焉――細川内閣の時代（付・羽田内閣）　262

三　自社（さ）大連合、保守二大政党制のはじまり——村山政権の時代　276
四　日米安保体制の強化（沖縄問題）——橋本政権の時代　282

補論　一九九六年（平成八年）一月橋本龍太郎内閣の成立から二〇一四年（平成二六年）一二月安倍晋三第二次内閣の解散まで……288

解　説　290
戦後日本政治史略年表　296
初出一覧　巻末
人名索引　巻末

田中浩集　第八巻　現代日本政治

序章　戦後民主主義の前提

一　政治的・思想的先行条件

近代日本の歩み

現代日本の出発点ともいうべき明治維新（一八六八年）から、戦後五一年目（一九九六年）にあたるこんにちまでの約一三〇年間におよぶ「近代日本の歩み」をどうとらえたらよいか。これを、現在においてもなお、典型的な西欧型デモクラシーの政治的・思想的水準にはいまだに到達しえない歴史の連続（戦前から戦後へ）としてペシミスティックにみるか、それとも種々問題はあるにせよ、とにもかくにも日本は明治維新によって近代国民国家への転換・形成に成功し、さらに戦後民主改革期は戦前の思想的・制度的欠陥をドラスティックに変改し、いまや欧米並みの議会制民主主義国家を確立するまでに「発展した国」とオプティミスティックにとらえるかは、人によってさまざまであろう。

ここでは、二つの立場についての可否を性急に問うことはやめよう。なぜならいずれの立場にも、それぞれにきくべきなにかがあるように思われるからである。しかしここでは、「戦後日本政治」について述べるにさいし、はじめにひとことだけ次のことを指摘しておきたい。

それは、諸国民国家の発展の歴史をみれば、人間はつねに自由・平等・平和への願望実現をその「本性」としてもち（ホッブズ、ロック、ルソー）、それらの願望を抑圧する権力支配にたいしては、人びとは、強弱、大小の差はあれ、それらに抵抗し闘ってきたという事実があり、日本もまたその例外ではなかったということである。そしてそうした先人たちの奮闘努力なしには、こんにちの日本政治はありえなかったということだけはまちがいのないところであろう。

したがって「戦後日本政治」を考察するにさいしても、まずは戦前日本における政治やそれをめぐる政治・社会思想の諸相について、ごく簡単ではあれ概観しておく作業が必要であろう。

日本は、明治維新以来、こんにちまで約一三〇年間におよぶ近代化・民主化の過程において、歴史の大きな転換点に二度遭遇している。一つはいうまでもなく「明治維新」期であり、もう一つは敗戦直後の「民主改革」期である。そしてこの両者の変革過程に共通している点は、いずれも「近代化」、「民主化」をキーワードとする外圧的要因によって、それまでの日本のきわめて封建的・非民主的な体質からの転換・脱皮を余儀なくさせられていることである。

ところでなにごとも「無から有は生じない」ように、転換するにさいしては転換するだけの内在的要因が、なんらかそこにあったはずである。したがって外圧的要因は、あくまでも内在的要因を触発することによって日本の政治や思想を転換させることを可能ならしめたのであって、その意味では、転換にさいしての外圧的要因の重要性は十分に承知しつつも、内在的要因の検討・分析こそが、本巻の主題にとってより基本的なものとなると考える。

では、いわれるところの内在的要因とはなにか。これについてもさまざまな定義がありうるだろう。しかしここでは、日本の政治上、経済上、生活上の発展・変化と、そうした政治的、経済的、社会的構造上の変化を、どれだけ当時の人びとが正しく認識できたかという国民的英知の育成・陶冶の度合い、およびそうした変化に対応して改革・変革を推し進めることのできる主体がそこにおいてどれだけ形成されていたか、などが問題となろう。

たとえば一九世紀中葉以降、欧米先進諸国において資本主義が急速に発展し、その結果、西欧列強が帝国主義政策によって「アジア侵略」あるいはその「植民地化」政策に乗りだすという、きわめて深刻な国際的危機状況下にあって、なぜ日本だけがアジアにおいて近代国家への転換に成功しえたのかという問題である。それにはそれなりの理由があった。

徳川幕藩体制は、基本的には、鎖国と厳格な身分制秩序にもとづく閉鎖的社会による抑圧の体系であった。しかしこの体制のもとで、二五〇年以上にわたって国内的安定が保障されたことは、封建体制の維持・強化をはかった支配層の意図を超えて、近代国民国家形成にとって不可欠ないくつかの重要な諸条件を準備することになった。

たとえば三百諸侯の江戸城への参勤交替は、おそらく全国各地の情報を収集できる、ある種の「政治的統合」への道を切り開いていったと考えることができる。またこの参勤交替は、各藩の自立化をはかる殖産興業への努力の実態を知りうる情報収集の機会を諸侯に提供し、さらには、それは諸藩のあいだでの産物の交換を可能にし、そのことは、局地的市場圏の発達とそれらを結ぶ全国的な流通ネットワークの形成による「経済的統合化」への道を推し進めていったであろう。そしてこうした商工業の発展は、ヨーロッパ先進諸国のばあいでもそうであったように、封建的・身分制的な政治支配や社会秩序を、人びとに桎梏《しっこく》として感じさせるようになり、それが「封建制の危機」をもたらすことになった。

このため体制側も、幕末期には「蕃書調所《ばんしょしらべしょ》」（一八五六年創設、一八六二年洋書調所と改称）などを設けて、西欧の思想・文物の知識をひそかに収集し、政治改革の道を模索せざるをえなくなり、そうした時代状況の変化を鋭く察知したいわゆる洋学書生たちが、停滞した政治や思想に新風を吹き込まんものと多数輩出した。

このさい、ペルリ来航（一八五三年）を契機とする開国要求が外圧となり、旧体制側の政治「改革」の努力だけではもはや新事態に対応できず、ついに、徳川政権打倒を掲げた「革命」行動にまでいきつかざるをえなかった（ピューリタン革命、フランス革命、ロシア革命、東欧革命、旧ソ連邦の崩壊などをみよ）。

この「鎖国から開国へ」いたる思想転換は、徳川政権側またそれに対抗する西南雄藩（薩長土肥）側といった権力集団はいうにおよばず、長い封建体制の枠のなかで、その桎梏にあえいでいた人民大衆にとっても簡単なことではなく、「開国」か「佐幕」かの「せめぎ合い」をめぐって、双方の側に多数の犠牲者がでたことはここで記すまでもなかろう。

いずれにしても、それから間もなく、「尊王・攘夷」、「反徳川政権」、「政治改革」の大義名分を掲げた西南雄藩の連合軍が、「錦の御旗」のもとに、「開国・佐幕」を標榜する「守旧派」＝幕府側を打倒し、「尊王・開国」路線による西欧並みの国民国家をめざす新政府を設立した。

このように、幕藩体制末期においては、すでに日本でも国民国家の形成を可能にする、なんらかの「政治的統合」と「経済的統合」のシステムが不十分ながらもできあがっていたことがわかる。また、西欧先進諸国の思想や制度をいささか理解できるほどの知的素材もしだいに蓄積されつつあった。こうしたなかで倒幕のための主体が形成された。そして、以上の諸要素を結合しつつ、薩長土肥の、主として下級武士層から輩出した維新政府のリーダーたちが、洋学書生たちの知識と提言を採択・吸収しつつ、新国家の経営に着手することになる。

ところで、明治国家が国民国家の形成に乗りだしたとき、そこに二つの問題点があった。一つは、帝国主義列強によるアジア侵略、とくに隣国である中国侵略に象徴されるような国際的危機状況があった。これを防御するため、明治政府の指導者たちは、強力な近代国家を早急に確立する必要に迫られた。そしてこのことが、その後の近代日本の形成に決定的な影響を与えた（国家主義・軍国主義化への道）。

もう一つは、日本が近代国家への第一歩を踏みだした時点においては、近代国家の原型をつくったイギリス、アメリカ、フランスにみられたような、人権や市民的権利を第一義的なものとして尊重する市民階級（主体的条件）およびその社会的基盤である市民社会（客観的条件）を欠き、そのため政治指導者はもとよりのこと、国民大衆のあいだにも、市民政治思想が広汎にいきわたっていなかったということである。そしてそのことが、明治、大正、昭和（敗戦まで）と時代が進行するなかで、権力側からする国家主義、軍国主義、ファシズム、侵略主義にむけての国民教化策を助長させ、ついには悲惨な「一五年戦争」へと全国民を駆りたてる思想的・行動的マイナス要因となった。こうしてみると、戦前の日本は、たんなる「負の集積」の歴史にすぎなかったというふうにもみえる。となると、敗戦後、日本が、たとえマッカーサーや連合軍諸国の外圧によるものであったとはいえ、あのようにいわば天皇制「宗教国家」ともいえる非民主的体制から、欧米流の民主国家へとあざやかに変身できたのはなぜかという疑問が生じてくる。この点は、どう考えたらよいのか。

戦後民主主義の「パン種」

明治国家への転進にさいしては、それに先行する諸条件がきわめて不十分ながらも整備されつつあったことは、すでに述べた。そうであれば、戦後日本において「民主改革」を可能ならしめたのは、やはり戦前日本において、民主国家へと変身できる、なんらかの知的遺産やそれを支える主体的勢力が存在していたからだと考えざるをえないであろう。では、その内実となった要因はなにか。

一九三一年九月一八日の満州事変にはじまり、四五年八月一五日の敗戦によって終結した、いわゆる「一五年戦争」の時期だけをとってみると、たしかに日本は、超国家主義、軍国主義、ファシズム一色におおいつくされた「狂気の時代」であった。「ハラキリ」、「サムライ」、「大和魂」、「神風」、「特攻隊」、「玉砕」などなどを高唱し賛美した精神構造は、そのどれ一つをとってみても、戦後民主主義の精神とは結びつかない。とすると、戦後民主主義の「パン種」（自由主義・民主主義）は、「一五年戦争」以前の時期に探し求めなければなるまい。

それは、その力がきわめて微小であったため政治・社会思想の主流にはとうていなりえなかったが、維新以来、近代日本においても自由主義や民主主義を求める思想や運動があったということである。そしてその例としては、「一五年戦争」開始期の昭和初年に先行するもっとも近い時点でいえば、いわゆる「大正デモクラシー」の時代がある。この運動と思想は、主として知識人や学生によって担われたが、それは労働者・農民階級にも影響を与えた、というよりは、それらの階級・階層の台頭・支持なくしては、そもそも「大正デモクラシー」運動の高揚も開花もありえなかったであろう。

その思想と運動の特質についてはのちに述べるとして、この「大正デモクラシー」の知的遺産と人的資源の結集・陶冶こそが、戦後民主主義へのドラスティックな転換を可能にした、もっとも直接的な要因であったといえよう。では、「大正デモクラシー」運動を可能にした思想的要因とはなんであったのか。それは、明治憲法制定および国会開設後の、明治二、三〇年代における藩閥政治にたいする執拗な思想闘争と民主化運動にその淵源をもつ。この時期の国内政治の争点としては、いまや立憲政体への道を宣言して動きはじめた日本において、いかにして政党政治や議会制民主主義を実現するかをめぐって、また国際的環境を視野に入れた争点としては、日清・日露両戦争をテコにして、いかにして強力なる国家主導型の国家を形成するかをめぐって展開された。したがって、当時、国内政治と国際政治は分かちがたく結びついていたのであり、これをめぐる藩閥政府と民党・国民大衆の闘争こそが、のちに述べるように、「大正デモクラシー」運動へとひきつがれていったことは、いうまでもない。

ところで、明治二、三〇年代における自由と民主主義の実現を求める運動は、そもそも明治維新によって日本が国民国家として出発した時点から、明治国家体制の方向をプロイセン型君主専治体制に確定するまでの約二〇年間（明治啓蒙期から自由民権期を経て、明治憲法の制定へ）にわたって、たえず争われてきた政治課題をひきついだものであった。この問題点についても、のちに述べる。

以上、わたくしは、「大正デモクラシー期」、「明治二、三〇年代」、「明治啓蒙期・自由民権期・明治憲法制定期」

と時代を逆にさかのぼりながら、そこに、戦前日本における自由主義や民主主義の思想的伝統の萌芽、発展、継承の軌跡・系譜をみることができることを指摘した。もっとも、こうした自由主義と民主主義を求める戦前八〇年間ほどの思想的伝統と運動も、強大な国家権力のまえに、結局のところ、とくに昭和期に入ってからは、いわゆる「天皇制ファシズム」とよばれる超国家主義にすっぽりと呑み込まれてしまった。

しかし、そのような運動と思想的遺産は、まったく消え去ることはなかったはずである。なぜなら、自由主義や民主主義の理念は、その数はきわめて少数であったとはいえ、戦後民主主義への再生期に活躍することになる政治家、思想家、運動家たちの心の奥底深く刻み込まれ、そうした人たちの「思い」が、戦後民主改革期の「知的発条」となったことをみれば十分であるからである。

そこで、戦前日本の知的遺産と戦後民主主義への連続性という点を考察するためにも、はじめに、戦前日本の八〇年間における自由主義や民主主義をめぐる問題点について、ごく簡単に整理しておこう。

二　明治維新から明治憲法制定まで

イギリス型かドイツ型か

明治維新の断行から大日本帝国憲法制定（一八八九年、以下、明治憲法と表記）にいたるまでの、いわゆる明治前期、約二〇年間の政治過程は、その後の戦前日本における国民国家形成の性格を大きく決定づけた。

では、この時期における最重要な政治的争点とは、なんであったか。それはひとことでいえば、今後、日本はイギリス型の議会政治・政党政治にもとづく近代国家の形成をめざすのか、それともドイツ型（プロイセン流）の君権色がきわめて強い、議会政治を徹底的に軽視する国家（政府）主導型、つまり封建的・非民主的な性格を基調とする権威主義国家を創設するのか、をめぐっての問題であったと要約できよう。このさい、政権を掌握していた薩長藩閥政府はドイツ型政治を、それに対抗した民権派勢力はイギリス型政治を主張し、激突した。

もしこのとき日本が、イギリス型の議会制民主主義方式を採用することに成功していたならば、その後の日本の政治は大きく様相を異にしていたにちがいない。しかし、約二五〇年間以上にわたる長い封建体制から、いっきょに近代国家への道を歩みはじめたばかりの当時の日本においては、上は政治指導層から下は国民大衆レベルにいたるまで、依然として封建的な思考様式や秩序観が根強く残存していた。

したがってその時点では、伝統思想とはまったく異質な議会制民主主義をにわかに採用し、近代国家へとすばやく転進できるほどの思想的基盤もなければ、また自由主義や民主主義を基調とする政治体制の実現をはかるに足るだけの主体的勢力の形成も、きわめて脆弱《ぜいじゃく》であった。

もちろん、そのとき、民主主義を国民のあいだに普及させ、民主政治を実現しようという、政治家たちや思想家たちのさまざまな努力や闘いはなされた。しかし、抑圧手段や国民教化の手段を独占し、中央・地方の政治を整備しながら国内的統一をはかることに成功しつつあった藩閥政府の権力は、年を経るごとに強大化され、反体制勢力の運動と闘争は、政府権力の抑圧と懐柔策のまえに次々と敗退を余儀なくされていった。

国会開設要求の動き

さて、薩長藩閥政府に対抗する最初の組織的「のろし」は、明治維新後七年ほど経った一八七四年（明治七年）一月一七日、当時、政権の座からはずれていた、主として土佐・肥前出身の維新の功労者たち——板垣退助、後藤象二郎、江藤新平、副島種臣《そえじまたねおみ》ら——による「民撰議院設立建白書」の「左院」への提出によって打ち上げられた。「建白書」のねらいは、藩閥（明治）政府に権力を独占された閉鎖的な政治状況を打破すべく、世論をバックに、政治を広く国民の手にとりもどすかたちで正常化し、国民が政治に参加する道（国会開設）を切り開き、日本において「開かれた」民主主義的な政治運営の実現をはかろうというものであった。この運動と意志表明は、一方では、維新を断行した新勢力内部間のヘゲモニー争いという性格をもつものであったが、それだけにとどまらず、国民国家形成への政治路線をめぐる最初の思想闘争であったという意味できわめて重要であった。

　これにたいしては、政府側も、約一年後の一八七五年（明治八年）二月一一日に「大阪会議」（木戸孝允《たかよし》、大久保利通、板垣退助）を開き、四月一四日には「漸次立憲政体樹立の詔書」を発表して、憲法制定・国会開設の意志があることを天下に示し、政府と非政府勢力間との分裂・対立抗争を避けるための調整策を講じている。他方、反政府勢力の台頭をおそれた明治政府は、次々に言論・出版・集会・治安にかんする弾圧法規（讒謗律《ざんぼうりつ》〔一八七五年〕、新聞紙条例〔一八七五年〕、出版条例〔一八六九年、一八七五年改正〕、集会条例〔一八八〇年〕）を制定し、体制のなおいっそうの維持・強化策をはかっている。いわゆる帝政ドイツにおけるビスマルク流の「アメとムチの政策」が、ここでもみごとに貫徹されている。

　ところで、「立憲政体を立てる道」は、すぐには進まなかった。なぜなら、政府部内においてもいまなお、いかなる理念と制度にもとづいて国民国家を形成するかは不確定・流動的であったし、そもそも憲法制定・国会開設をめぐる理論問題についての準備自体が不足していたからである。さらに政府は、明治維新によって没落した旧支配層であった不平士族たちの新政権にたいする叛乱（「佐賀の乱」〔一八七四年二月一日〕、「神風連の乱」〔一八七六年一〇月二四日、熊本〕、「秋月の乱」〔同年一〇月二七日、福岡〕、「萩の乱」〔同年一〇月二八日、山口〕）が各地で続発し、これはのちに一八七七年（明治一〇年）一月三〇日（—九月二四日）の西南戦争を誘発するが、政府はそれらの叛乱を鎮圧する問題に手いっぱいであった。こうした事情が重なって、明治政府はすぐさま憲法制定・国会開設の準備に着手するめどがたたず、結局のところその後七年間の長きにわたって、薩長を中心とする専治的な藩閥政治が強行され、それが自由民権運動のようなさまざまな政治的・社会的不満となって爆発した。

しかし、この国会開設をめぐる問題についても、ようやく転機がおとずれた。いわゆる「明治一四年の政変」（一八八一年一〇月一一日）とよばれる、政府側から仕掛けた、いわば「民権派必殺」をねらった一大政治ドラマである。西南戦争の勝利によって、いまや明治政府の国内における権力基盤はほぼ固まった。また、明治維新以来各地に続発した「不平士族」の叛乱もおおかた片づき（とくに西南戦争における政府側の勝利）、国民国家形成への道についても思いをめぐらす余裕がようやく政府部内にも生まれてきた。

他方、西南戦争後、民権派側からする国会開設詔書（一八七五年四月）の早期実現を求める動きも一段と活潑化した（植木枝盛《うえきえもり》ら立志社のメンバー、「愛国社再興趣意書」をたずさえて、関西・四国・九州地方へ遊説（一八七八年四月二九日）。愛国社再興大会、大阪（同年九月一一日）。愛国社第二回大会、大阪、一八県二一社の代表参加（一八七九年三月二七日）。愛国社第三回大会、大阪、国会開設の上奏署名を集める決議（同年一一月七日―一三日）。愛国社第四回大会、大阪（一八八〇年三月一五日）。国会期成同盟の結成、片岡健吉、河野広中、訴願提出委員となる（同年三月一七日）。国会期成同盟第二回大会、東京（同年一一月一〇日）。河野ら、愛国社解散、政党組織などを討議（同年一一月二六日））。

こうした状況のなかで、もはや憲法制定・国会開設の方向は時勢となって流れだし、それを阻止することはほとんど不可能のように思われた。問題は、どのような立憲政体を構築するのかということであった。それも徹底した政府主導のもとに。そして、以上のような政治状況をふまえてなされた藩閥政府側の決断が、「明治一四年の政変」とよばれる政府側による一世一代の「ダマシのテクニック」であった。

一八八一年（明治一四年）一〇月一一日、御前会議において、立憲政体にかんする方針、開拓使官有物払下げ中止、大隈重信の参議罷免などが決定された。以上が世上名高い「明治一四年の政変」の内容である。そして同月一二日には、九年後の一八九〇年（明治二三年）に国会を開設する旨の詔書が発表された。

ここで、重要なことは、民権派の有力者大隈（肥前）を政府部内から追放したことであった。つまり、この「政変劇」の背後にあったのは、藩閥政府の中枢部がドイツ流君主専治型の「えせ議会政治」を採択する決意を固め、意志統一をすませていたということであった。しかし、多くの国民——福澤諭吉、田口卯吉、陸羯南《くがかつなん》のような思想家をもふくめて——は、政府の立憲政体設立宣言の発表を歓迎し、政党政治を基調とする議会政治が日本に実現するかのような錯覚にとらわれたのである。それが幻想であったことに気づくのは、のちに明治憲法が発表され、政府が「超然主義」にもとづく議会運営をおこないはじめたときである。

ともあれ、政変後、政府は、一八八二年（明治一五年）三月三日に、憲法調査のために伊藤博文らをドイツ（プロイセン）に派遣（三月一四日—翌年八月三日）することを命じたが、このとき民権側は、なぜイギリスではなくドイツなのかという藩閥政府側の意図に気づくべきであった。他方、民権側も、自由党（一八八一年一〇月一八日結党、総理・板垣退助）、立憲改進党（一八八二年四月一六日結党、総理・大隈重信）を次々に結成して、国会開設にそなえる準備に着手し、政局は、にわかに立憲政体確立をめぐって走りだす。また、言論界や思想界もにぎにぎしく活気づく。たとえば、一八八二年一月ごろより、主権、政党政治、議会、選挙制度をめぐって、「東京日日新聞」、「東京横浜毎日新聞」、「朝野新聞」、「郵便報知新聞」などで論争が展開されたし、同年三月一日には、福澤が国会開設を推進するために「時事新報」を創刊している。しかしこのときになっても、民党側やさまざまな民権派新聞側は、論議をつくして国民的合意を形成したうえで新しい立憲政体が確定されるもの、という「甘い幻想」にとらわれていたし、たとえ政府主導型による立憲政体であれ、最低限、これによって悪名高い「藩閥政治」に終止符が打たれるものと考えていたようである。しかし、その後の経過は、制定された憲法が国民にまったく知らされないままにつくられた、きわめて封建的・反動的かつ非民主的な性格の強い「欽定憲法」であり、「議会政治」とは名ばかりの「超然主義」にたつ専制政治の実施を藩閥政府側がもくろんでいたことは、いまさら指摘するまでもあるまい。

ここでは、明治前期政治史の主題であるイギリス型かドイツ型かをめぐる争点を知る格好の素材として、明治維新前後から憲法制定・国会開設にいたるまでの時期、明治啓蒙期の二大スーパースターと目された福澤諭吉（慶應義塾大学の創立者）と加藤弘之（東京大学の初代綜理）の言説をとりあげながら、「イギリス型かドイツ型か」をめぐる問題点をもう少しさぐってみよう。

福澤と加藤

福澤と加藤は、その接近の事情や仕方はそれぞれに異なるが、まずは蘭学を通じて、のちには、福澤は英学、加藤は独学を修得して、西洋の思想や制度を学ぶ幸運に恵まれた。かれらの出自についていえば、中・下級武士の出でその身分はさほど高くなく、封建的身分制度のなかではとうてい上昇する見込みはなかったから、幕藩体制の危機という絶好のチャンスを利して、新知識洋学を摂取することにより、身を立てんと志したものと思われる。

したがって、かれらの問題意識の出発点は、あくまでも旧幕藩体制の「改革」というところに主眼があった。このさい、両者の念頭にあったのは、隣国中国が受難しているような西欧列強からの侵略をいかにして防ぐかという問題であり、そのことがかれらの幕藩体制「改革」と深く結びついていた。

たとえば、加藤（蕃書調所教授手伝い）は、一八六〇年（万延元年）に、『鄰艸《となりぐさ》』なる手書きの小品を書いて、それが識者のあいだで回覧されているが、ここで加藤は、西欧の議会政治をすぐれた政治制度として称揚している。しかし、三百諸侯が統治する当時の分権的封建社会においては、西欧流の個人の自由を基礎とする議会制度の確立はとうてい望みうべくもなかったから、有事のさいに――当時はまさにそうであったが――という限定つきで、各藩選出の有為の人材を江戸に集めて討議せしめることを提案していた。

他方、福澤も、一八六五年（慶応元年）に、これまた、短篇の手稿である『唐人往来』を書き、仲間内《うち》で読まれているが、そのなかで福澤は、当時倒幕派のあいだで主流を占めていた攘夷思想に反対し、平和的な自由交易を通じて国を立てるべく開国論を展開している。すでに一八六〇年に渡米、一八六二年（文久二年）には渡欧という二度の外遊経験をふまえた者ならではの救国の書である。

ところで、それから数年後、思いもかけず薩長土肥連合軍による明治維新が成功し、情況が一変した。変革や革命の事業は、ほとんどのばあいにそうであるように、知識人の「知恵」を凌駕して一気に突き進むのである。維新のとき、福澤は三三歳、加藤は三二歳。両者はともに、当時、五〇〇名になんなんとするといわれた群小の洋学書生たちの頂点に立つ「男ざかり」の逸材であった。当然のことながら新政権は、未知の国民国家建設のために、福澤と加藤に協力を要請する。

加藤は、自分の学んできた新知識を維新政府のもとで生かすことが学者たるものの職分であるとして、進んでその要請に応じた。これにたいし、福澤は拝辞している。その理由は、かれ自身の述べるところによれば次のとおりである。一つは、旧幕臣であるということにこだわりをもったこと（この点で、かれが新政府内で栄達した勝海舟や榎本武揚を批判していることは有名）、維新まえに出版した『西洋事情』（一八六六―七〇年）が爆発的に売れ、経済的自立の道がほぼ確実になるように思われたこと、そしてさらに、これが福澤をみるばあい（生涯にわたっても）とくに重要だと思われるのだが、徳川幕府にかわった維新政府が、はたしてかれの主張するような「文明開化」の偉業を促進し達成できる政府たりうるかというみきわめが、当時まだつかなかったこと、などである。

イギリス思想を学んできた福澤にあっては、学者たるものは権力にコミットすることを避け、自由な立場で発言すべきであるという学問観や権力観が、このときすでに獲得されていたようである。このことが、かれが六六歳の生涯を閉じるまで、終生野にあって、権力と一定の距離をおきつつ政治批判を続けることを可能にし、それによって、かれが近代日本における第一級の思想家、近代的知識人の典型としてその地位を確立できた理由であったといってもよいであろう。

他方、加藤もまた、明治初年には日本最初の比較政治制度論の書ともいうべき『立憲政体略』(一八六八年)を、また翌一八六九年には、福澤ばりの自由貿易を説いた『交易問答』を、そして一八七〇年には、ルソー流の社会契約論に依拠して、幕藩体制とそのイデオロギーとしての儒教思想を徹底的に爆砕した『真政大意』を公刊し、福澤と並んで、啓蒙思想家としての名声をほしいままにしてきた。しかし、明治一〇年代以降、明治政府のなかでの出世街道を登りつめていくなかで、かれはドイツ型の君主専治体制を主張して自由民権運動に冷水を浴びせ、日本における最初の保守主義者といわれるまでに変身していく。

「民撰議院設立建白書」をめぐって

そこで、次には、明治憲法体制の性格を考えるうえで決定的に重要と思われる「明治一四年の政変」前後の、福澤と加藤の政治的対応について述べておこう。

しかし、そのまえに、「明治一四年の政変」の前史ともいうべき「民撰議院設立建白書」提出(一八七四年)前後の福澤と加藤の動きについてみておく必要があろう。

このころ福澤は、『西洋事情』につづいて『学問のすゝめ』(一八七二―七六年)を書きはじめ、年来の「文明開化」論を展開し、知識の獲得によって人はみな自立した市民として平等になることを説いていた。当時のかれにとっては、日本人の「意識」「思想」の変革こそが最重要の課題に思われ、この点でかれは、「文明開化」の方向を進めつつあった明治政府の施策を少しずつ評価しはじめていたようである。とすると、軽々に民権派の肩をもつことはできなかったのかもしれない。福澤の目からみれば、政府要人たちも民権派指導者たちもともに維新にさいしては改革をめざした同志であり、両者がいたずらに対立抗争を深めることは、統一ある国民国家を形成し、「文明開化」を推進するうえでの障害になると思えたであろう。そのためかかれは、「建白書」については賛否いずれの態度も表明せず、民権派の失望を買った。

しかし、この問題についてのかれの解答は、翌一八七五年（明治八年）に公刊された『文明論之概略』に読みとることができる。ここでかれは、維新以来の「掃除破壊」、「兵馬の乱」の時代が終わり、いまや国権か民権かをめぐる「人心の騒乱」の時代が新しく登場した時代状況の変化を正しくとらえていた。このときにあたり、かれは、いまこそ国民が文明社会の達成にはげみ、自立・安民の道を確立することをすすめている。そしてそれを実現するために、一方では「権力偏重」の事態をあげて藩閥政治を批判し、他方では民権派もふくめて権力の外側にいる人びとも暴力によってではなく理にもとづいて異議を唱えることをすすめ、それによって西欧のように政府と国民が協同して（同意と抵抗）国家統一の実をあげよ、と説いている。この福澤のいわゆる「官民調和論」は、終生、かれの政治思想のライト・モチーフとなっていくものであるが、その思想の根底にあったのは、「維新の精神」の原点にたちもどって政府指導者と民権指導者とが手を結び、平和的討論と世論の動向をふまえて漸次的に議会政治・政党政治・世論政治を実現せよ、というものであったと考えてよいだろう。

他方、加藤は、「建白書」の提言については時期尚早であるとしてきっぱりと否定している。かれの軸足は、確実に明治政府側に移行しつつあったものとみてよい。そうしたかれの方向転換は、一八七五年（明治八年）に公刊された『国体新論』からもうかがうことができる。ここでかれは、「天皇も人、民も人」と述べて、天皇を神格化しその権力を絶対化しようとする国学者たちの動きをはげしく批判しながら（国学者との対決は福澤にとっても終生の課題であった）、「私事の自由」（自由権）を天賦のものとして、それらを尊重すべきことを説いている。この点では、当時のかれは、いまだ立憲君主制を志向する自由主義的国家観を保持していたようである。

しかし同時にかれは、民権論が台頭することにも恐怖感をいだいていた。たとえばかれは、フランツ、ブルンチュリ、ビーデルマンなどの主としてドイツ系学者の言説を引用しながら、国民が文明化されていない段階では、公権付与（参政権）や立法部の設立は時期尚早であり、しばらくのあいだは君主専治による「上から」の政治指導をよしとする考えを展開しているからである。そしてこうした立場は、新・旧両派の政治思想を排除しつつ国民国家の形成を構想していた、当時の明治政府のリーダーたちの立場とほぼ一致していたものとみてよいだろう。

福澤思想の正と負

それから七年後、「明治一四年の政変」によって、政府も民権派もいよいよ国会開設の準備にむけて行動を開始する。このとき、福澤と加藤はどうしたか。

福澤が国会開設賛成の立場を明確に表明したのは、「明治一四年の政変」の二年まえに公刊した『国会論』（一八七九年）においてである。ここでかれは時期尚早論を批判し、考えようによっては明治維新も時期尚早ではなかったかと述べ、しかし維新以後、文明開化はりっぱに進展しているではないか、またその進歩は、政府の手になるよりもむしろ民間の力であったことを強調し、国会開設の機は熟していると述べている。また日本では、国会開設論議が両極端に走っているとして、官民両派が共同してつくりあげたイギリス型政党政治や議会政治を理想型として提案している。つづいてかれは、一八八一年（明治一四年）には『時事小言』を書き、我輩はもとより自由民権の友であるといいながらも、極端な民権論者が政法無用論を唱えることについては、理によって平和的手段で目的達成をはかることをすすめている。

他方で、国会開設を遅疑逡巡している政府側にたいしては、国会開設は維新に功績のあったかれらの退場を意味せず、維新に関係なかった人びとにも道を開いて国安をはかる最良策であり、政府が民権論者を銃剣という腕力で押さえつけるのは「ミリタリー・ガヴァメント」となり、外国の「もの笑いの種」とされ、維新期のかれらの改進も功労も水泡に帰すことになると忠告している。

したがって、当時の福澤の政治論においては、なによりもまず国内統一が最優先され——そうでなければ、文明開化策は保障されないから——、そのために、維新期には民権派指導者たちの僚友であった明治政府の指導者たちの自制をうながす、というところに重点がおかれていたものといえる。こうした福澤の明治維新観は終生変わることがなかったが、そのことは、明治維新以来つねに啓蒙の先頭に立ち、政府側にも民権派側にもただちに話ができるという、かれ自身が占めてきた栄光ある地位から考えれば当然のことであったといえようし、かれはみずからを初期近代日本政治の「御意見番」、「お目付役」の役割を果たす者と任じていたようである。ここに福澤の果たした議会政治の確立の推進者としてのプラスの役割と、官民調和論を唱えたことにより、日本政治のきわめて封建的・非民主的な性格と徹底的に対決できなかったマイナスの部分とがある。

ところで、この福澤のマイナスの部分についていえば、それはかれの国際政治観とくにアジア観によってさらに増幅された。この点は、『時事小言』における「内安外競論」にはっきりと打ちだされている。かつて福澤は、『唐人往来』においては、西欧列強がせめぎ合う国際政治について、そこには「世界普通の道理」——理性的討議による平和の可能性——があると述べ、当時の攘夷論に反対し、開国論と自由貿易論による幕藩体制の改革を主張していた。しかしそれから一五年後、いまや国民国家形成に「成功のきざし」がみえはじめた時点で書かれた『時事小言』においては、その論旨の様相がかなり変化している。

ここで福澤は、国内政治の基礎固めには、外患という危機意識を国民のあいだに醸成するのがいちばんであるとの立場から、国際関係は腕力の世界であること、西欧列強とくにイギリス人の中国人・インド人にたいする苛酷な態度を知らしめ、また西洋に対抗できるのは、東洋においてはひとり日本だけであることの自覚を国民にもたせ、わが国を守るためにも朝鮮・中国などの文明化に力を貸し、ばあいによっては力の脅威に訴えてでも、その進歩をうながせとまで極言している。こうした行論のなかに、われわれは、のちにもはや中国・朝鮮はたのむに足らずと述べた『脱亜論』(一八八五年)や、日清戦争の勝利に狂喜乱舞した福澤の思想的淵源をみる思いがする。

当時における日本最良のリベラリスト福澤にみられるこのような理論的アンバランスを、アジアの危機状況によって説明することは容易であろう。しかし、より基本的には、福澤が、一七・一八世紀の近代国家形成期におけるホッブズ、ロック、ルソーらの近代政治思想の原理(社会契約論)と、それ以後の西欧デモクラシーの発展と変容の諸相を、歴史的・思想的に十分に理解していなかった点にある――疾風怒濤《どとう》の時代において、そこまで福澤に求めるのは酷というものであろうが、にもかかわらず、ここには維新以来こんにちにいたるまでの、日本における西欧思想受容のありかたの問題点が存しているように思われる――と断じてもよいであろう。

加藤の反人権思想

では次に、国民国家形成の手段と方法において、いまや福澤とはっきりと袂を分かつことになった、かつての僚友、「啓蒙思想家」加藤弘之のばあいをみてみることにしよう。

加藤は、一八八二年(明治一五年)に『人権新説』なる一書を公刊し、国会開設と政党政治の実現を求める自由民権運動にきっぱりと反対する意志を表明した。明治維新直後の時期には、かれは西欧政治思想の中核ともいうべき「社会契約論」に依拠しつつ、悪政を変えるのは合法的であり、したがって徳川政府にかわって成立した明治政府は正当の政府であるとし、また幕藩体制の支配イデオロギーであった儒教イデオロギーを、ホッブズ、ロック、ルソー流の社会契約論にもとづいてはげしく攻撃していた。しかしその後、かれは明治政府の要職を登りつめていくなかで、しだいに過去のかれ自身の政治思想と明治政府自体のイデオロギーとのあいだのギャップに、とまどいを感じはじめるようになった。このため、かれにとって新しい思想構築が必要となった。その所産が『人権新説』であった。

こうした心情の変化は、かれ自身によれば、一八七九年（明治一二年）ごろからとくに強まったようで、このときかれは、当時、世界的に大流行していた「社会進化論」にであい、これを武器に「社会契約論」を爆砕することを思いついた。

「社会契約論」は一七・一八世紀の市民革命期に登場した思想であり、それによると、権力の基礎は生来、自由・平等である人民の合意にもとづくという内容をもち、新興市民階級はこの論理を用いて絶対君主を打倒し、近代国家をつくった。明治維新期に加藤が用いたのも、この論理であった。ところが、明治一五年段階においては自由民権運動が高揚し、藩閥政府は「社会契約論」を振りかざす民権派によって批判の的にさらされていた。いまや明治政府の忠実なる官僚である加藤は、新しい論理を用いて政府の行為を正当化しまた擁護しなければならなかった。

「社会進化論」は、一九世紀中葉以降のヨーロッパに登場した「社会の進化は、生存競争、適者生存、自然淘汰にもとづく」という理論である。加藤は、この論理を「現在の強者は適者である」とよみ替えて、明治政府を正当化した。そして現在の弱者である民権派にたいしては、力をつけて適者の地位を獲得せよというわけだが、このことは、国会開設や参政権の付与は時期尚早であるという政府の見解と符合するものであったといえよう。権力との緊張関係を喪失したときに、その人はおおよそ思想家たることをやめる。こうして「啓蒙思想家」加藤は、それ以後、明治官僚の典型となり、思想家としては忘れられる。

これにたいして福澤は、一八八二年（明治一五年）三月一日に、迫りくる国会開設を推進し、その問題を国民に啓蒙し世論を喚起するために新聞「時事新報」を創刊し、一九〇一年（明治三四年）にその「花の生涯」を閉じるまで、たとえ調停者、中立者の立場からではあれ、日本における政党政治の実現を願って発言することをやめなかった。福澤が、こんにちにおいてもなお近代日本における代表的思想家として評価されるのは、まさにそうした理由によるのである。

三　明治憲法体制と自由民主主義

明治憲法体制の性格

明治維新から明治憲法制定にいたるまでの基本的な政治的争点が、イギリス型の政党政治・議院内閣制にもとづく民主政治でいくのか、それともドイツ型の君権優位つまりは政府主導型の政治でいくのかをめぐって展開されたことは、これまで述べてきたとおりである。そして一八八九年（明治二二年）に国民のまえに発表された憲法では、天皇を神聖不可侵のものとして神格化し、また天皇は立法・行政・司法の三権を総攬する主権者として位置づけられていた。

それゆえ当然のことながら、この憲法には政党政治を基調とする議院内閣制についての明文の規定はなく、翌一八九〇年に国会が開設されたのちにも、政府は政党間の政争を離れて中立公正な立場で政治をおこなう（超然主義）という美名のもとに藩閥政治を続行した。そしてこの藩閥政治を批判することは、すなわち「上御一人《かみごいちにん》」・「現人神《あらひとがみ》」である天皇に反逆することとされ、批判的言動は官憲側によってきびしく抑圧された。とすると、憲法制定・国会開設後の新たな政治的争点は、天皇主権下の政治体制の大枠のなかで、いかにして議会政治本来の機能を発揮させるかという、いわば立憲制の内実をめぐって展開されることになる。

この反藩閥政治の闘争を担ったのは、もとより新議会内の民党各党であったが、日清戦争（一八九四―九五年）を契機に民党が政府側と協調したため、事実上この闘争にも終止符が打たれ、戦後になるとむしろ政党自身が政府と一体となって、「富国強兵」をめざしての戦後経営を支持するようになる。

したがって、藩閥政治に反対する勢力としては、議会外の民衆運動、およびそうした運動と連動して民衆の啓蒙にあたったジャーナリズムの役割がとくに重要となる。戦前日本の反体制運動をみるばあいには、政党、労働者・農民層の運動のほかに、ジャーナリズムの動きに注視しなければならないのはこのためである。そしてこの時期を代表するジャーナリストかつ思想家が、ほかならぬ田口卯吉、陸羯南の両人である。

田口卯吉と陸羯南

田口卯吉（一八五五―一九〇五年）と陸羯南（一八五七―一九〇七年）はほぼ同年輩、活躍した時期もほとんど同じで、福澤や加藤よりも約一世代若い。維新のときには、一〇歳を少し越えたばかりの年ごろであった。

したがって福澤たち啓蒙知識人と同様、西洋の文物にたいする憧憬の念は強かったとしても、かれらには福澤たちほどの強烈な西洋コンプレックスはなかったと考えてよい。そしてこのことが、文明開化を西洋文物の紹介――これもまた重要であったが――と同一視した福澤世代と異なり、日本人の頭で日本の現実をみつめ、日本の将来を考えるという、より自立的な態度をかれらにとらせることになったものといえよう。

ところで、田口たちと福澤たちとを分かつもう一つの指標は、田口たちには、維新の元勲たちにたいしてなんらの義理も親近感もなかったという点である。このことが、明治期第二世代の発言を自由なものにさせた。

福澤は官民両方の指導者たちと面識があったし、明治維新は、かれら政治指導者たちと福澤に代表される西洋書生との協同制作物であるとの自負心もあった。だからこそ、かれは維新の成果を守りぬく必要を痛感し、それゆえにかれは、終生、政治抗争の調停者として自己のポジションをさだめ、そのため明治政府にたいして断乎たる闘争を展開しえなかった。したがって、福澤は死の半年ほどまえの一九〇〇年（明治三三年）九月一五日に、藩閥政府の首領伊藤博文が、これからの時代は政党政治に依拠した世論政治にならざるをえないとの認識に立ち、みずから政党（立憲政友会）を結成し、新しい時代の波に乗りだした姿をみて、これこそかれ年来のイギリス型議院内閣制実現の時代が到来したと楽観的に満足できたのであった。

しかしそのような福澤の態度は、田口や陸の目には、おそらくもはや時代遅れのものとしか映らなかったであろう。かれらの言説のなかにほとんど福澤への言及がないのは――福澤は明治一五年から明治三三年まで、「時事新報」紙上においてほとんど毎日のように健筆をふるっていただけに――、かれらが福澤をいまや旧世代に属する思想家とみていたなによりの証拠である。

ともあれ、田口、陸らと福澤は、とくに日清戦争後の国内・国際政治観をめぐって大きく分岐していくことになる。

田口卯吉の思想的立場

田口は、西南戦争が終わり、福澤のいわゆる「兵馬の乱」から「内安外競」の時代へと進むことが確実となった一八七七年（明治一〇年）に『日本開化小史』（―一八八二年）を、翌一八七八年には『自由交易日本経済論』を矢つぎばやに発表し、一躍、世人の注目を浴びた。弱冠二二―二三歳のときであった。

『日本開化小史』は、ギゾー、バックル、マコーレーらの、当時ヨーロッパで流行していた文明史観――英雄豪傑や国家盛衰の歴史ではなく、社会の変化や庶民の生活・考え方を中心に歴史を述べる――の手法をまねて、古代から明治維新にいたるまでの日本の歴史を書いた、日本人の手になる最初の文化史・庶民史の通史であった。

田口は言う。社会の開化とは、人間が平和の確立と生活の安定を求め、それに向かって不断に進んでいく道筋であること、社会開化の方向に合致しない制度は消滅する運命をたどること（王朝貴顕→各地封建、戦国騒乱→太平の世、徳川封建制→明治維新）、そしていまや明治維新を通じて、国民のあいだに封建的分権思想とは異なる近代国家的統一性を保持することによって全国民の安全を保持しようという「ネーション」の観念が生まれてきたこと、さらに人間は歴史研究を通じて社会の開化の方向性を把握することができ、それに沿って社会を構築すべきこと、などである。われわれは、これらの言説のなかに、ハリントン（一六一一―七七年）、J・S・ミル（一八〇六―七三年）、マルクス（一八一八―八三年）、スペンサー（一八二〇―一九〇三年）などの社会観や社会科学の理論をみいだすことができる。

その後、明治一〇年代末までに田口の歴史研究はさらに進み、それは封建遺制批判、明治政府のとるべき方向を指し示すものとなっている。たとえばかれは、一八八五年（明治一八年）に『日本開化之性質』、翌一八八六年に『日本之意匠及情交』などを発表している。『日本開化之性質』では、欧州の開化は平民の導ける開化、東洋諸国の開化は貴族の導ける開化と分類し、欧州現時の開化は自由通商と平民の需要によるもので、文明開化とは社会の有様《ありよう》を平均ならしめる、つまり社会多数の需要をして満足せしめること、また開化社会とは、吾人の労してつくるところのものが必ず本人に帰するような平等な社会であり、そのような社会は社会の組織を完全にすれば実現可能であることなどを述べている。

さらにかれは、日本人が欧米人と同じく開化の方向へと進むことのできる可能性を有すること、またその方法としては、庶民の地位向上に求められるべきことを示唆している。そして田口は、「開化とは、人民のあいだにおける貧富の懸隔をなくし、財の分配を平均化することにあり」、「現に社会の組織に於て徳川氏を腐敗せしめたる分子の依然として存するを見れば、識者豈に戒心せざるべけんや」と述べ、明治維新後の文明開化を求める社会においてもなお、旧体制下のような腐敗の構造が根強く残存している状況を鋭く批判している。

こうして、田口は、一連の開化史研究を通じて、他人の労働を搾取する制度である封建社会や専制政治の弊害を説き、人間が平均化する平等社会の開化――この点、知識の修得による人間の平等化をめざしていた福澤よりも一歩進んでいる――をめざすべきことを提案している。そしてそのような開化社会を実現する方策こそがかれの「自由競争論」、「自由貿易論」であった。自立した個人が、分業・協力体制のもとに国家権力によって規制されずに生産活動にはげみ、諸外国と自由な交易をおこなうところに、国民の繁栄といたずらなる軍備増強を必要としない平和な「商業共和国」が実現するはずであった。したがって田口にとっては、森鷗外が田口を二本足の学者と評していたように、歴史研究と経済学は車の両輪ともいうべき関係にあり、このような実証主義的・社会科学的態度と方法を学問の出発点において確立しえていたことによって、明治憲法体制確立後、ますます勢いを強めてくる国家主義や軍国主義の潮流に呑みこまれることなく、陸羯南と同様、終生、自由国民主義者としての立場を保持することができたのである。『日本開化小史』、『自由交易日本経済論』を世に問い、若くして歴史研究者、経済学者としての輝かしい地歩を築いた田口は、自己の理論を実際に検証し、またそれを啓蒙普及させるために、一方ではイギリスの『エコノミスト』をまねた「東京経済雑誌」（一八七九年一月。渋沢栄一が後援。以下引用のさいは「東・経」と略記）を発行して、ジャーナリストとしての活動を開始する。そして他方では、府会議員（一八八〇年一二月―九〇年七月）として約一〇年間、地方政治にたずさわり、さらには日清戦争から日露戦争をはさむ一〇年余のあいだ衆議院議員（一八九四―一九〇五年二月）として国政に参加している。二本足どころか、四輪車に乗った八面六臂の大活躍である。

ここで注目すべきことは、政治活動にさいして、かれはほとんどのばあい、新聞人陸羯南と同じく、いかなる政党政派にもコミットすることを避け、自主独立の立場から自由に行動し発言していることである。それは、かれが党利党略を嫌い、政治・経済思想家としての自己のポジションを自覚して、それを重視していたことのあらわれであり、かれが現実政治に参加したことは、かれがたんなる空理空論をもてあそぶ観念論的思想家に陥る危険性を防いだものといえよう。ここで約四半世紀にわたる田口の政治・経済活動やそれについての発言のすべてを述べることは、とうてい不可能であるので、明治二、三〇年代における重要な政治上・思想上の問題にかかわる田口の発言について、ごく簡単に述べるにとどめる。

まず田口が、明治維新から明治憲法制定のころまでの日本をどうみていたかをみてみよう。かれによれば、明治維新の功績は「万古不易の基礎により王国を固からしめた」が、「国民をして安からしむるの制度は未だ有司（藩閥政府のこと）の計画を経ざる如し」と述べ、また「有司の徳義に存して、未だ制度は現れず」（『時勢論』、一八八三年）として、「有司」の自己抑制だけによる政治が恣意的な専制政治に陥る危険性を鋭く批判している。また明治世界は政治思想を有する者の世界となり、立憲改進党や自由党などが現われたが、政府はこれら民間憂国の志士と激闘することに専念している、さらに政府の政策が当を失すれば、有司がかつて徳川に反抗したように政府に抵抗するのは不当とはいえないとして、自由民権の立場を――過激な民権論者には共感できないとしつつも――擁護し、有司専制をきびしく批判している。

次に田口は、民主政治による安定・発展のための政治制度の確立を唱える一方、経済・社会の発展・安定については、平和な外国貿易の推進による商業共和国論を主張している（「富の度」、「東・経」一八八四年〔明治一七年〕七月一二日）。また当時、大隈の進めている「条約改正案」のなかで問題とされ、谷干城、志賀重昂、三宅雪嶺ら「政教社」グループが反対していた内地雑居論（外人の居住を認めること）について、内地雑居によって亡びた国はないと述べ反対しているが、こうした考えは田口の自由貿易論、商業共和国論などの思想にもとづいたものであったといってよいであろう。

ところで、田口の市民思想家としての面目は、言論・思想・出版・集会の自由を主張し、自分は天賦人権論には反対だが、この論が長く勢力を社会に保つ所以《ゆえん》は必ずその理由ありとして、加藤弘之の愚民観や国会開設尚早論を批判している点にもみられるが（「加藤弘之氏著人権新説を読む」、「東・経」一八八二年〔明治一五年〕一一月二五日）、また世論の重視（「外交上に於て力を伸べんと欲せば宜《よろ》しく輿論《よろん》の力を仮《か》るべし」、「東・経」一八八七年〔明治二〇年〕八月二〇日）や、内閣（藩閥政府）は外交と財政に専念し、国会開設に先立って自治の制を立て、地方の事は自治へまかすべしという地方自治論（「地方制度の改正を望む」、「東・経」一八八六年〔明治一九年〕三月一三日）からもうかがわれる。

では、明治憲法制定、国会開設後から日清・日露戦争までの国内・外にかんする明治中葉以降の政治や経済を、田口はどのようにみていたか。まず商業共和国論者田口は、当時の選挙法が大地主に偏しているので、選挙法を改正して実業家の政治的進出の条件をつくることを提言し（「選挙法を改正せざるべからず」、「東・経」一八九八年〔明治三一年〕二月一二日）、さらに大地主の専権を排除する手段としては、当時としてはめずらしく、「国民の利益を防御せしめんと欲せば、普通選挙制より宜しきはなきなり」として、普通選挙制を主張している（「財政と選挙法」、「東・経」一八九八年一〇月一日）。

ところで、普通選挙制問題は、欧米各国では労働者階級の台頭とともに登場してきたが、これについて田口はどうみていたか。日本も明治二〇年代に入ると、ようやく資本主義の矛盾にともなう社会・労働問題が登場しつつあった。このため農商務省は「職工条例」（のちの工場法）案を準備していたが、これにたいして田口は、婦女子の勤労に政府が保護を与えようとしているのは賛成だが、現在の状況では、鉱業は別として養蚕・織布の業、造兵局、砲兵庁、印刷局、造船所のような官営工場においては、「職工条例」の必要は感ぜずと述べ、また日本の傭主は人情に富める人が多いという温情主義的日本型雇用関係を賛美していた（「現時の工場」、「東・経」一八九一年〔明治二四年〕八月二九日）。

さらに「同盟罷工」〔ストライキ〕については、田口は、疾病、老後の保障のための職工同盟〔資本主義初期のころの共済・友愛組合〕はよいが、賃金値上げの目的をもつ職工同盟〔労働組合〕はよくないと述べ、大学卒の学士が労働社会に身を投じ、労働者に同盟罷工を起こす時期を教える必要があると論じている（「同盟罷工」、「東・経」一八九二年〔明治二五年〕八月一三日）。

こうした考え方は、明治三〇年代に入ってますます労使の対立が激化していくなかで、労使協調主義を唱えることとなり（「労働者保護問題」、「東・経」一九〇一年〔明治三四年〕五月二五日）、また個人主義と社会主義は矛盾せずという楽観論ともなっている（「労働問題と社会主義」、「東・経」一九〇一年八月三一日）。田口によれば、社会主義とは、初期のころの社会主義者たちにもまみられた、下水、水道、ガス、電灯、港湾、公園などが国費で整備されていく状況を指し、労働問題は労働者と製造主との個人的な問題であるから（契約自由の原則）、国家はこれに介入してはならない、と考えていたようである。

　このようにみるとき、一九世紀末以降各国でその解決が急がれていた社会・労働問題にかんしては、田口はその問題の本質をいまだ十分に把握することができず、スペンサーと同じく、古きよき時代の自由主義観を固守し、それにとどまっていたといえよう。そしてこの個人主義・自由主義と社会主義をめぐる問題は、後述するように、つづく「大正デモクラシー時代」のオピニオン・リーダー長谷川如是閑《にょぜかん》により、真にインターナショナルなコンテクストにおいて論じられることになる。

　さて、田口が根っからのスミス流の自由主義者であったことはすでに述べた。であるがゆえにこそ、かれは、日清戦争後、官僚と政治家たちとが一体となって、ますます富国強兵の道を歩みはじめることに反対の声をあげている。

　田口は日清戦争について、清国が朝鮮の内治外交に干渉していることをあげ（日本もそれに割って入ろうとしていたのだが）、自衛のための開戦はやむなしとの態度をとっている。しかし「三国干渉」にかんしては、「還付は敢《あ》へて惜しむとは思はず」（「国辱を雪《そそ》ぐの唯一手段」、「東・経」一八九五年〔明治二八年〕七月二七日）とし、むしろ戦後の軍備拡張論が「我財政に固着したる一病根」（「陸軍縮小の論漸《ようや》く将《まさ》に輿論とならんとす」、「東・経」一八九七年〔明治三〇年〕一一月一三日）であるとして、この傾向を憂え、また「対外国是」（「東・経」一八九七年二月一九日―二一日）においては、「余が国家に望む所は版図《はんと》を拡むるにあらずして、殷富《いんぷ》を進むるにあり。土地を大陸に啓《ひら》くにあらずして、貿易を我が帝国に集むるにあるなり」と述べている。つづいて、日本人には東洋平和を維持する責任と天賦《てんぷ》があるとして、大陸侵攻を正当化しようとする論については、日本は「大陸を侵略し人口を増加するの必要」はなく、「増進するの必要あるは商業是なり」として、「既に土地を拡むるに勉めざれば、何ぞ巨大なる陸軍を要さん。財政之《これ》によりて整理すべく、商業之に因りてと結んでいる。

増殖すべく、都合之因《つごうこれによ》りて繁栄すべし。嗚呼《ああ》此政策を行ふもの一〇年、我帝国は大いに面目を改むるものあらん」

それから七年後に、日露戦争が勃発した。これについては、田口は、公約を無視したのはロシアであり、いささかも譲歩すべきではないとして開戦論を支持している（「満州問題に関する日本帝国の位置」、「東・経」一九〇三年〔明治三六年〕一一月二八日）。日露戦争は、日本にとって本格的な帝国主義戦争のはじまりであったが、もとより田口にはそのような明確な認識はなかった。しかし、日露戦争まっただなかの一九〇四年（明治三七年）八月六日の「我が政治上及び経済上に及ぼせる英米二国の勢力」（「東・経」）において、田口は、今後日本は英米諸国と手を結び、平和外交の方向をとるべきであると示唆しているのは注目されよう。

翌一九〇五年四月一三日、田口は日露戦争の終結（同年九月五日）をまたずにこの世を去った。終生、自由貿易論者として発言しつづけ、いよいよ深まる資本主義の矛盾については十分な洞察ができなかったが、「商業共和国」の立場から終始、封建的な藩閥・官僚政府に反対し、その国家主義的・軍国主義的・侵略主義的外交政策には警鐘を鳴らしつづけた。

昭和初年、軍部・官僚・独占資本家が一体となってアジア侵略に乗りだす方向をますます明確にしつつあったとき、長谷川如是閑、吉野作造、福田徳三のような自由主義者や、河上肇、櫛田民蔵、大内兵衛、森戸辰男のような社会主義者が共同して『鼎軒《ていけん》田口卯吉全集』（全八巻、一九二八年一月—二九年七月）を公刊したのは、田口の思想の根底にあった自由と民主主義への愛好心を武器として、軍部ファシズムの台頭に対抗しようというねらいがあったものと思われる。われわれは、このなかに、超国家主義や軍国主義に対抗する自由主義者と社会主義者のみごとな連携プレーをみることができよう。

陸羯南

田口と並ぶ明治二、三〇年代のもっとも代表的なオピニオン・リーダーは、陸羯南である。

一八八九年（明治二二年）二月一一日、明治憲法発布の日に、羯南はきたるべき立憲政治実現への満腔の期待を込めて、「東京電報」（一八八八年四月九日創刊）を改組して、政論新聞「日本」を創刊した。そのさい、羯南は、自分たちの思想集団＝政教社グループを国民論派として位置づけ、明治維新後に起こったそれ以前の思想グループと区別している。また羯南らは、自分たちの立場を国粋主義（トラディショナリズムの訳。のちに如是閑は、当時トラディションを伝統と訳す用法がなかったので国粋と訳されたと述べている）、日本主義とも呼称したために、政府や大隈系の人びとからは旧式の攘夷思想復活の徒と誤解され攻撃されたが、もとよりかれらは決して頑迷固陋《がんめいころう》な国家至上主義者ではなかったし、当時の清国、朝鮮の対外政策にみられたような閉鎖主義、排外主義の立場をとる者でもなかった。

このことは、羯南の主宰する「日本」の「創刊の辞」をみれば一目瞭然であろう。それによれば、いわゆる国粋・日本主義とは、欧米のよきものは明治創業の精神にしたがって摂取するが、諸国民のあいだにおける制度文物には異同があることを認識するがゆえに、盲目的な欧化・泰西主義（たとえば鹿鳴館外交）には反対し、日本のよき伝統を保守し、それに合致するかたちで西洋文明を採用すべきだというものであった。

また、羯南の思想の自由主義的性格を知るためには、かれ自身が定義した国民主義なるものの内容を検討してみれば、さらに明白なものとなる（「近時憲法考」〔「東京電報」、「日本」に連載〕、一八八六年〔明治二一年〕一二月二八日―八七年二月二八日）。

ここで羯南は、国民主義の立場とは、外にたいしては「国民の特立」、内においては「国民の統一」をはかる原理と定義している。では、羯南のいう「国民の特立」とはなにか。それは、各国民は対等の権利を有すること、日本人や東洋人は、西欧人と同じ能力をもっているという民族的自覚を国民にすすめたものといえよう。それゆえに、羯南にとっては教育制度の充実が必要とされ、国民的自覚を呼び起こす啓蒙活動が緊急の課題とされる。条約改正にあたって、「日本」の姿勢が、政府の対外追随的な鹿鳴館外交を批判し、「秘密外交」によるのではなく、広く国民の「世論」を背景にしておこなわれるべし、と主張したのはこのためであった。

また羯南は、国民主義の対外旨義は博愛主義であるとも述べているが、こうした羯南の国民本位の「国民の特立」（かれが「国家の特立」と言っていないことに注意せよ）という自由主義的な思想は、その後「日本」紙上において、民権拡大による平和外交路線という立場から、藩閥政府の「外柔内硬」的また排外主義的・軍国主義的対外政策批判の基調となって一貫してあらわれるのである。

次に、羯南の国民主義におけるもう一つの原理、「国民の統一」について考察する。ここでまず述べておきたいことは、羯南は、君主立憲制の確立による国家秩序の保全を国民的統一の前提としている点である。明治維新の成功は徳川封建制を打倒したが、その後、藩閥・民党の激しい対立によって政情騒然となり、一時期、国民的統一すら危ぶまれた。しかしいまや日本は、立憲政治の実現にまでこぎつけ、国民的統一のめどもようやくたち、いよいよ「実業社会」の形成が展望できるようになった。以上のプロセスにおける成果はすべて、歴史上つねに諸利害の調停者としての役割を果たしてきた天皇の存在によるところが多いというのが、羯南の天皇認識であった（「近時憲法考」）。おそらく羯南は、明治維新から憲法発布までの時点を、二つの革命をふくむイギリス一七世紀における「君臣合同」を意味する国民的立憲君主制の確立過程に比していたものと思われる（「国民的の観念」、「日本」、一八八九年（明治二二年）二月一二日）。

ところで羯南は自由国民主義者であるから、立憲政治開始期の時点において、当然のことながら反藩閥・親民権の立場をとっている（「自由主義如何」、「日本」、一八九〇年（明治二三年）一月一五日より五回連載）。ただ、平民主義者・徳富蘇峰と同じく、羯南もまた、民権論者は政府攻撃には熱心であったが（政権偏重主義、日常生活軽視）、政治上の原則（国民国家運営の原理や理論）を明らかにできず、そのことが「国民の統一」をはかるうえで弱点をもつととらえていた

（『近時政論考』、一八九一年）。

このとき、はやくも羯南は、政治上の原則を十分に確立しえていない民権論者が、民権と国権のあいだを揺れ動き、日清戦争後には民党指導者のうちでも藩閥政府と吻合《ふんごう》するようなものがあらわれ、また自由主義を説く福澤らの「国富論派」（羯南のネーミング）にも、実益のためには政府の干渉、藩閥の専制も批判しなくなる危険性があることを見抜いていたといえよう。したがって、かれがそのジャーナリズム活動を開始するにさいして、藩閥はもとより民党からも一定の距離をおいて、国民の立場を基礎とする国民国家形成の論理を追求したのは、自由民権期の民権指導者の態度にいささかの危惧の念と不信感をいだいていたためであろう。そして英・米・仏にみられるような「国民」の中核となるべき市民階級を欠く日本において、藩閥の横暴にたいしては怒りの目をむけ、さりとて民党に全幅の信頼をおきえなかった羯南にとっては、かれが勝手に美化して幻想化した政治的中立者・調停者たる天皇を頂点にした「立憲政体」を手がかりに、その国民主義すなわち「国民の特立」と「国民の統一」をはかる道を追求するほかなかったであろう。

とはいえ、かれは決して藩閥流の国家主義者の道を歩むことはなかった。なぜなら、かれは自由国民論派であったからである。かれは言う。「予は立憲政体すなはち代議政体を国民的統一をはかる善良な政体としてゐるが、立憲政体を最終の目的としない」。つづけてかれは、「国民主義の最小最終目的は、国民全体の力を以て、内部の富強進歩をはかり、以て世界の文明に力を致さんことにある」と述べている。かれの国民主義の目標は、国家の権力と個人の権利との調和によって「国民の統一」をはかることにあり、そのさい、「自由主義と平等主義が政事上の重要な条件となる」という言葉のなかに、われわれはかれの国民主義のすぐれて自由主義的な性格をみることができる（『近時政論考』）。

こうして羯南は、立憲政治の出発点において、天皇と国民が協同する君民共治の国民的君主制が、長年にわたって続いた封建的遺制や近年の藩閥政府の非国民的性格を克服できるものと考え、批評風刺の方法をもって社会の制裁力たらんとし、新聞「日本」の船出を決行した（「東京電報逝き日本生まる」、「東京電報」一八八九年〔明治二二年〕二月九日、欠号）。ここに羯南の悲劇があった。なぜなら、政治的・中立的調停者としての天皇という羯南の期待は、その後の日本の政治のなかで、「天皇の名」を借りた政治指導層によってことごとく裏切られていくからである。そのことは当然に、羯南の国民主義の実現を困難なものにする。そのために羯南がいかに悪戦苦闘したか。われわれは、その苦闘の情景を「日本」紙上における羯南の社説からいくつか拾ってみよう。

「日本」を拠点にした、およそ一七年間にわたる羯南の活動のすべてについて語ることは、それほど簡単なことではない。ここでは、はじめに憲法発布から日清戦争まで、次に日清戦争後から日露戦争・「日本」廃刊までの二つの時期に区分して、羯南の国民主義の内容と推移について略述する。

陸羯南の思想と活動

羯南がその政治批判活動を開始したときに最初に直面した重要問題は、先ほども述べたように条約改正をめぐる問題であった。羯南は、外相大隈の進めている条約改正案は、外人法官の任用や治外法権を認め、民法・刑法などの法典を欧米流にならって制定することを外国に約束している点で、日本の国権を回復しえていないとはげしく批判し、大々的に条約改正反対のキャンペーンを張り、条件闘争的に大隈案を認めようという（福澤、田口はこの立場）改進党系の矢野文雄の主宰する「郵便報知新聞」と論争している（「報知新聞の条約改正案」、一八八九年〔明治二二年〕七月一六日）。ここで注目すべきは、この批判には、秘密外交をやめさせるためにも責任内閣制〔議院内閣制〕を確立せよ、政府に反対する者の言動を力で封殺する手段となっている新聞紙条例や集会条例に反対する、といった民主主義的要求が結びついていた点である。もちろんこの点については、福澤も田口も政府の行動を批判していたが、「日本」の政府攻撃は、きわめて戦闘的であったため、一八九〇年（明治二三年）から翌年にかけて五回、発行停止処分を受けている。

この条約改正作業は、国民の反対闘争、大隈襲撃事件（一八八九年）もあって、ひとまず延期される。ところで政府は、当時、朝鮮問題について清国と覇権を争い、軍備拡大の方向をとりはじめていた（福澤はこの路線を支援）。そしてこの方向は、不平等条約改正にさいしても有利な条件と思われた。なぜなら条約改正問題は、結局のところ、日清戦争におけるアジアの大国中国にたいする日本の勝利によってはじめてその解決をみるのだから。こうして条約改正問題はアジア情勢と結びついて、軍備拡大の大合唱を呼び起こす。

羯南はこれにたいして、極端なる国民主義（「国民の特立」）は攘夷思想に陥ること、現在の国民主義は戦争ではなく平和的な貿易・文化・宗教・風俗を尊重し、政事において勢力を伸張すべきことにあると説き（「国民的建国」、「日本」一八九〇年九月一九日）、また武力拡大は国を誤る、日本人は、諸外国が経済競争上の優位を求めていること、自衛よりも自活が大事であることを知るべきであると述べている（「一の講究すべきものあり」、「日本」一八九〇年一二月一六日）。

さらに、羯南は、欧州文明、欧米の高強に及ぶ能《あた》わずとしてみずから侮り、東洋の国および人を劣等の地位におき、何人も世界の文化に賛助する義務があるという「国命」（国民的使命感）をもたないネーション（国民）は滅びるとして、日本人は国民的自覚をもつべきであるとの警告を発している（「国際論」、「日本」一八九一年（明治二四年）四月三日—一二日）。

しかし藩閥政府は自己の政策を強行し、反対運動を封殺するために、ますます言論・出版・集会の自由などを抑圧する手段にでた。羯南はこれにたいして、「出版・新聞・集会条例その他の取締法は、国安を保つ具にあらず」（「政治改良の仮面」、「日本」一八九一年一二月一〇日）と述べ、またかれは、憲法では「言論・出版・集会・結社の自由」が認められているのに、政府は「法律ノ範囲内ニ於テ」（法律の留保）という走路によって人権を侵害しているとして、政府が「治安保持」を無上のものとして神聖視している態度を痛烈に批判している（「保安の説」、「日本」一八九二年（明治二五年）三月一四日）。

ところで、立憲政治が開始されて三年ほど経過したころから、羯南は、藩閥政府が「天皇の名を藉《か》る」ことによって、偽国家主義を展開している危険な傾向についても指摘しはじめる。たとえばかれは、政府の進める条約改正を批判するのは天皇批判に通じるというような政府の主張に反対し（「輔弼《ほひつ》責任論」、「日本」一八九一年一二月二一日）、政府党も民党もそれぞれ個人を除いた「国家」を自分たちの自衛の道具としていること、また「国家」や「大権」をもちだして、政府が個人の苦情を規制している態度は偽国家主義であるときびしく批判している（「偽国家主義」、「日本」一八九二年四月一二日―一三日）。

こうして羯南の藩閥批判は、年を経るごとに次々にエスカレートしていく。たとえば、いまの政府はドイツ主義を唱え、一にも国家、二にも国家と述べているが、個人はかれらが考えているほど利己的ではない（「漫言」、「日本」一八九四年（明治二七年）一月三〇日）、また自由主義はなるべく国家の権威を減縮してなるべく個人の自由を伸張するにあり、自由主義を共和主義と同一視して危険視する人びとは、維新の大業に与《あず》かりて力ありし人びとであるとして（「自由主義如何」、「日本」一八九〇年（明治二三年）一月一五日―二〇日）、三宅雪嶺（『真善美日本人』、一八九一年）と同様に、ドイツ主義と国家主義の吻合をはかる藩閥政府を批判している。このことは、のちの「大正デモクラシー期」に、長谷川如是閑がイギリス思想を民主主義的なものとして推奨し、ドイツ思想を国家主義を補完している危険な思想として糾弾しているのと対比すれば興味深い。如是閑は、羯南・雪嶺からいかに多くのことを学んでいたことか。

福澤同様に、羯南の「超然主義」批判も強まる。しかし福澤のばあいは、「官民調和論」にもとづく政府と民営融和をめざしたものだが、羯南の批判は強烈である。かれは、藩閥は国民的政府ではないので責任内閣制を確立し、国民的感情を有する者を選挙せよ（「国民的感情」、「日本」一八九四年二月二四日）、また「超然政」を唱える連中は、内実は藩閥、その協力者自由党に偏する者である（「超然政」、「日本」一八九四年三月二一日）、さらにかれは、いまの政党政治は「群犬政治」、その多数決は「虻政治」で、これは政党の領袖《りょうしゅう》が「えさ」を与えるためであるとも述べている（「原政」、「日本」

一八九三年〔明治二六年〕三月六日―二二日）。こうしたはげしい政府弾劾により、「日本」はまたまた一八九三年から九四年にかけて、計一一回、六五日間の発行停止処分を受けている（『陸羯南全集』、第四巻「解説」、みすず書房、一九七〇年）。

一八九四年八月一日、日清戦争がはじまる。羯南は、これまでは日本人が朝野をあげて欧米と同方針をとり、中国人を排斥してきたことを批判していたが（「国際論、補遺」、「日本」一八九三年一〇月二八日―一一月六日）、この戦争については「朝鮮の独立」、「東洋の平和」のために必要だとして、古島一雄、鳥居素川、正岡子規、井上亀六などを従軍記者として戦地に派遣している。「日本」の第一期はここで終わる。

日清戦争後、日本では、三国干渉による遼東半島還付問題をめぐって、国民的レベルで露・独・仏ら帝国主義列強にたいする怒りが沸騰し、いわゆる「臥薪嘗胆《がしんしょうたん》」の時期に入る。政府は、そうした国民のあいだにおけるナショナリズムの高揚に便乗し、軍備増強の道を志向する「戦後経営」を喧伝する。新聞「日本」は、こうした新しい状況の変化のなかで、政府の軍国主義的「戦後経営」路線を批判し、断乎、これと闘う。

さらに羯南は、自由主義者〔ここでは自由党〕はいまや政府の爪牙《そうが》となり、権門勢家と結託しているとし（「政界の趨勢を観て新自由論を促す」、「日本」一八九五年〔明治二八年〕一二月二三日）、また日清戦争は「変」〔異常事態〕、戦後経営は「常」〔正常状況〕であるから、常時には個人各人の休戚〔喜びと悲しみ〕・休仲〔安心すること〕に努めるよう呼びかけ、伊藤内閣の態度は「非立憲」（この語は、のち「米騒動」の時期、寺内非立憲《ビリケン》内閣という名称によって一躍有名となる）どころか非道理である、いまや伊藤一派は、国家を憲法の上においていると藩閥政治にたいする批判の度合いをますます強めている（「個人の自由の堕落」、「日本」一八九六年〔明治二九年〕七月七日）。さらに羯南は、「戦後経営」の軍国的方向に反対して平和的方向を対置させ、国権〔国を確固たらしめる意〕は独り軍備拡充だけによるべきではないこと、もしそれを唯一の手段とし、外交を度外視すれば、国は戦争をもってする以外その権〔国権〕を伸張できないということになること、そしてこのようなことを唱える人は、今世紀の文明を無視するもので、自分の国権説〔民権がその基礎にあるべし〕と相反するので、自分は、武装的平和〔福澤はこの立場に接近しつつあった〕に反対である、と述べている〔「軍備拡張論者」、「日本」一八九六年一〇月七日―八日〕。こうしたきびしい戦後経営批判によって、またもや「日本」は、一八九五年から九六年にかけて、計一〇回、発行停止処分を受けている〔『陸羯南全集』、第五巻「解説」、みすず書房、一九七〇年〕。

ところで、羯南は軍備拡張論に反対したばかりでなく、かれ自身の考える戦後経営の具体策として、「民力休養」をはかる「国家社会主義」を提案している〔「日本」一八九七年〔明治三〇年〕三月二二日―二九日〕。ここで国家社会主義というのは、昭和期に北一輝や赤松克麿などが唱えたファシズム国家観の一変種とは異なり、弱者救済のために取り組む国家、つまり当時ようやく欧米にもみられはじめた福祉国家政策を指しているものと考えてよい。

いまや日本においても、政治の問題は政府対民党や議会内における政争にとどまらず、社会・経済的問題をも視野に入れて論じられるべき状況が登場しつつあった。老福澤はこの点の認識についてはきわめて弱かったし、自由貿易論者田口も必ずしも問題を明確にとらえていなかった。これにたいして羯南は、立憲政治は個人の自由を担保するとともに平等を認めるべきであるのに、選挙権その他に区別をつけ、階級を人造しているところに社会主義の発動を誘起している、また藩閥政治家の国家主義は、軍人、官吏、貴族、実業家の利益を保守しているとし、自分のいう国家社会主義は弱肉強食の状態を匡済《きょうさい》するにあり、と述べている。さらに、いまは「文明的飢餓」の時代であるとし、軍備拡張が経済社会を困難にしている一原因であること、またこのような「労役社会」〔資本家階級と労働者階級の対立〕の問題は、近時の欧州大陸での大問題でもあること、その解決のためには、ビスマルクのような「強制〔国家が主導し配慮する〕保険制度」〔社会保険制度〕を考えよ、と述べている。そしてそのほかにも、「強制的教育法」〔義務教育の拡充〕や「強制的衛生法」〔公衆衛生〕の制定は必要であり、もしこれらを実施すれば、社会主義も必ずしも破壊的にはならないであろうとし、国家はいまや旧い自由放任主義ではなく、「有余を削りて不足を補ふ」〔社会保障的政策〕ことによって、個々人のあいだの有無相違の媒介者たれ、と述べている。そして「足尾鉱毒事件」〔日本最初の本格的な公害問題〕こそ国家社会主義を考える絶好の材料ではないか、とも指摘している（福澤は足尾鉱毒事件の本質をほとんど理解していなかった）。自由民主主義者、羯南の思想に、社会民主主義（イギリス型福祉国家観、労働党的社会民主主義）的思想が、ちょっぴり顔をのぞかせている。しかしこの問題の本格的展開は、第一次世界大戦後の大正デモクラシー期までまたなければならないであろう。

ところで、明治も三〇年代に入ると、日本政府は日清戦争勝利の余勢をかって帝国主義列強と対抗するためにますます軍備拡大に狂奔し、他方、清国や朝鮮にたいしては帝国主義的強圧手段を強めていく。こうした新たな状況に直面して、「日本」は政府の対内・外政策にたいして果敢な政治批判を展開していく。羯南の国民主義が、もっともその自由主義的性格を発揮した時期であったといえる。

羯南は、欧人東侵の傾向に危機感をいだきつつも（「欧人東侵の新態」、「日本」一八九八年〔明治三一年〕二月六日―七日）、日清戦争後、藩閥政府が軍備拡大に驀進し、世界平和の敵となっている点を批判し（「新内閣を組織せんとする者に誨《おし》ゆ」、「日本」一八九八年一月八日）、清国については、交親国として欧米列強のような植民地として見るなと述べている（「対清問題は如何」、「日本」一八九八年六月二五日―二六日）。

また政府は、遼東還付以後、対露復讐の準備と称して軍国主義をあおり、戦後経営を軍備拡張においているが（「対外論の変遷」、「日本」一九〇〇年〔明治三三年〕四月一日）、もはや将来の戦争は日清戦争の比ではないことを十分に考究せよ（「将来の戦争」、「日本」一九〇〇年四月四日）、また政府が「義和団事件」（一八九九―一九〇〇年）にさいし、中国政府を助け、私匪を討伐しようとして中国内地へ深入戦伐するようなことは無暴なことである（「清国内地の進軍――清兵を弱きとのみ見る勿《なか》れ」、「日本」一九〇〇年七月二日）、と警告を発している。

さらに当時、清・韓両国がロシアに頼っているのは、日清戦争後、日本が両国を排斥し軽蔑するようになったからだと、日本人の近隣アジア諸国にたいする不遜な態度をきびしくいましめている（「清韓君民の真情――ロシアに倚《よ》るの外なからん」、「日本」一九〇一年〔明治三四年〕三月二二日）。

義和団事件後、ロシアが満州を占領し、日露の緊張がいっきょに高まるが、「日本」の論調も満州におけるロシアの行動批判に向かう。にもかかわらず羯南は、戦後経営、膨張時代による国家主義の台頭を批判し、日本は、いまこそ自由主義が必要で個人自覚の能力を高め、人民の自治にまかせよと述べる（「自由主義の必要」、「日本」一九〇一年一一月二二日—二三日）。そして当時の軍拡にたいし、余裕のできた財政を平和的対外策に応用すべし（「海軍の拡張の声」、「日本」一九〇二年〔明治三五年〕一〇月二〇日）、また「戦勝ちて国益々危く、兵強うして而民益々貧しき」という政府のとる「貧国強兵」策を批判している（「兵強く国貧し」、「日本」一九〇二年一〇月三〇日）。

しかし、一九〇四年〔明治三七年〕二月一〇日に日露戦争がはじまるや、「日本」も安藤正純〔鉄腸〕、丸山幹治〔侃堂、日本政治思想家丸山眞男の父〕などを従軍記者として派遣し、戦争開始直前にはそれまで対露戦に慎重であった態度を捨て（「対露戦争の風説」、「日本」一九〇〇年三月三〇日）、ロシア人は日本と朝鮮を同じように属領としてみている、として開戦を支持している（「開戦と為らば」、「日本」一九〇四年〔明治三七年〕一月一三日）。

自由主義と社会主義の調和策

だが、「日本」は、戦時中、日露戦争の記事を掲載する一方で、はやくも戦後経営についての政策提言をもしている。しかもここで注目すべきは、羯南がきたるべき新しい社会に対応できる社会的政策の採用を提唱している点である。羯南を中心とする「政教社」思想集団が、つづく大正デモクラシー運動の牽引車となりえたのはこの理由による。

ここでのテーマは、自由民主主義と急激な社会主義（この台頭には一理ありと羯南は考えていた）の調和をいかにしてはかるかという一九世紀末から二〇世紀末の現代にいたるまで続いている重要問題である。

羯南は、日本では、かつて自由主義を唱えた自由党が至尊〔天皇〕の尊影を破毀するとして悪名を負わされたように、現在では社会主義が非戦論を唱えて悪名を負わされている。しかし、ドイツでは社会党〔社民党〕が増大していることを思えば、戦後日本において社会政策を加味しないと、社会主義が容易に人びとの頭脳に入り込むことになろうと述べている（「社会主義の暗流」、「日本」一九〇五年〔明治三八年〕五月二三日）。また日本政府は、国家社会主義〔福祉国家への道〕を無意識のうちにとっているのに、社会主義を蛇蝎《だかつ》のように嫌い、結党は許すが出版物は禁じているとし、民主社会主義〔各国において社会主義の実現をめざす社会民主主義〕と国家社会主義〔福祉政策をとる国家〕の調和はありえないのかと述べている（「政府対社会主義」、「日本」一九〇六年〔明治三九年〕四月六日）。ここにわれわれは、日露戦争後、羯南の関心が社会問題、社会主義の問題をふくむ「社会改革」の方向へとしだいに向かいつつあったことを知る。

しかし一九〇六年〔明治三九年〕六月、羯南は病いに倒れ、「日本」の経営を伊藤欽亮に譲る。だが同年一二月、営利主義をとる伊藤とのあいだで編集方針をめぐって対立が生じ、三宅雪嶺、古島一雄、河東碧梧桐、長谷川如是閑ら日本新聞社員二二名が退社し（二三名中一名だけが残留）、翌一九〇七年一月より、新しく「日本及日本人」を発行する。明治二、三〇年代の日本において、自由主義・国民主義の灯を高く掲げて、国家主義・軍国主義の趨勢と真っ向から対決してきた光栄ある独立政論新聞「日本」の名は、事実上ここで消える。この年、九月二日、羯南、鎌倉極楽寺の地で死去。享年五〇歳であった。

しかし、羯南の点《とも》した自由主義的反骨精神の灯は、護憲運動にはじまる大正デモクラシー期に、かれの最後の愛弟子長谷川如是閑によって受け継がれ、大正中期から昭和初年にかけて国家主義、軍国主義、ファシズムにたいする最終的な決戦が試みられることになる。

結局、羯南の自由主義は、社会・労働問題が顕在化する以前の人権の保障と民主政治制度の確立によって、国家と個人の対立は調和可能と考えられた過渡的時代の自由国民主義であったといえよう。

四 「大正デモクラシー期」から昭和ファシズム・敗戦まで

大正デモクラシー

これまで、明治維新以来の近代日本における自由主義・民主主義をめぐる政治・思想状況について述べてきた。その特色は、支配層側による「富国強兵」策にもとづく統一国家確立への道と、その数はきわめて少数であったが、一部知識人・ジャーナリストや政治家たちによる自由民主主義的国家の実現をめぐっての闘争であったと規定することができよう。

しかし、第一次世界大戦（一九一四―一八年）後、各国においてもようやく中産階級や労働者・農民階級が「政治の世界」に登場し、影響を与えはじめるようになり、それによって国内・国際状況が大きく変貌した。「大正デモクラシー」とは、そうした国内・外における自由主義・民主主義の発展と新思想、社会主義の登場とを背景にして、日本で展開された思想・運動の総称である。ところで、「大正デモクラシー」とは、どこからどこまでの時期をいうのか。これについては、前期と後期に分けて考えるとわかりやすい。前期「大正デモクラシー」とは、明治末年から大正中期（第一次世界大戦終結）までの一〇年余の時期、いわゆる護憲運動の時期であり、政党政治・議院内閣制の実現、普通選挙権の獲得要求などを掲げて、主として政党が運動を推進した。

一方、後期「大正デモクラシー」とは、そうした政治改革運動の実績をふまえて、第一次世界大戦後ようやく各国で強まってきた社会改革を求める運動をふくむ政治・社会運動であり、その意味で、戦前の日本において、はじめて、自由主義、民主主義、社会主義がインターナショナルな視点から論じられることが可能となったもっともダイナミックな時代であった。時期的には、一九一八年ごろから満州事変（一九三一年）前夜の昭和初期までの十数年間と考えてよいであろう。

そして、つづく満州事変の勃発から敗戦までの約一五年間（一五年戦争）がいわゆる「昭和ファシズム」期といわれる戦争の時代であり、近代日本のなかでも国家がもっとも狂暴化し、それによって国民がもっとも悲惨な状況におとし入れられた時期である。

ここで人は、なぜ日本の政治が「大正デモクラシー期」から「昭和ファシズム期」へと突如として暗転したのかと、奇妙に思うかもしれない。しかし「大正デモクラシー時代」においても、明治以来の支配層による自由主義、民主主義、社会主義、人権・自由を抑圧する政策は一貫していたし、治安維持法の制定（一九二五年）をみればわかるように、ますます巧妙かつ露骨な民衆弾圧策を講じてきていたということを知れば、この不可解な「謎」も理解できるであろう。

その意味で「大正デモクラシー期」とは、じつは帝国主義諸国家間の闘争の激化、それに世界史上初めて登場した社会主義国家ソ連との対抗という新しい国際関係の出現を目前にして、ますます強大化の方向をめざしつつあった国家権力との大闘争の時代であったといえよう。そしてこのような日本帝国主義にたいするトータルな闘争は、人びとの思想闘争や運動形態に多様性を与え、質的変化をもたらした。「大正デモクラシー」が、人びとの眼に、一見、華やかな光彩をもって映るのはそのためである。しかし、この自由主義・民主主義を社会の底辺にまで押し広めようとする最後の決戦に敗北したとき、その反動がいかに大きかったかはいまさら指摘するまでもあるまい。

さてここでは、後期「大正デモクラシー」のもっとも代表的なオピニオン・リーダーたる長谷川如是閑の思想的発展とその啓蒙活動を通じて、戦前日本における自由主義・民主主義・社会主義対国家主義・軍国主義・ファシズムとの最後の決戦の諸相をかいまみることにしよう。

長谷川如是閑と思想的特色

長谷川如是閑（一八七五―一九六九年）は、ほとんど一〇〇年近い長い生涯を明治・大正・昭和の三代にわたって生き抜いた近代日本の誇る最高の思想家、ジャーナリストである。かれは、福澤、田口、陸たちと同じく、新聞あるいは雑誌というメディアを用いて、生涯にわたり非合理かつ狂暴な国家権力を批判しかつ闘い、国民にたいする啓蒙活動を展開した。したがって、かれの全事績は、そのまま近代日本における自由主義・民主主義実現のための言論・思想行動を表明しているものといってよいだろう。かれの啓蒙活動の時期は、後期大正デモクラシー期、昭和ファシズム期、戦後期の三つに大別できる。戦後期については次章以下で折りに触れて述べるとして、ここでは、敗戦にいたるまでの戦前期におけるかれの言論活動について述べる。

はじめにかれの思想的特色を述べておくと、かれの思想的基盤は、当然のことながらイギリス的自由主義である。したがってかれは、封建的・非民主的・権力的思想を嫌い、国家主義・軍国主義・侵略主義とは徹底的に対決した。しかしかれは、福澤、田口、陸らとは異なり、もはやたんなる自由・民主主義者ではなかった。第一次世界大戦後、世界的に「平和」と「改造」を求める気運が高揚し、各国においても民衆運動が台頭した。ロシアにおける社会主義革命の成功は、そうした状況に一段と拍車をかけた。いまや、時代は古典的自由主義にもとづく「政治改革」だけではすまされず、一九世紀中葉以降、社会主義が提起してきた問題をふまえての「社会改革」が必要となった。こうして、西欧諸国においても、経済的社会的弱者に配慮するような福祉国家への道が本格的に模索されはじめていた。如是閑は、こうした新しい時代的環境を鋭く認識して思索し、活動した思想家であった。したがってかれは、自由と同時に平等が共存する社会の実現を求めた社会主義本来の精神を受けとめた、その意味で社会の矛盾や現状を直視しつつ発言した「社会的」民主主義者でもあった。

ところで欧米先進諸国においては、「平等化」に向けての趨勢は、「自由」の実現を求めて闘った市民革命以来、じょじょに発展してきた民主主義の必然的帰結であったから、人権保障や民主主義的制度の拡充にさいしては、社会主義の提起した問題をもそれぞれの自国の実状に合わせながら包摂していく方向をとった。したがってそこにおいては、社会主義思想も一つの民主主義的な政治思想、社会思想として受けとめられたから、必ずしも絶対的に排除されるべき危険な思想とはみなされなかった。

しかし当時の日本においては、状況が決定的に異なっていた。まず日本では、明治以来、自由主義、民主主義自体は、国家の秩序を乱すものとして忌み嫌われていた。ましてや人民の政府を確立しようとする社会主義は、「尊厳なる国体」（天皇制）を否定し、それを支える支配層の経済的基盤である資本主義体制を破壊する志向性をもった、極悪非道なる「不倶戴天」の危険な思想であった。

こうした状況のなかで、自由・平等なる社会の実現を構想することが、きわめて困難な作業であったことはいうまでもない。しかし幸いなことには、第一次世界大戦後の国際的・国内的時勢は、如是閑に有利に働いているように思われた。そこで、如是閑は敵の行動を慎重に配慮しながらも、果敢に戦闘に打ってでた。が、結果的には無惨な敗北を喫した。しかし、手応えは十分であった。なぜなら如是閑の闘争には、戦後日本においても依然として未解決のままに残されているさまざまな重要問題――天皇制思想、社会主義、国家主義、軍国主義、人権抑圧、労働問題、女性差別、閉鎖的国際観など――を考えるさいの有益な解答がちりばめられているからである。戦後民主主義はその地点から出発しており、戦前期における如是閑をとりまいていた若いサポーターたちが、民主化を推進した。

では、後期「大正デモクラシー」時代の如是閑の活動からみていこう。

如是閑は、大学（現在の中央大学法学部）卒業後、病弱のため五年間ほど自宅療養を送ったのち、少年時代からあこがれていた羯南の日本新聞社に入社した。幼年時代、日本最初のイギリス思想の宣教者、坪内逍遥や中村敬宇の塾に学んだ如是閑は、はやくからドイツ型権力思想を嫌い、維新以後においても依然として封建色の濃い日本を近代化しようとしていた羯南の国民主義に共鳴していた。かれの日本新聞社時代は、「日本」が廃刊になったためわずか三年間ほどと短かったが、羯南の薫陶はもとより、新聞「日本」を経て大阪・東京朝日新聞社などに転出した先輩たちやすぐれた同僚たちとの交遊を通じて、着実に自由・民主・社会派ジャーナリストとしての力量を高めていった。

「日本」廃刊の翌年、それよりまえに大阪朝日新聞社に移っていた親友の安藤正純の紹介により、「日本」OBの鳥居素川と会い、大阪朝日新聞社に入社する。その後、如是閑は、これまた親友の一人であった丸山幹治を大阪朝日新聞社に誘う。当時の「大阪朝日新聞」は、進歩主義者村山龍平社主のもとに、大正デモクラシー運動の先導的役割を担っていた。このなかにあって、如是閑は、水を得た魚のようにいきいきとして活動し、入社後わずか四、五年のうちに、いわゆる鳥居・如是閑体制とよばれる朝日新聞編集部内における民主勢力を確立し、縦横無尽の活動を展開する。しかし、国家権力側もこれを放置することはなかった。一九一八年（大正七年）、「大阪朝日新聞」は折りから起こった「シベリア出兵」に反対し、「米騒動」支持の先頭に立っていた。八月二六日の夕刊に、「米騒動」によって起こった社会不安を「白虹《はっこう》日を貫く」と評した、若き大西利夫記者の記事が掲載された。すかさず、当局側はこの記事をとらえて、皇室にたいする不穏な言辞を弄するものとし、編集長鳥居素川と社会部長長谷川如是閑の辞任を迫った。これを拒否すれば「大阪朝日新聞」の存立すら危ぶまれる状況であったから、如是閑は鳥居とともに退社を決意した。大山郁夫、丸山幹治、花田比呂志、大庭柯公《かこう》らも連袂《れんべい》退社した。これが世上有名な「白虹事件」である。如是閑たちの一斉退社は、言論・思想の自由にたいする不当な弾圧であり、「白虹事件」は、その後、次々にエスカレートする日本民主主義への弾圧を予兆する不吉な第一歩であったといえよう。

大阪朝日新聞社退社後、如是閑は大山郁夫らとともに態勢の建てなおしをはかり、翌一九一九年（大正八年）、啓蒙雑誌「我等」を創刊する。なぜ雑誌なのか。如是閑も新聞の果たす社会的影響力は十分に知っていた。なぜなら、かれ自身、大新聞の編集部にいたからである。しかし、当時の新聞はすでに商業新聞化し、かつての政論新聞「日本」のように、政府当局にたいして堂々の陣を張ることはきわめて困難な状況にあった。それに、新しい新聞を創刊するにはあまりにも経費がかかりすぎ、とうてい不可能であった。それゆえ如是閑らは、「いと小さきもの」＝雑誌「我等」をひっさげて、波浪高き大海に漕ぎだす決意をした。

「我等」は、読者層を主として知識人、大学生、旧制高校生、専門学校生、一般市民に定めていたため、格調の高い原理的な問題をテーマとして取りあげているが、同時に労働者・農民層でも理解できるような配慮がなされていた。そしてそのさい、なによりも注目すべきことは、自由、民主主義、平和、平等を実現するように人びとを啓蒙するにあたり、いたずらに官憲を刺激するような過激な用語を注意深く避け、しかし基本原理は決して譲らず、効果をあげるという柔軟かつねばり強い理論闘争の方法が採られていたことである。これは、とかく日本人が陥りやすい観念的・公式主義的方法を排して、イギリス的現実主義を採用したということができようが、これによって「我等」は、一九三四年（昭和九年）まで、じつに一五年間の長きにわたって（一九三〇年、「我等」を「批判」と改題）、昭和ファシズムが吹き荒れる嵐のなかで生き延びることができたのである。このことは、会員頒布費収入のみを主として雑誌を発行したものとしては奇跡に近い。発行当初は二万部ほど売れたようだが、以後は五〇〇〇から七〇〇〇人ほどの固定読者がいたといわれる。そこで、以下足ばやに、如是閑の思想闘争について要点だけを述べる。このさい次の点が重要である。

まず、かれの活動の時期区分をみてみよう。第一期は「我等」創刊から「批判」へと改題する約一〇年間、闘争目標は国家主義に対抗して、人権保障と民主主義を拡大することであった。第二期は「批判」廃刊までの約五年間で、闘争目標は軍部ファシズムである。かれにとっては、国家主義と闘っていたら、敵はいつしかファシズムになっていたというわけで、したがって基本的には、自由主義と民主主義を擁護することがすなわち反ファッショ闘争ともなったのである。

第三期は「批判」廃刊後から敗戦までの約一〇年間で、他の新聞、雑誌などのメディアを通じての超国家主義(神国日本、八紘一宇)、軍国主義の台頭にたいする思想闘争である。もっとも、かれは太平洋戦争勃発(日米開戦)の翌年ごろまでで事実上筆を折っている。「搦手《からめて》から」のたくみな闘争も、もはや力つきたのであろう。あとは、敗戦後から講和会議(一九五一年)ごろまでの時期である。いまや時代は急激に変化し、かれはすでに「オールド・リベラリスト」と位置づけられているが、かれの発言は、戦後になってもなお根強く残存していた封建遺制にたいする批判としては、十分に有効であった。本巻では、如是閑の戦前における思想と行動を中心に述べる。

次に、如是閑の思想的立場。かれは、その出発点においては、田口、陸流の自由民主主義者であった。しかし数年たたずして、かれは、ヨーロッパ諸国において台頭してきた社会主義の思想をも採り入れた「社会的」民主主義者へと変わってきている。かれの社会主義のイメージがどのようなものであったかはにわかに確定できないが、人間にとっては自由と同様に平等が必要であること、またそのような社会を実現するには、国民の大半を占める労働者・農民階級の台頭を認め、かれらの地位を改善しなければならないと考える点において、かれは社会主義思想に共感し、それゆえに社会主義者たちにも「我等」、「批判」の誌面を提供し、そこにおいて提起された問題を国の施策に採り入れる必要があるとした「容」社会主義者であった。にもかかわらず、かれは、当時の日本に存在したさまざまな社会主義政党とは、直接的なかかわりをもたなかった。そうした態度は、師羯南同様、いかなる政党政派からもフリーでありたいというかれの原理主義からでたものであったと考えられる。かれの立場を、とかく社会主義政党との関係をイメージさせる社会民主主義者と規定せずに、「社会的」民主主義者とネーミングした理由はここにある。如是閑は、以上に述べたような自由民主主義と「社会的」民主主義を接合させながら、「我等」、「批判」誌上において、毎号のように人文・社会科学上のあらゆる問題について論陣を張り、自由と平等を希求する人びとに影響を与えていった。では、次に、如是閑の啓蒙活動の一端について述べよう。

国家主義との闘争

如是閑が大阪朝日新聞社を退社してその啓蒙活動を開始したときの主要な闘争目標は、日本の政治・社会全体をおおっていた国家主義イデオロギーを打倒することであった。なぜなら国家主義こそが、人権と自由の保障や民主的政治制度の拡大・発展を妨げる諸悪の根源であり、如是閑たちもその猛毒により退社を余儀なくされたからである。

そのさい、かれは、国家主義の思想的・制度的担保物であった「天皇制」の問題については、それに触れることを注意深く避けている。明治憲法体制の骨格をなす「天皇制」自体に批判のメスを入れることは、当時の状況下ではほとんど自殺行為に等しいと判断したからであろう。そこでかれは、二重の「迂回作戦」をとっている。一つは、天皇制支配の支柱ともいえる官僚政治や学校教育の場における国家主義の実践と教化を批判し、もう一つは、日本政治を主導すべき最高学府＝官立大学において国家の個人にたいする絶対的優越を説くヘーゲル哲学を批判するという方法をとっている。官僚政治とヘーゲル哲学を批判することを通じ、かれは民主政治実現の活路をみいだそうとしていたのである。如是閑は、羯南と同じく、当時のドイツ的国家至上主義を徹底的に嫌い、近代日本の政治過程をイギリス思想とドイツ思想の相克としてとらえ、またドイツ思想がイギリス思想を駆逐していった歴史であると規定していた。

とすれば、如是閑自身は国家と個人の問題をどのように考えていたのか。それは「我等」の「創刊の辞」、『大阪朝日』から『我等』へ」という長大論文に表明されている。かれは、「朝日」もわれわれも国家主義者なりと述べて、敵の言葉をたくみに用いながら、敵のくりだす集中砲火をかわし国家主義の意味転換をはかっている。すなわち、かれのいう国家主義とは、端的にいえば自由と平等と平和を保障する国家を愛するという主旨であり、それは羯南ら

「政教社」グループの国民主義の精神を継承し発展させたものであった。言葉の使用につけ込まれて「大阪朝日」を退社した如是閑は、その教訓を立派に活かしながら、イギリス流の柔軟かつ慎重な「搦手戦法」によって、日本的国家主義を掃蕩《そうとう》する「長征」に乗りだしたといってよいだろう。

ところで、「我等」が船出した最初の一年ぐらいは、如是閑も福澤、卯吉、羯南と同じく、天皇を日本史上における諸矛盾の調停者であると述べたこともあったが、それはあくまでもポーズであったと思われる。なぜならその後は、三〇〇〇篇近い論説、評論のなかで、まったく皆無といってよいほど天皇について論じていないからである。かれは生涯、天皇については「論じもしなければ、批判もせず」という態度をとりつづけている。これをどう評価するかは人さまざまであろうが、如是閑が、当時のような国をあげての天皇崇拝者でなかったことだけはまちがいないといえる。そしてかれにこのような態度をとらせたのは、かれ自身の民主主義や社会主義にたいする理解の深化と、大正デモクラシー期における労働者・農民階級の台頭に希望をみいだしていたためかもしれない。

それから数年間、如是閑は、国家の宗教的・道徳的正当化にたいして思想闘争を展開していたが、大正一〇年代に入ると、初期マルクスと同じく、国家の構造的本質にたいする批判にとりかかる。かれによれば、現代国家とは、基本的には経済的支配層に有利なように機能する構造をもち、現在の政治的・経済的・社会的弱者を擁護するためには、労働者・農民階級が政治や経済の重要な側面に参加できるような「管理国家」（現在の社会学的用法と同じではない。おそらく労働者の経営参加を念頭においていたものと思われる）や「労働国家」へと変えていくべきだとさえ述べるにいたっている。如是閑が、社会主義やマルクス主義にもっとも接近した時代であったといえよう。しかしこうした状況のなかで、国家主義の側は、いささかもその手綱をゆるめることはなかった。たとえば、国家主義は社会のさまざまな分野に顔をだし、自由主義や民主主義の進出を一つずつ潰していく。一九二〇年（大正九年）に、森戸辰男東大助教授が、無政府主義者クロポトキンの研究を経済学部の「経済学研究」（創刊号）に発表したことにより、起訴される事件が起こった。この

「森戸事件」は、のちに滝川幸辰がマルクス主義者といわれて休職処分を受けたことに端を発する「滝川事件」（「京大事件」、一九三三年）へとつづく、言論・思想・研究の自由にたいする最初の本格的な人権侵害事件であった。このとき大学当局は、なんら闘うことなく文部省の圧力に屈し、主要新聞も雑誌もこの問題をさほど重視しなかった。これにたいして、この事件を民主主義の根本にかかわる重要問題として、終始森戸を擁護しつづけたのは「我等」ただ一誌だけであった。森戸事件にさいして、大学やジャーナリズムが国家権力と対抗しなかったことを批判するのはたやすい。しかし逆にそのことは、「大正デモクラシー」最盛期においてすら、国家の強制・弾圧がいかにすさまじいものであったかを、また森戸事件を民主主義の根本問題として理解しうる主体的勢力や国民世論がいかに弱かったかを、知りうるというものである。

当然のことながら、国家主義は国際政治上における日本の対応とも関係する。第一次世界大戦後、国際連盟が設立され、日本においても「改造」と「平和」実現への希望が語られていた。これにたいして如是閑は、戦後処理にかんする主要国の三つの対応を考察して、とくに日本の対応との関連で平和への脅威を表明している。

かれによれば、英・米・仏などのような今次の大戦を道徳的反省という態度で受けとめている国ぐに、またソ連のように帝国主義戦争を二度と繰り返してはいけないと自覚している国には希望がもてる。しかし日本は、今次の大戦において、タレーラン流に言えば「なにごとも学ばず、なにごとも忘れず」、依然として日本は神国日本であり、道徳的にすぐれた国であると高唱している状況に、如是閑は深甚なる危惧の念を表明していた。実際には、その後の経過は、英仏間の対立、アメリカの不参加などによって、国際連盟が平和組織としての機能を十分に果たせなかったことにより、また、第一次世界大戦の教訓を学ばず、古い思想を忘れずに自民族の優秀性を喧伝し、日本、ドイツ、イタリアなどがファシズム国家を打ちたてて、先進欧米列強と覇権を争う戦争を挑んだことにより、如是閑の危惧は現実のものとなった。敵も味方もふくめて、戦争悪や戦争の犯罪性を、国際的にも、国民全体のあいだでも認識できるようになるのは、第一次世界大戦の数倍にもまさる、悲惨な第二次世界大戦を全世界の人びとが経験してからのことである。したがって、第一次世界大戦において、火事場泥棒的戦勝国となった日本では、大戦は国民の平和意識への転換を促進したどころか、国威発揚のための軍国主義や、さらなる国家主義の高進への昂奮剤となったにすぎなかった。

ところで、日本の国家主義は、イギリス一七世紀のフィルマー的家族国家観をその精神的支柱としていた。「上御《かみご》一人《いちにん》」たる天皇への絶対的服従の精神は、家族における家長たる父親への服従という精神によって日常的に涵養《かんよう》されていた。明治維新によっていったんは否定された封建的儒教イデオロギーは、すぐさま明治国家体制を保持するもっとも有効な支配イデオロギーとして復活し、明治憲法制定後、忠孝道徳を一体のものとして国民全体に押しつける「教育勅語」の制定（一八九〇年一〇月三〇日）として昇華された。こうしてあらゆる政治制度・法体制は、男性優位を保障する国家装置として社会のすみずみにまでわたって機能した。

こうした状況は、自由民権運動の発展とともに、明治一〇年代ごろから女性の解放、女性の権利拡大の運動を呼び起こした。大正デモクラシー期に、市民運動や社会主義運動と連動して、女性解放運動が高揚したのは当然である。しかし女性解放の問題点は、結局のところ国家主義的政治体制への反対ばかりでなく、それを支えている資本主義体制の批判にまで結びつけて考察される必要があろう。

この点について如是閑は、大正末年に、フェミニズムとは「男子専制社会が崩壊しつつあるプロセスを研究する学問である」と明確に規定し、大正年代にみられた結婚しない、または結婚できない症候群現象、私生児の権利の擁護、産児制限反対論批判などを展開し、こうした問題は資本主義社会の構造的矛盾から発生していることを指摘している。右記の問題は、女性の地位向上、福祉国家の充実との関連で、戦後日本でも一九七〇年代ごろから本格的に注視されてきたが、如是閑は、すでに半世紀もまえからフェミニズムの問題点を鋭くとらえていることにいまさらながら一驚させられる。大正デモクラシー時代の花形、吉野作造、大山郁夫でさえも女性問題への関心は薄く、また堺利彦たちのような社会主義者でも、社会主義社会になればおのずから女性差別の問題は解消されるとして、とかく女性解放問題を革命運動に従属させていたことを思えば、如是閑のように女性解放問題を構造的・理論的・個別的に考察していたことには感嘆せざるをえない。

ファシズムの台頭

以上、簡単に述べたように、如是閑は大正末年までに、ほぼ「社会的」民主主義という特異な立場を確立し、自由主義者から社会民主主義者、マルクス主義者までをもふくめた広汎な思想戦線を形成し、いよいよ高まりつつある国家主義や軍国主義と闘う形態をととのえつつあった。

しかし昭和期に入ると、日本軍国主義は本格的にアジア大陸の侵略政策を志向し、それをチェックしようとする米・英・仏と対抗するために、ドイツ、イタリアなどのファシズム国家と共同歩調をとり、一九三七年（昭和一二年）には日中戦争に突入し、つづいて一九四一年にはついに米・英・仏と戦火を交えることになる。そこで、如是閑は二〇世紀の怪物ファシズムと格闘せざるをえなくなった。

一九二二年一〇月三一日、ムッソリーニ率いるイタリア・ファシスタ党が、第一次世界大戦後、荒廃したイタリア再建のために、イタリア王室と支配階級たる資本家階級との容認のもとにローマに進軍し、政権の座についた。ファシズムとは、独占資本が形を変えた新しいブルジョア独裁の変種であるというコミンテルンの規定は、この点において正しい。しかしこの運動の担い手は、のちのドイツ・ナチ党のばあいと同じく、戦後の経済的危機のなかで激しく動揺していた中産階級の人びとであった。したがってファシズム運動は「下からの国民革命」と規定され、この点で独・伊のファシズム体制は、日本のように「上から」国民全体をすっぽりと組織化した軍部ファシズム体制とはその性格を異にする。しかしこの三国に共通していたことは、国家の統一と団結をはかるためには、国家の利益を個人の自由や人権のうえにおき、ファシスタ党、ナチ党、軍部などの一党独裁のもとに、いっさいの民主的な制度（たとえば議会制度）や政党、労働・農民組合のような民主的集団や組織の存在を否定し、対外的には侵略戦争を正当化（八紘一宇、ドイツ民族の優秀性）していた点である。

ドイツ、イタリアにおいてファシズムが政権の座についたのは、第一次世界大戦後の未曾有の危機状況のなかで、ムッソリーニやヒトラーが資本家階級や労働者階級のような組織をもたず、社会不安に陥っていた自営業者や復員軍人などの未組織の中産階級を結集し、かれらに安定化の希望と民族としての誇りを植えつけることに成功したためである。

このさい、ファシズムやナチズムは、現在の苦難は、世界貿易や広大な植民地保有などの面で、先進資本主義列強が国際的ヘゲモニーを握っているためであるとして、「非」資本主義のスローガンを掲げて国民にその奮起をうながす一方、社会主義とくにマルクス・レーニン主義については、階級闘争理論による暴力革命論を振りかざし、社会的分裂を促進して国家の統一と安定を破壊する恐ろしい危険思想であるとして、「反」社会主義のキャンペーンを大々的に展開した。そればかりか、さらにファシズム・イデオロギーにおいては、西欧流の議会制民主主義は、ファシズムの敵である社会党や共産党の存在を許容する寛容な制度であるから危険であるとして、議会制民主主義までをも否定して一党独裁を正当化するにいたる。最終打撃目標である社会主義を打倒するには、まず議会制民主主義方式を打倒するにしくはなし、というわけである。国家主義と闘っていた如是閑が、この妖怪ファシズムと急遽闘うことを迫られたのは、国家主義もファシズムもともに自由と民主主義に仇《あだ》なすものであったからである。

ところで日本型ファシズムの特質は、天皇制を背景にした軍部型ファシズムであった。したがって如是閑は、主として軍部の行動を分析し、ファシズムのゆくえを診断しようとしている。かれによれば、エリート士官層である青年将校には農村出身者が多く、かれらの部下である下士官・兵卒層の大半もまた貧しい農村出身者であった。そこでこれらの青年将校は、農村の窮状をもっともよく知っていた人びとであり、そのため独占資本家層と癒着していた政治家や官僚群に批判的であったし、またそうした農村の窮状に同情し、農村問題や人口問題を打開するために大陸進出を志向した。しかし、こうした軍部の武断主義的独走は、当時の国際的常識にマッチしないものとなってきていた。なぜなら第一次世界大戦前までは武断主義をとってきた西欧列強も、いまでは資本輸出その他の方法を用いて植民地を支配するように方向転換をはかりつつあったからである。ちょうどそのころ、さしたる植民地をもたなかった後発資本主義国家ドイツ、日本、イタリアなどは、国力の増強をはかるためにあらたな植民地を求めて海外進出をしきりにはかっていた。その海外進出の中核部隊が、日本のばあいには軍部であった。

ところで、こうした日本におけるファシズム台頭の可能性を危惧した如是閑は、満州事変（一九三一年）が勃発する一年前の「批判」誌上において、いちはやく、このファシズム的気運を抑えるにはどうすべきかについて述べている。かれは、当時、日本の社会主義者たちが用いていたコミンテルンによるファシズムの定義、すなわちファシズムをブルジョア独裁の変型とみる理論をそのまま鵜呑みにするのではなく、日本の実状に即したファシズム分析をおこなっている。したがってかれの日本ファシズム論は、日本人の手になる最初の体系的ファシズム論であり、それだけに貴重なものといえ、一九三二年のアメリカの自由主義雑誌「ネーション」でも、かれが「批判」に書いた論文を要約したと思われる論説が二本掲載されている。アメリカが、いかにアジアにおける日本ファシズムの台頭に強い関心をもっていたかがわかる。と同時に、われわれは、如是閑の学問的方法のなかに、明治以来の日本の社会科学の、西欧のものであれば右も左もそれを金科玉条のものとして受け入れ、自己の理論の権威づけとする悪しき風潮といかに異質なものであったかをみることができる。

それはともかくとして、如是閑は、日本の特殊な農村事情、人口問題、国家主義、軍国主義の要因などをからませながら、「一五年戦争」勃発前夜の一九三〇年（昭和五年）に、日本ファシズムの成否いかんは、結局のところ、日本軍部の無暴な行動を抑えることができるかどうかにかかっているとみる。そしてもしそれに失敗すれば、第二次世界大戦を引き起こす危険性があるとさえ述べている。だから、このファシズムは絶対に防止しなければならなかった。

この如是閑の判断は正しかった。なぜなら翌一九三一年（昭和六年）に、日本帝国主義は満州事変を引き起こし、以後、独・伊と協定を結びながら、今世紀最大の第二次世界大戦へと一瀉千里《いっしゃせんり》に突入していったからである。

しかし、如是閑のファシズム防止の方法と手段は甘かった。なぜならかれは、この時点で、日本のブルジョア政党は資本主義的利潤追求の観点から戦争を避けようとする方向をとろうとしていること、またイタリアやドイツにおいても、結局のところ、ファシズム勢力は独占資本家層と吻合せざるをえない――この点で、コミンテルン規定は正しい――つまりブルジョア政党の傘の下に入らざるをえないとみて、各国のブルジョア政党の有する「資本の論理」が、軍国主義的侵略主義を抑えていくであろうことにかすかな期待を抱いていたからである。

しかしその後の経過は、ドイツにおいてはナチ党が、日本においては軍部が、ブルジョア政党、独占資本家層を完全に抑え、国民のいっさいの自由と人権を制限し、民主的な政治制度（議会）や政府批判勢力の集団（社会主義政党や組合など）を完全に解体するか翼賛体制に組み込むかして、独裁政治体制を確立しつつ、「総力戦体制」へと国民全体を巻き込んでいったことはいまさらここで指摘するまでもないだろう。

しかし如是閑がそのファシズム分析のなかで、自由主義や民主主義の思想や制度が確立されていない日本のような国においては、ファシズム成立の危険性がきわめて高いことも繰り返し警告していたことは重要である。したがってその後の如是閑の啓蒙活動の重点は、官僚や軍部の高唱する国家主義や軍国主義思想と闘うことに向けられた。そのため、いまや自分の主宰する雑誌「批判」を廃刊（一九三四年）したのちの如是閑は、「朝日」、「毎日」、「読売」などの主要新聞や、「中央公論」、「改造」、「文藝春秋」などの主要雑誌に寄稿して、一つには「自由主義の擁護」の論陣を張る。そのさい、如是閑は、近代国家・近代社会成立以降から二〇世紀三〇年代にいたるまでの自由主義の思想的発展を歴史的に把握し、いまや自由主義は「社会的」民主主義へと変容し、イギリスその他の先進諸国ではそれは福祉国家の実現という形で実を結びつつあることを指摘し、政府がいたずらに社会主義を恐怖しているのは世界の趨勢からみて立ち遅れていると述べている。この指摘は、おそらく日独伊防共協定締結などに奔走する政府の行動を側面から批判したものといえようし、自由主義や民主主義の担い手はいまや労働者・農民階級に移行しつつあること、したがって労働運動や農民運動、あるいは大学・旧制高校における社会科学研究を弾圧する政府の行動に、一矢報いんとしたものといえよう。

この「自由主義の擁護」と並んで、昭和一〇年代に入ると、如是閑は軍部が高唱する「皇道主義」的軍国主義批判をおこなっている。満州事変以降、軍部が独特の国家哲学＝神国日本を唱道して大陸侵略を正当化していたことについて、如是閑はしばしば「批判」誌上において超国家主義と対決していた。しかし戦局がますます進行するなかでは、それにたいする直接的批判は困難な状況になった。そこで如是閑は闘争手段を変え、こんどは『古事記』、『万葉集』などを引証しながら、古来、日本人は平和愛好的な寛容な国民であったことを人びとのまえに提示する努力をしている。

しかし如是閑のこうした側面攻撃ですら、「パール・ハーバー」（真珠湾）の攻撃以後はほとんど不可能となった。日本国民は「鬼畜米英」を殲滅するために、一億「総火の玉」となって太平洋戦争に突入したからである。

清沢洌《きよさわきよし》の『暗黒日記』によれば、敗戦の年（一九四五年）の六月、清沢と馬場恒吾《つねご》は、東京大空襲（五月二四日―二五日）で焼跡となった中野の如是閑宅をたずねたが、そのさい、戦争はいつ終わるかについての話がでている。かれら三人の自由主義者は、このときすでに日本の敗戦を冷静に受けとめていたようである。馬場は八月ごろまでには終わるだろうといい、清沢はもう少しかかるだろう、如是閑はあと一年ぐらいは続くであろう、と述べている。しかし、こうした良心的賢者たちの判断はまったくの例外であって、当時の日本国民全体は、政府の指導のもとに一億総玉砕を覚悟して、最後の本土決戦にそなえていたのである。日本が世界の民主主義の水準を理解・受容して、平和を愛好する民主国家になるのはいつの日なのか。そのとき、日本国民は、ほとんどだれも考えてもいなかったのである。

第一章　戦後民主主義への転換──「民主改革」から「講和会議」まで

一　敗戦への道

戦況の推移

いわゆる「太平洋戦争」は、一九四一年（昭和一六年）一二月八日未明（日本時間）、ハワイ真珠湾奇襲攻撃（同日、米英両国に宣戦の詔書）によってその幕が切って落とされた。それから約四年半後の一九四五年八月一五日（日本時間）、日本が「ポツダム宣言」を受諾して終結、日本は連合国側に無条件降伏した。

そもそも、この開戦自体が「無暴な企て」（ナイアガラの滝上《のぼ》り）であった。しかし、この時点では、満州事変（一九三一年）をしかけて以来、日本の政治・外交のヘゲモニーを掌握してきた軍部、とくに陸軍の好戦主義的行動を抑える力は、もはやどこにも存在しなかったのである。

それどころか明治憲法体制成立以降、半世紀以上もの長年にわたって（超）国家主義的教育を受け、また軍国主義を鼓吹《こすい》されてきた日本国民の大半は開戦の「詔勅」に感涙し、今次の戦線拡大も「皇軍」による「聖戦」と固く信じて、一億総国民が「火の玉」となり、この未曾有の難局を戦いぬく決意を新たにしたのであった。考えてみれば近代日本は、ほとんど一〇年ごとに起こった、あるいは意図的にひき起こされた「負け知らず」の戦争──日清戦争（一八九四—九五年）、日露戦争（一九〇四—〇五年）、第一次世界大戦（一九一四—一八年）、満州事変（一九三一—三三年）——によって、急速に世界の軍事大国の一員へとなりあがっていったのである。

そしてこの「天佑を保有する」無敵の神国日本という「おごり高ぶり」が、一九四一年の日米開戦を決断したときに大きく作用したであろうことは否定できまい。しかし、かかるまったく非科学的な「神国日本」という神話と信仰が、人びとに「八紘一（為）宇」、「大東亜共栄圏」の実現を可能ならしめるものと錯覚させ、それが敗戦という悲劇的な結末を招来することになったのであるが、そのとき、だれがかくもみじめな日本の敗戦を予測できたであろうか。

緒戦における「帝国陸海軍」の赫々《かくかく》たる勝利――真珠湾攻撃の成功、マレー沖海戦（一二月一〇日、イギリス戦艦プリンス・オブ・ウェールズなど二戦艦の撃沈）――の報は、全国民の戦意をいやがうえにもふるいたたせた。香港の英軍降伏（一二月二五日）につづく、翌一九四二年（昭和一七年）前半期の、マニラ占領（一月二日）、ラバウル上陸（一月二三日）、シンガポールのイギリス軍降伏（二月一五日）、ジャワの蘭印軍降伏（三月九日）、マニラ湾コレヒドール島のアメリカ軍降伏（五月七日）などを次々に報じた大本営報道部は、日本国民に「皇軍の往くところ敵なし」と確信させた。

しかし、日本の勝利はそこまでであった。

開戦以来わずか六ヵ月で、はやくも戦局の転機がおとずれたからである。一九四二年六月五日（—七日）の「ミッドウェー海戦」において、日本の世界に誇る連合艦隊は、米太平洋艦隊にはじめて敗北を喫した（空母四隻を失う）。以後、日本は敗戦まで、物量ともに圧倒的に優勢なアメリカ陸海空軍の総反撃を受け、撤退につぐ撤退を続けるか（一九四三年二月一日（—七日）、ガダルカナル島撤退開始）、多くの占領前線基地で守備隊全員が玉砕した（一九四二年一二月八日、ニューギニアのバサブア、四三年一月二日、ニューギニアのブナ、五月二九日、アッツ島、四四年七月七日、サイパン島、八月一〇日、グアム島）。にもかかわらず、大本営報道部は撤退を「名誉ある転進」と発表して、国民のまえに戦局の不利をいっさい隠蔽しつづけた。日本の勝利への目算は、次のようなものであった。一つは、東南アジア諸地域をその支配下において、戦争遂行に必要な戦略物資とくに石油資源を確保し、長期戦に備えるというものである。その最重要戦略拠点がインドネシア諸島であり、そのため、いちはやくその地域に日本軍が進攻した。しかし、戦争がはじまってから資源を確保するという戦略自体がナンセンスであったことは、いうまでもない。

もう一つは、日清・日露戦争以来の日本の「お家芸」である、日本本土以外の外地で戦い、敵の消耗を待つという作戦であった。たとえば西南太平洋地域に戦線を拡大し、そこに攻撃をしかけてくる敵を、「不沈戦艦」（当時、世界最大の装備をもつ七万屯級の巨大戦艦）大和・武蔵を擁する連合艦隊によって迎え撃ち、それを叩くというものであった。

しかしここで決定的に重要なことは、現代の戦争が、数千キロを一気に飛翔する大型長距離爆撃機によって敵の心臓部（工業地帯、軍事基地）を壊滅させるという、航空戦の時代に入っていたということであった。もし、爆撃機に原子爆弾を積んで飛来すればどういうことになるか。四界海に囲まれた神国日本の本土を「大艦巨砲で守る」という作戦は、もはや時代遅れのものであったことはいうまでもなかった。

ミッドウェー海戦の勝利後、アメリカ軍は次々に南太平洋諸島を奪回し、一九四四年（昭和一九年）六月一九日の「マリアナ沖海戦」において、日本海軍に壊滅的打撃（空母、航空機の大半を失う）を与えた。さらに、一〇月二三日（―二六日）からはじまった「レイテ沖海戦」（フィリピン中部のレイテ島に上陸した米軍を叩くために決行された連合艦隊の突入作戦）において、わがほうは戦艦武蔵、空母瑞鶴《ずいかく》などを失い、翌二五日には海軍の神風特攻隊がはじめてレイテ沖で米艦に突入した。

同日、中国基地からB29大型爆撃機一〇〇機が北九州を攻撃、一一月一日にはマリアナ基地のB29が東京を初偵察し、同月二四日には数百機のグラマン戦闘機に守られたB29七〇機が東京を初爆撃した。これにたいしては、高射砲や日本の誇る「零戦」（零式艦上戦闘機）で応戦したが、なすすべもなかった。本土が敵の空爆にさらされたということは、ふつうの感覚であれば制空権を制せられたと思うわけであるが、このときでもなお、日本国民の大半は「神風」、「大和魂」、「特攻隊」、「大和」、「武蔵」に望みをかけていたのであった。

明けて一九四五年（昭和二〇年）一月九日、ついに米軍はルソン島に上陸、二月三日にはマニラを奪還した。こうした状況のなかで、「最高戦争指導会議」（一九四四年八月五日、大本営政府連絡会議を改称）は、一月一八日、「本土決戦」態勢をとるべき方針を決定した。

二月に入ると、一二〇〇機の米空軍艦載機が関東各地を攻撃（二六―一七日）、三月には九州各地を攻撃した（三月一八―一九日、三月二八―二九日）。また二月一九日には米軍が硫黄島に上陸し、一ヵ月間の激戦の末、守備隊二万三〇〇〇人が全滅した。

日本の「敗色濃し」という印象を決定づけたのは、三月九日（―一〇日、陸軍記念日、二三万戸焼失、死傷者一二万人）と五月二八日（海軍記念日、日本海海戦の日）の東京大空襲であった。これにより、東京地区内の大半が類焼し、焦土と化した。そしてそれに追い討ちをかけるかのように、四月一日、米軍が沖縄本島に上陸、六月二三日に守備隊が全滅した（戦死九万人、一般人一〇万人）。

ことここにいたっては、日本の敗北は決定的となった。残された問題は、いかにして戦局を収束するかということであった。このため、四月五日には、小磯国昭（陸軍大将）内閣が総辞職し、のちの終戦内閣となる鈴木貫太郎（海軍大将）が引き継いだ。

戦争終結への道のり

一九四五年（昭和二〇年）五月七日、ドイツが最終的に連合国側に無条件降伏（イタリアは一九四三年九月八日に早々と無条件降伏していた）、日本はただ一国で、五十数ヵ国の連合国と戦うことになった。

日本政府は国民にたいして「戦争遂行は不変」と表明しながら、五月一四日に、ソ連を通じてひそかに終戦工作をはじめるが（一九四一年四月一三日、日ソ中立条約調印、四五年八月八日、ソ連は条約を破棄して対日宣戦布告）、一方、六月八日、天皇臨席の「最高戦争指導会議」においては、本土決戦方針を再確認している。このころ、進むべきか退くべきか、日本政府は右に左に大きく揺れ動いている。

六月下旬には、米空軍による中小都市への焼夷弾攻撃が激化し、七月一〇日、ついに「最高戦争指導会議」は、ソ連に終戦斡旋依頼のため近衛文麿の派遣を決定し、一三日にソ連に申し入れた。しかしソ連は、すでにヤルタ会談（一九四五年二月四―一一日）において対日参戦を決定していたから、七月一八日にこれを拒否した。

ところで、その前日の一七日からポツダムにおいて、トルーマン（米）、チャーチル（英）、スターリン（ソ）三首脳による「ポツダム会談」（―八月二日）が開かれていた。そして七月二六日に、日本の無条件降伏の条件を盛り込んだ「ポツダム宣言」を発表したが、鈴木首相は記者団にたいし、「ポツダム宣言黙殺」、「戦争邁進」と強気の談話を発表しながら、三〇日には佐藤尚武駐ソ大使を通じてソ連に条件付き和平の斡旋を依頼している。

「ポツダム宣言」の受諾が遅れた最大の原因は、日本の「国体（天皇制）護持」が明確でないということであった。こうして一〇日間あまりが経過し、ついにアメリカは、八月六日に広島に原子爆弾を投下（死者約二万人、被爆当日）、八日にはソ連が対日宣戦を布告、九日には長崎に再度、原子爆弾が投下された。

ことここにいたり、御前会議が夜を徹して開かれ、賛否両論、激論の末、ようやく八月一〇日の午前二時半に、国体護持を条件に「ポツダム宣言」受諾を決定。同日、中立国スウェーデン、スイスを通じて連合国へ申し入れた。にもかかわらず、終戦に反対した阿南惟幾《あなみこれちか》陸相は、新聞各紙を通じて全将兵へ断固抗戦せよとの訓示を発表している。

しかしこのとき、日本連合艦隊は海底の藻屑となって全滅し、布張のプロペラ機がわずか五〇〇機しか残っていなかったのである。

一二日、日本の降伏条件にたいする連合国の回答公電が到着したが、そこには天皇制の存否についてはなに一つふれられていなかった。しかし一四日、御前会議が開かれ、「ポツダム宣言」の受諾を決定、中立国を通じて連合国へ申し入れた。翌八月一五日正午、戦争終結の詔書が全国民にむけて放送され、ここに四年半余にわたる太平洋戦争が終わった。今次の戦争による戦没者は、のちの政府発表(一九四七年)では、陸海軍軍人約一五五万五〇〇〇人、一般国民三〇万人といわれるが、実際には三〇〇万人に達すると推定されている。

二 「ポツダム宣言」と「民主改革」

国家主義の排除と民主化への道

終戦の「玉音放送」を聴き、日本国民は茫然自失、虚脱状態に陥り、まったくなすすべを知らない態であった。無条件降伏は、有史以来、日本がはじめて経験したことであったから、敵国軍隊の進駐後、どのような事態が起こるかについて日本国民は恐れおののいていた。なぜなら、今次の大戦において日本軍隊が占領地住民に加えた残虐行為については、日本国民がいちばんよく知っていたから、敵もまたそれと同じことをするであろうと考えたためである。

しかし、連合国軍は「民主主義の戦士」として行動し、半世紀以上にわたって封建的・国家主義的・軍国主義的支配下にあった日本国家を解体し、日本を民主主義国家へと転換させるために、すばやくテキパキと行動した。このとき日本国民は、世界の民主主義のレベルと、これまでの日本政治の異常さとのあまりのギャップの大きさに驚嘆することになる。

敗戦から、翌一九四六年（昭和二一年）一一月三日の「日本国憲法」の公布（一九四七年五月三日から施行）にいたるまでの、約一年三ヵ月にわたる戦後「民主改革」は、連合国総司令部（ＧＨＱ）の絶対的なリーダーシップのもとに有無をいわさず敢行された。なぜなら日本の支配層も国民も、自力でそのような「大変革」を構想し実現する能力も発想も持ち合わせていなかったからである。そしてこのときの「大手術」こそが、こんにちの日本民主主義への大転換の基礎となったものといえよう。

さて敗戦の二日後、日本国民の不安と動揺をおさえ、終戦処理をスムーズに運ぶために、東久邇宮稔彦王《ひがしくにのみやなるひこ》が内閣総理大臣に任命された。日本歴史上のいつものパターン、「苦しいときの皇室頼み」という手法がここでも踏襲されたのである。

そして八月三〇日、ついにコーンパイプを口にくわえた連合国軍最高司令官ダグラス・マッカーサー（一八八〇—一九六四年）が厚木飛行場にその雄姿を現わした。このとき日本人は、敗戦が現実のものとなったことを、いまさらのように身をもって強く感じとったのである。つづいて九月二日には、米艦ミズーリ号上で、日本は降伏文書に調印した（全権・重光葵《しげみつまもる》、梅津美治郎《うめづよしじろう》陸軍大将）。

こうした緊張の日々がつづいたなか、九月九日にマッカーサーが占領後の日本管理方式について、国家主義・軍国主義を排して、自由主義を助長する日本政府を設立し、日本人の自主性にもとづく統治（間接統治）を進める声明を発表し、報復主義と懲罰主義を恐れていた日本国民は、ホッと安堵の胸をなでおろした。

他方、戦争犯罪人については厳罰主義をとり、九月一一日にＧＨＱは東條英機元首相（陸軍大将）ら三九人の戦争犯罪人を逮捕した（一九四六年五月三日、極東国際裁判所開廷、四八年一二月二三日、東條英機ら七人の絞首刑を執行）。そして敗戦からちょうど一ヵ月後の九月一五日、東京日比谷の第一生命相互ビルにＧＨＱが設置された。

九月二七日には天皇がマッカーサーを訪問、二人の並んだ写真が新聞各紙第一面に掲載されることによって、「民主主義の守護神」と「日本の現人神《あらひとがみ》」の地位が逆転したのを日本国民はひしひしと感じとったのであった。そのことは、翌一九四六年一月一日、天皇みずからが神格化を否定する詔書（人間宣言）を出して最終的に確認された。ここに、明治憲法以来、官僚・軍閥の恐怖政治の手段として日本国民が長年にわたって苦しめられてきた「天皇神聖論」（支配者への反抗は神たる天皇への反逆であるという論理）が瓦壊した。

さて、マッカーサーの日本管理方式は、日本が無条件降伏のさいに受諾した「ポツダム宣言」の趣旨にもとづくものであった。「ポツダム宣言」は全部で一三項目からなるが、日本がそれまでの好戦的・侵略的な軍国主義をやめ、平和国家として生まれかわることを要求している。そしてこの要旨は、次の二点に集約される。一つは基本的人権の尊重確立をはかれということ、もう一つは民主的な政治制度を確立せよということである。

ところで、「ポツダム宣言」を忠実に実行するとなると、従来の日本政治を根本的に規定していた大日本帝国憲法（明治憲法）のままでは、とうてい「宣言」の目的を実現することは不可能であった。なぜなら、この憲法では国民の基本的人権が極度に制限されており、またそこでは国民主権主義ではなく天皇主権主義がとられ、そのため戦前日本において、欧米流の議会政治や政党政治が健全に発展することをさまたげるさまざまな条項があったからである。その意味で、「ポツダム宣言」こそはわが国の民主化の出発点であり、また民主化の基本線を示した教典であった。

こうして旧憲法を改正し、新憲法を制定する政治日程が必然的なものになった。しかしそのまえにGHQは、「憲法改正」をふくむ日本の「民主改革」が、一気に進展するための条件整備の手を打っている。そしてこれなしには、日本の「民主改革」はあのように迅速かつ徹底的におこなわれることはなかったであろう。残念なことに、ここでも日本は、明治維新のときと同じく、「外圧」を借りてしか「自力更生」の道を歩むことができなかったのである。

八月三〇日、マッカーサーが厚木に降り立ってからわずか一ヵ月後に、GHQは日本「民主化」のための改革案を

「覚書」、「指令」という形で次々に日本政府に提示した。

　第一弾は「一〇月四日の指令」である。ここではまず、これまで日本国民のあいだで論議することを禁止されていた、天皇や皇室制度にかんすることがらや、いかなる政府を国民が選択するかなどの政治形態について、国民が自由に論議することを命じている。これは、明治憲法制定以来、六〇年間以上にわたって日本の民主主義の発展を抑圧してきた「天皇制」思想や、官僚・軍閥政治の正統性原理を根底からくつがえした内容で、これなしには戦後日本「民主化」への動きは一歩たりとも進まなかったであろう。さらにこの「覚書」（「指令」）では、民主主義思想や民主政治の根幹にかかわる「宗教」、「集会」、「言論」の自由を制限するいっさいの法律を廃止することを命じ、またこのような法律（たとえば、「治安維持法」）によって投獄されていた政治犯の釈放を命じている。これにより、一〇月一〇日、政治犯約五〇〇人が釈放された。

　そして翌一〇月五日、東久邇宮内閣は、同覚書を実行できないとして総辞職している（一〇月九日、戦争中、親英米派として軍部からにらまれていた幣原《しではら》喜《き》重郎《じゅうろう》が組閣。同じく親英米派吉田茂外相が留任）。当時の、日本支配層の民主主義理解のレベルをうかがわせる政権交替劇として興味深い。これを契機に、大正デモクラシー期の空気を吸った政治家や官僚が登場してきたのである。

　ついでマッカーサーは、「民主改革」の第二弾として、一〇月一一日に成立したばかりの幣原内閣にたいして、憲法の自由主義化と人権確保の五大改革（①婦人解放と婦人に参政権を与えること、②労働組合の結成を促進すること、③自由主義的学校教育を実施すること、④特高制度を廃止すること、⑤独占による産業支配を改善すること）を口頭で要求した。

　一〇月四日と一一日の二つの「指令」は、明治期に福澤諭吉が「文明開化」を唱え、明治二、三〇年代に田口卯吉、陸羯南などが提唱した「自由国民主義」、そして大正デモクラシー期に吉野作造（民本主義）や長谷川如是閑（「社会的」民主主義）らが国家主義や軍国主義と対抗しつつ実現しようとした民主主義の内容をいっきょに達成することをめざしたものであった。

ことここにいたっては、明治憲法の改正はもはや絶対に避けられない至上命題となった。

憲法改正をめぐる曲折

マッカーサーのこうした意を受けて、幣原首相は一九四五年（昭和二〇年）一〇月一一日、近衛文麿を、一三日には憲法学者佐々木惣一（如是閑と親交あり。一九三三年の滝川事件で京大を辞職）を内大臣府御用掛に任命、帝国憲法改正の検討に着手した。また同一三日に、政府は国務相松本烝治（元東大教授、商法）を主任として、憲法改正にかんする研究を開始することを決定した（二五日、「憲法問題調査委員会」設置、委員長・松本烝治）。そして一五日には、悪名高い「治安維持法」が廃止（一一月二一日には「治安警察法」も廃止）され、新生日本の再建にむけていっせいに政党活動が開始された（一〇月二〇日、日本共産党機関紙「赤旗」再刊。一一月二日、日本社会党結成〔書記長片山哲〕。同月九日、日本自由党結成〔総裁鳩山一郎〕。同月一六日、日本進歩党結成大会〔幹事長鶴見祐輔、一二月一八日、総裁町田忠治〕）。日本において、ようやく本格的な議会政治、政党政治の幕が切って落とされたのである。

さて、憲法改正の問題は、結局のところ、「天皇の地位をどのように定めるべきか」ということであった。この点をめぐっては、当時の日本政府と連合国とのあいだにかなり大きな見解の差がみられた。インドやソ連のように、日本に共和制をしくことを主張した国さえあったが、それはともかくとして、連合国一般の空気も天皇主権を強く拒否していた。しかし、日本政府の首脳部や政治的リーダーの多くは、依然として天皇の地位を従来のままに維持しようとする態度を捨てていなかった。この時点においても、（超）国家主義、軍国主義には反対であっても、天皇にたいする日本国民の感情は外国人にはとうてい理解できないほどの一種独特のものであり、「天皇主権主義」から「国民主権主義」への思想的・制度的転換は、ＧＨＱの強力な指導なくしてはほとんど不可能であったろう。

政府の第一次草案（憲法改正要綱）となったいわゆる「松本試案」（松本の案を、憲法問題調査委員会委員、東大教授宮沢俊義が要綱化したものに、さらに松本が加筆したもの）は、一九四六年（昭和二一年）二月八日にＧＨＱに提出された。

この改正の基本方針は、①天皇の統治権を総攬するという原則は変えない、②天皇の大権事項（議会と相談しないで天皇の自由な裁量にまかせられる権限、たとえば緊急勅令、独立命令、軍の統帥権など）はある程度制限して議会の権限を強化する、③国務大臣は国務の全般にわたって議会にたいし責任を負う、④国民の自由と権利の保護を強化する、といったきわめて保守的で生ぬるいものであった。天皇の地位変更についてはほとんど手つかずのままの状態であり、これではＧＨＱとしては、当然のことながらとうてい呑むことができなかった。

ところでマッカーサーは、このことあらんことを予測してか、二月三日にＧＨＱ民生局に、天皇は国家の首部（主権者ではない）である、戦争を放棄する、封建制度を撤廃する、という三原則にもとづいて日本国憲法の草案を作成するよう指示し、二月一〇日にはＧＨＱ案が完成した。その内容は、国会を一院制にするということを除いては、ほぼこんにちの日本国憲法の条文どおりで、日本政府案とのギャップはあまりにも大きかったから、当然、マッカーサーは「松本私案」を拒否し、ＧＨＱ案を日本政府に提示した。

政府はＧＨＱ案のきわめて進歩的な内容に驚き、旧憲法の制度をできるだけ復活するよう修正を求めたが許されず、ＧＨＱ案を基礎にして急速な再検討がおこなわれた。その後、こんにちまで、「日本国憲法」はマッカーサーに「押しつけられた憲法」であるから改正すべきだ（主として憲法第九条の「戦争放棄」の改正をねらったものだが）という政治家（その典型は元首相岸信介）があとをたたないのは、このような事情による。

ともあれ、三月六日、ＧＨＱの承認を得た日本政府の草案要綱が完成し、「憲法改正草案要綱」として公表された。

そしてその内容は、「国民主権主義」、「基本的人権の尊重」、「戦争の放棄」を明記したきわめて進歩的なものであった。

ところで、明治憲法の制定のさいと同様、今回も三月六日の政府案が発表されるまえに、各政党やさまざまな民間団体が改正案を発表しているが、それらはいずれもマッカーサー案にくらべてはるかに劣るものであった。当時の日本の自由主義、民主主義のレベルを測定する「ものさし」としてみると、それはそれとしてきわめて興味深い。

まず自由党案（一月二一日）では、天皇の統治権の総攬者としての地位は変わらずとし、また進歩党案（二月一四日）でも天皇制護持が基調とされている。社会党案（二月二三日）では主権は国家（天皇をふくむ）にあり、天皇は儀礼的代表にすべきことをうたっている。共産党は、当然ながら、天皇制の廃止、共和制の樹立を主張していた。

そのほか民間団体の草案としては、主なものとして次の二つがある。「憲法研究会」（高野岩三郎、森戸辰男）の案は、日本国の統治権は国民より発し、天皇は国民の委託によりもっぱら国家的儀礼をおこなう、「憲法懇談会」（尾崎行雄、稲田正次）の案では軍国主義の排除、人権の尊重、国民のための国民の政治を憲法の基本原則とし、主権は天皇を首長とする国民全体にあるとしていた。

日本国憲法の成立

こうした憲法制定をめぐるさまざまな過程があって、一九四六年（昭和二一年）六月八日には枢密院、八月二四日には衆議院（賛成四二一、反対八）、一〇月六日には貴族院で、それぞれ新憲法案を審議・可決し、一〇月七日、日本国憲法が成立、一一月三日、日本国憲法が公布され、翌一九四七年五月三日から施行されることになった。

日本国憲法の特色は、周知のように「国民主権主義」、「基本的人権の尊重」、「平和主義」の三原則にあるが、ここではとくに、日本の政治指導者また国民にとって、もっとも重要な関心事であった「天皇の地位」について述べておく。

新憲法では、天皇は「日本国および日本国民統合の」象徴的存在として位置づけられた。ここで象徴というのはきわめて漠然たる表現であるが、「王位はイギリス連邦の構成員の自由な結合の象徴である」（ウエストミンスター条例、一九三一年一二月一一日）にみられるように、要するに天皇は政治上の実際の権限をもたないということを示すために用いられたことばである、と解してよかろう。これによって、天皇は明治憲法時代のような神的権威と天皇がもつ数多くの強大な大権をとり除かれ、その象徴的地位にふさわしく、もっぱら形式的・儀礼的な国事行為のみを認められることになったのである。そしてかかる「象徴天皇」の地位が確定したことによって、戦前の近代日本において自由主義、民主主義をがんじがらめにしばりつけていた思想的・制度的鉄鎖が打ちくだかれ、ここに戦後民主主義が力強くその第一歩を踏みだした。

三　日本の再軍備問題とサンフランシスコ講和条約

政治・経済・社会構造の徹底的破壊

さて、これまでみたように、ＧＨＱによる戦後「民主改革」の促進方針と、その結晶物ともいうべき新憲法の成立により、戦後日本における民主主義の発展方向はひとまず約束された。

しかし、戦後ただちにはじまった米・ソ超大国の対立＝東西両陣営の対立が、それ以後、こんにちにいたるまでの日本政治の性格を規定することになるが、これについてはのちに述べる。

さて、GHQの功績は、わずか四、五ヵ月間という短期間で、政治、社会、経済の各分野における、きわめて封建的かつ国家主義的な性格を一掃するように日本政府にたいして指令（覚書）を発し、それによって日本国民がみずからの手で自由主義的・民主主義的な国民国家を再構築することを可能ならしめたことであった。これらの作業は、依然として戦前の旧い体質をもっていた日本の政治的リーダーたちによっては、とうていなしえなかったであろう。この意味で戦後「民主改革」とは、圧倒的にGHQの主導のもとに断行された一大偉業であったといえよう。

たとえば、一九四五年（昭和二〇年）一二月一七日には、衆議院議員選挙法が改正公布され、日本においてはじめて女性に参政権が与えられた。

また同年一二月二二日には、戦前においてはついに陽の目をみることがなかった労働組合法が公布され、勤労者の基本権ともいうべき団結権と団体交渉権が保障された。

さらにGHQは、戦前の日本における封建的性格の基礎は、労・使関係と同じく、農村における地主・小作関係（農民の窮状が、国家主義者や軍国主義者によるナショナリズムの喚起と結びついて大陸侵略の発条となった）にあると考えて（一九四五年一二月九日、農地改革にかんする覚書）、農地改革を断行させた（「自作農創設特別措置法」、一九四六年一〇月二一日公布、一二月二九日施行）。これにより、一九五五年までに自作農は約七〇％に達した。他方、GHQは、一九四五年一一月六日には、戦前において日本の経済界を支配し、明治・大正・昭和と時代が進むなかで軍国主義と結びついて大陸侵略の原動力となった四大財閥（三井、三菱、住友、安田）の解体を命じている（財閥解体）。

こうして日本占領後、きわめて短期間に社会、経済の分野におけるドラスティックな民主改革が進行するなかで、一九四六年四月一〇日、戦後第一回目の（第二二回）衆議院議員総選挙がおこなわれた。自由党一四一人、進歩党九四人、社会党九三人、協同党一四人、共産党五人、諸派三八人、無所属八一人が当選したが、戦前においてはほとんどその進出を抑えられてきた社会主義政党が、社共合わせて九八人当選したのは、近代日本政治史上、画期的なできごとであった。またこの総選挙では、婦人立候補者八九人のうち三九人が当選し、世間をアッと驚かせた。

しかし、第一次世界大戦終結直後のドイツの総選挙（一九一九年一月一九日）では旧勢力が徹底的に敗北し、ドイツ社会民主党が比較的多数とはいえ第一党（一六三人）となって、その主導のもとにヴァイマル共和国が創設されたのにくらべると、日本のばあい社共両党合わせても、保守勢力のせいぜい三分の一以下にすぎなかったことは、日本国民の政治意識のなかに、戦前以来の反社会主義、反共産主義思想が根強く残存していたことを示す事例として興味深い。そしてこの三対一という比率は、途中で若干の盛衰はあるにせよ、戦後五〇年間一貫して続いた保守対革新のアンバランスな構図として続いており、そのことがこんにち（一九九四—九五年）、社会党が、自民党、新進党という二大保守政党に対抗する第三の党（第三極）としての「社民（民主）リベラル派」という勢力を結集するうえで四苦八苦している最大の理由となっている。

さて日本を民主化するためには、さまざまな政治・社会・経済制度や構造を根本的に破壊することが必要であったことはいうまでもないが、それと同時に、日本の政財界、教育・マスコミ界などの指導者たちの入れ替えも必要であった。

このためGHQは、一九四六年一月四日、軍国主義者を公職から追放し（公職追放）、超国家主義二七団体に解散を指令した。これにより、各政党の指導者が多数追放されたので、四月一〇日の総選挙では、当然のことながら、新人の国会議員が八割強も当選した（しかしこれも、東西両陣営の対立が激化する国際情勢のなかで、社会主義、共産主義の台頭とその民衆への波及をおそれたGHQが、一転して社会主義勢力をおさえこむために、一九五〇年一〇月から翌五一年にかけて、二万七〇〇〇人近い公職追放者の追放解除を定めたため、旧勢力がふたたび勢いを盛り返すことになる）。

この公職追放にさいしては、自由党単独政権をもくろんでいた自由党総裁鳩山一郎が五月四日に追放されたため、五月一四日に吉田茂が総裁に就任し、五月一六日には吉田茂に「組閣命令」（吉田は旧憲法下での「大命降下」〔天皇の命令〕による最後の総理大臣）が下るという一つの事件があった。

ところで、マッカーサーが一九四五年八月三〇日に厚木基地に降り立ってから、一九五一年四月一六日に離日するまでの約五年八ヵ月の期間こそは、戦後日本の政治構造の基本的性格を決定づけた、きわめて重要な時期であった。最初のうち、シナリオを書き、主役を演じたのはマッカーサーを中心とするGHQであり、その後「間接統治」に入ってから主役を演じたのは、吉田茂に代表される保守党勢力であった。そして戦後、日本国憲法が制定・施行されるまでの約二年間は、GHQの強力なリーダーシップのもとに、戦前からのきわめて封建的な政治・経済・社会・思想構造が徹底的に破壊されたことはすでに述べた。

この時期には、戦後の未曾有の経済的危機、あらゆる価値体系の逆転などという大混乱もあって、戦前には苛酷な弾圧によりおさえこまれていた労働・農民・社会運動が高揚し、一九四七年六月一日には、日本社会党片山哲を首班とする連立内閣が出現した（社会・民主・国民協同党の連立、外相は民主党総裁芦田均、逓相は国民協同党書記長三木武夫、芦田、三木はその後首相となる）。戦前の無産政党、社会主義思想や運動の弾圧の歴史を想起すればまさに隔世の感がある。これ以後、日本においても、社会党は基本的には安全な体制内政党として認知され、ここにのちの「五五年体制」の成立のもとで、保革対立を担う原型と条件がととのったといえる（五月一四日には、社会党左派の鈴木茂三郎、加藤勘十が外人記者に共産党とは絶縁と言明。そしてこの社会党による共産党排除の路線はこんにちまで続いている）。

しかしこの片山内閣も、翌一九四八年二月一〇日、わずか八ヵ月で政権（芦田内閣、民主・社会・国民協同党の連立内閣）の座を保守党にゆずり、以後、一九九四年（平成六年）六月三〇日、自社大連合のもとに、社会党委員長の村山富市がおおかたの予想を超えて首相に選出されるまでの約四六年間、保守党出身の総理大臣をいただく内閣が続くことになる。

さて、戦後五〇年近く続いた保革対立の構図はいかにして成立したか。もとよりこの構図は、資本主義国家であればどこでもみられる「資本と労働の対立」から生まれた図式であるが、戦後日本のばあいは、とくにアジア地域における東西両陣営の対立によって大きく影響された。

戦後アジアにおいては、長年にわたって西欧列強の植民地支配下にあった国ぐにや、帝国主義的侵略によって民族自立と自由を抑圧されていた国ぐにが次々に独立を宣言した。ベトナムでは、共産系の「ベトナム民主共和国」が一九四五年九月二日に成立を宣言し（指導者ホー・チ・ミン）、一九四八年九月九日にはソ連の影響下にあった北朝鮮に「朝鮮民主主義人民共和国」（首相金日成《キムイルソン》）が発足した。とくに一九四九年一〇月一日に「中華人民共和国」（主席毛沢東）が成立するや、東西両陣営間の緊張・対立は頂点に達した。一九五〇年六月二五日未明に、三八度線全域にわたってはじまった南北朝鮮軍の全面的な戦争状態＝朝鮮戦争（一九五三年七月二七日、朝鮮休戦協定調印）は、以上に述べたアジア情勢のなかで、まさに起こるべくして起こった東西両陣営の代行戦争であった（一九六五年から七五年にいたるベトナム戦争は第二次代行戦争）。すなわち、資本主義陣営側における、共産主義勢力の台頭にたいする極度の恐怖感と不信感、他方、社会主義陣営側の資本主義勢力にたいする異常なまでの憎悪心と高揚した勝利への確信（「社会主義は勝つ」）、この二つの心理的要因が政治・経済的要因と入りまじって、戦後ただちに資本主義側、とくにアメリカがしかけた「冷戦」が社会主義側を挑発し、ついに「朝鮮戦争」という「熱戦」へとエスカレートしたのである。

アメリカの世界戦略と日本の役割

戦後、世界政治のリーダー格となったアメリカは、ヨーロッパ、アジアなどにおいて、これ以上共産主義勢力が台頭・蔓延する「危険な」事態を防止するために、すばやく対応策をたてた。それにはまず、第二次世界大戦によってすっかり疲弊しきった各国の経済的困窮を一刻もはやく回復させる必要があった。なぜなら、未曾有の経済的困窮こそが、社会主義や共産主義を培養する最大の温床と考えたからである。そのためアメリカは、ヨーロッパにかんしては、一九四七年三月一二日にトルコ、ギリシャに四億ドルの援助を要請する「トルーマン・ドクトリン」を宣言し（五月一五日、「援助法」が議会を通過）、また同年六月五日には「マーシャル・プラン」（ヨーロッパ復興計画）を発表し、これによって、一九四八年四月から一九五一年末までに、ヨーロッパ一六ヵ国とドイツ西側占領地区は、総額一一〇億ドルに及ぶ援助金を受けとり（受入れ機関として、「ヨーロッパ経済協力機構」〔OEEC〕が設立された）、これがその後のヨーロッパの経済復興に大きな力となった。

「トルーマン・ドクトリン」は別名「封じ込め政策」とも呼ばれたが、その趣旨は、ソ連の周辺国にたいして経済的・軍事的援助を与えることによってソ連を「封じ込める」ことに成功すれば、ソ連はいずれ内部崩壊するであろうというものであった（「封じ込め政策」は、その後、一九七五年四月三〇日の「ベトナム戦争」終結によって東西の緊張緩和が本格化するまでの二八年間、アメリカの基本的な外交戦略となった）。このため、さらにアメリカは、一九四九年四月四日には、西側一二ヵ国と軍事協力・経済協力の促進を目的とする北大西洋条約機構（NATO）を設立している（同年八月二四日発効）。

こうしたアメリカの世界戦略と日本の政治が無関係であるはずはない。戦後の大混乱期がややおさまった一九四七年（昭和二二年）五月三日に「日本国憲法」が施行され、ようやく日本国民による自主的な政治がおこなわれるめどがついたころから、一九五一年九月八日、対日講和（平和）条約が締結され、日本が国際社会に復帰できる（実際には、五年後の一九五六年一二月一八日に日本が国連加盟を許されるまでまたなければならなかったが）までの四年有余の政治過程は、まさに戦後日本の国際・国内政治の基本的スタンスを確定した重要な第二段階ともいうべき時期であった。

いま、結論を先取りしていえば、
一、国内政治にかんしては、戦後「民主改革」の波に乗って、民主主義をイコール社会主義、とくに共産主義ととらえる、つまりソ連・中国型政治の実現を日本に求める過激な思想や運動をおさえこむことが必要であった。
二、国際政治にかんしては、日本をアジアにおける反共陣営の最大・最重要な砦とすることが緊急な課題であった、と要約することができよう。

占領政策の転換

そこで、はじめにまず、国内政治におけるＧＨＱの政策転換のいくつかの動きについてみてみよう。

日本民主化の促進のために、ＧＨＱが一九四六年（昭和二一年）一月四日に、極端な国家主義者や軍国主義思想の持ち主を公職から追放する指令を出したことはすでに述べた（翌一九四七年の一月四日に、さらに言論界、地方公職に範囲を拡大）。そして日本の民主化運動の中心は、当然に労働組合組織（一九四六年八月一日、労使協調主義をとる日本労働組合総同盟＝総同盟が、八月一九日には、共産系の階級闘争主義をとる全日本産業別労働組合会議＝産別会議が結成された）が先導したが、とくに一九四七年一月九日、急進化した産別会議などが二月一日にゼネラル・ストライキ（二・一ゼネスト）をおこなうことを計画すると、ＧＨＱは一月三一日に「二・一ゼネスト」の中止を指令した。このとき日本人は、はじめてＧＨＱの労働政策の転換に気づいたのである。ともかく、前年からこの年にかけて、いたるところで「首切り反対」と「生活困窮の改善」を求めて、ゼネストが頻発している（一九四六年七月二四日、国鉄労働組合総連合、国鉄の七万五〇〇〇人解雇通知に反対して「九・一五ゼネスト」を決定〔九月一四日、国鉄、解雇撤回し争議解決〕。九月一〇日、海員組合ゼネスト〔九月二〇日、解決〕。一〇月一日、全炭・東芝スト突入、産別会議指導の「一〇月闘争」はじまる。一〇月四日、新聞放送労組ゼネスト指令。一〇月一九日、最低生活給を要求して電産、停電スト開始〔二月一日、解決〕。一九四七年一月九日、全官公庁労組拡大共同闘争委員会、「二・一スト」実施を決定。一月一五日、「二・一スト」に備え、産別・中立系四〇〇万人を結集し、「全国労働組合共同闘争委員会」＝全闘を結成。一月一八日、全官公庁共闘〔議長・伊井弥四郎〕、「二・一スト宣言」。一月三一日、GHQの「二・一スト中止指令」を受けて、伊井議長は「一歩後退、二歩前進」と述べて、「二・一スト」中止を泣きながら放送）。

ところで、今回の「二・一ゼネスト」はもとより、当時の労働運動の中心勢力が公務員組合であったことから、公務員組合の力を弱め、民間組合との分裂をはかるために、一九四八年七月二二日にマッカーサーは、芦田首相宛書簡で国家公務員法の抜本的改正を指示した。これを受けて政府は、「政令二〇一号」を公布し、国家・地方公務員の団体交渉権、罷業権などを否認した（同年一一月三〇日に国家公務員法改正、一九五〇年一二月一三日、地方公務員法公布、地方公務員、公立学校教員の政治活動・争議行為等を禁止）。こうして戦後高揚した労働運動も、その後、一時期気勢をそがれることになった。

次に、国際政治と日本の政治との関係についてみてみよう。「ポツダム宣言」は、日本民主化のために国家主義者や軍国主義者を根絶することを求めていたから、日本軍隊を完全に解体し、公職追放を断行した。また日本国憲法は、第二章第九条に「戦争の放棄」を規定して、陸海空などの軍隊はもちろんのこと、戦力（たとえば軍需工業能力）さえも保有することを禁じ、またそこで掲げられていた「交戦権の否認」は、侵略戦争はいうに及ばず、自衛権さえも放棄したものと解せられた（一九四六年六月二五日、吉田首相、衆議院で、『第九条』は自衛権の発動としての戦争も交戦権も放棄したもの」と言明）。

しかし、アジアにおける共産主義勢力の台頭が顕在化するなかで、日本を共産主義にたいする防壁にすべきであるという考えがアメリカ側で高まった（一九四八年一月六日、陸軍長官ロイヤルのサンフランシスコでの演説、またマッカーサーは、一九四九年七月四日の独立記念日に「日本は共産主義進出阻止の防壁」と声明）。そうした背景のもと、当然に日本の再軍備問題が焦眉の急として日程にのぼってきた。これについては、マッカーサーが「朝鮮戦争」の起こる半年まえの一九五〇年一月一日の「年頭の辞」で、「日本国憲法は自己防衛の権利（自衛権）を否定せず」という声明によって、日本は絶対に軍隊をもつべきではないとした第九条の「戦争放棄」論に風穴をあけようとしている。そしてこのためには、自由主義陣営と日本にとっての共同の敵は共産主義であり、それに対抗するためには再軍備が必要であるという論理が用いられた。こうして、一九五〇年五月三日、マッカーサーは憲法記念日の声明で、「共産党は侵略の手先である」と非難し、六月六日には、マッカーサーは吉田首相宛書簡で、共産党中央委員二四人の公職追放（レッドパージ）を指令し、共産党幹部は地下にもぐった。

朝鮮戦争の勃発

こうした国際的にも国内的にも東西両陣営の対立構図が顕在化した騒然たる時期に、一九五〇年（昭和二五年）六月二五日未明、ついに戦後最初の東西武力衝突が朝鮮半島三八度線において勃発した。「朝鮮戦争」である。

こうなると日本の再軍備は決定的なものとなった。「朝鮮戦争」勃発直後の一九五〇年七月八日、マッカーサーは吉田首相宛書簡で、国家警察予備隊（七万五〇〇〇人）の創設、海上保安庁の拡充（八〇〇〇人増員）を指令し、また朝鮮戦争の報道を規制する一連の措置をとった（六月二六日、マッカーサー、共産党機関紙「アカハタ」の三〇日間発行停止指令。七月一八日、同紙およびその後身各紙の無期限発行停止指令。七月二四日、ＧＨＱ、新聞協会代表に共産党員と同調者の追放を勧告、言論界のレッドパージはじまる）。

他方で、ＧＨＱはますます過激化する政治・社会・労働運動をおさえ、それに対抗させるために、かつて国家主義者・軍国主義者として追放した人びとの大量追放解除を次々におこなった（一〇月一三日、一万九〇人の追放解除、

一一月一〇日、旧軍人三二五〇人の追放解除。一九五一年六月二〇日、石橋湛山、三木武吉ら政財界人二九五八人の追放解除。八月六日、鳩山一郎ら各界一万三九〇四人の追放解除。八月一六日、旧陸海軍正規将校〔いわゆる職業軍人〕一万一一八五人の追放解除。九月八日、旧特高警察関係者三三六人の追放解除)。

このように、GHQとその指令を受けた日本政府は、朝鮮戦争勃発と同時に、急速に共産主義勢力に反対する強力なシフトをしいていったが、日本をアジアにおける「反共の砦」としてより確実なものにするためには、一刻もはやく対日講和条約を締結して、日本に独立国家としての地位を与え、そのうえで自由主義陣営の強力な一員とする必要があった。戦後五年間の占領政策によって、かつての国家主義的・軍国主義的日本はほとんど解体され、自由主義的・民主主義的日本へと向かう基盤がほぼ整備されたかに思えた。次なる日本の進路は、経済と軍事の面で安定した、それゆえに共産主義勢力の影響を受けつけない国家づくりをどうするかという段階に入った。そしてそうした方向を決定づけたのは「朝鮮戦争」の勃発であり、また戦後「民主改革」を戦後史の第一段階とすれば、「講和条約」の締結前後をめぐる政治過程は戦後史の第二段階を画する重大な時期であったといえよう。

先に述べたように、講和と日本の再軍備は、当然のことながらワンセットになっていた。「朝鮮戦争」のはじまる六ヵ月まえ、一九五〇年一月一日、「年頭の辞」において、マッカーサーは集団安全保障と講和の必要性について強調している。そしてその前年の一二月七日には、芦田均が反共・自衛力増強・安全保障にかんする意見書をGHQに提出していた。こうして、講和にむけての準備は急速に進んでいった。まず一九五一年一月二五日に、アメリカの講和特使ダレスが来日、二九日に対日講和条約にかんして吉田首相と会談(一月三一日、第二次、二月七日、第三次会談)している。そしてダレスが離日した二月一一日に、吉田首相は「アメリカとの安全保障取り決めを歓迎し、自衛の責任を認識する」と声明している。さらに三月二七日に、政府は、ダレス特使の構想にもとづいてアメリカ政府が作成した対日講和条約草案を受けとり、さらに四月一六日にはふたたびダレス特使が来日、一八日にリッジウェイ連合国最高司令官（マッカーサーは、三月二四日、中国本土爆撃を主張したため、四月一一日に罷免され、一六日に離日した）および吉田首相と会談し、対日講和、安全保障にかんして再確認した。

そして八月三日には、日本政府は「講和白書」（講和条約草案の解説）を発表、同月一六日には講和条約最終草案の全文を発表、同時に臨時国会（一一八日閉会）を開いて講和をめぐる日米交渉の経過を説明し、講和後の米軍駐留は日本から希望したとの報告をおこなった。同月二二日には、吉田茂を首席とする全権委員六名が任命され、九月八日、サンフランシスコにおいて日本をふくむ四九ヵ国が「対日平和条約」に調印し（一九五二年四月二八日、発効）、同日、「日米安全保障条約」にも調印した（吉田茂のみ調印。二、三の側近を除き、日本国民のだれもが知らなかった）。そして一〇月二六日には、衆議院において講和・安保条約が承認され（賛成・反対票は次のごとし。衆議院では講和は三〇七対四七票、安保は二八九対七一票、参議院では講和は一七四対四五票、安保は一四七対七六票）、ここにその後、こんにちまで続く「自由主義陣営」の一翼をになういわゆる「日米安保体制」の方向が定まった。

ところで、今回の「講和条約」およびそれとワンセットになっていた「日米安全保障条約」の締結については、かねてよりそれに反対していたソ連、チェコスロバキア、ポーランド三ヵ国が、それらの条約は新しい戦争のための条約であるとして調印を拒否した。このため、「講和条約」、「日米安保条約」を締結する過程で、日本共産党はもとより日本社会党内においても反対が強く、社会主義国の反対があっても条約を結ぶべしとする「片面講和」か、連合国のすべてを含めた平和条約を結ぶべしとする「全面講和」かという論争が政界や言論界において起こったが（一九五〇年一月一五日、前年三月に設立された「平和問題談話会」が雑誌「世界」三月号に「講和問題についての声明」を発表、全面講和、中立不可侵、国連加盟、軍事基地反対、経済的自立を主張。主なメンバーは、安倍能成、大内兵衛、末川博、仁科芳雄、田中耕太郎、恒藤恭、矢内原忠雄、和辻哲郎、有沢広巳、高木八尺、蠟山政道、新村猛、中野好夫、桑原武夫、都留重人、川島武宜、清水幾太郎、丸山眞男、久野収、鶴見和子ら）、吉田政府は反対を押し切って

（一九五〇年五月三日、吉田首相、東大総長南原繁の「全面講和論」を「曲学阿世《きょくがくあせい》の徒」の論と非難、五月六日、南原、学問への権力的強圧と反論）、両条約の締結を強行した。このため、講和・安保両条約を承認するかどうかをめぐって、日本社会党は一九五一年の第八回臨時大会の第二日目（一〇月二四日）、両条約を否とする左派（委員長鈴木茂三郎）とそれを是とする右派（書記長浅沼稲次郎）両党に分裂した。反対の主たる理由は、もしこの両条約、とくに安保条約を承認すれば、日本国憲法が第九条において規定している「戦争の放棄」、「戦力の不保持」に反して、いずれは再軍備し、戦争にまきこまれる危険性があるという点であった。もっとも、この両条約では、日本に危険が迫ればアメリカ軍が日本に代わって戦争をおこなうというものであったが、そのためには、日本は見返りとしてアメリカ軍に基地を提供しなければならず、そのことは日本が半永久的にアメリカの支配下におかれることを意味し、これでは日本はアメリカの従属国とならざるをえないと判断されたからである。またこの両条約は、アメリカがよしと判断しなければ条約の改定はなされないという内容であったから、日本にとってきわめて屈辱的な内容をもつものであった。そしてこの年の一〇月一六日から一七日にかけて、当時、幹部が地下に潜っていた日本共産党は、第五回全国協議会において、当面の革命の性質を「民族解放民主革命」と規定する新綱領を採択して武力闘争の方針を固め、その後、一九五五年（昭和三〇年）一月一日、「アカハタ」において極左冒険主義の自己批判を発表するまで、山村工作隊（中国革命期の毛沢東思想にならって、農村地区に拠点をつくろうというもの）や火炎ビン闘争などを展開し、多数の共産党員が逮捕された（一九五二年二月一九日青梅事件、青梅線小作駅から貨車四両が暴走、翌年一月以降、犯人として共産党員ら一〇人を検挙。一九五二年三月二九日、武装警官一〇〇人、共産党の小河内村山村工作隊二三人を検挙。同年五月一日、第二三回メーデーで、使用不許可の皇居前広場でデモ隊六〇〇〇人、警官隊五〇〇〇人と乱闘、射殺二人、検挙一二三〇人〔メーデー事件〕。同年五月三〇日、全国各地で「五・三〇事件」記念集会、一〇二人検挙。東京では、新宿駅前・板橋岩之坂交番等で火炎ビン騒動、三人射殺。六月二日、大分県菅生《すごう》で交番が爆破され、共産党員逮捕さる〔菅生事件〕。六月二四日、吹田《すいた》市で朝鮮動乱二周年記念集会後、デモ隊が「人民電車」を動かし、警官隊と衝突、六〇人逮捕〔吹田事件〕。六月二五日夜、新宿駅周辺でデモ隊と警官隊衝突。三〇人逮捕。七月七日、名古屋で帆足・宮腰中国帰国報告会終了後、デモ隊と警官隊が火炎ビンとピストルで衝突、一二一人検挙〔大須事件〕。ともかく、朝鮮戦争の勃発から講和条約・安保条約の締結前後の約一年間にわたる日本の政治状況は、東西緊張の激化を反映した物情騒然たる時代であった。

自衛隊の創設

「対日平和条約」と「日米安全保障条約」は、調印後約七ヵ月たった一九五二年（昭和二七年）四月二八日に発効し、これ以後、日本の進路は自由主義陣営と共同歩調をとり、アジアにおける強力な「反共の砦」となることが定まった。このため、さっそく日本の再軍備問題が日程にのぼった。しかし、つい数年まえまで世界戦争の一環として闘った太平洋戦争の生々しい記憶、世界で唯一、原子爆弾を投下された悲惨な経験、それらをもとに憲法で「戦争放棄」を掲げた実績等々がオーバーラップされて、大半の国民感情は再軍備に反対であった。

そこで政府としてはアメリカの「指令」を「錦の御旗」として、「軍隊にあらざる軍隊」をじょじょに創設していく方法をとらざるをえなかった。朝鮮戦争が勃発（一九五〇年六月二五日）した直後、かねてより「日本には自衛権あり」とPRしていた（一九五〇年一月一日の「年頭の辞」）マッカーサーは、七月八日、吉田首相宛書簡で、国家警察予備隊七万五〇〇〇人の創設（八月一〇日、警察予備隊令公布、即日施行）と海上保安庁（一九四八年四月二七日、海上保安庁設置法公布、同月二八日、「対日理事会」で、英・ソ・中三国代表「軍隊復活のおそれあり」と批判）の拡充（八〇〇〇人増員）を指令した。

その後、「対日平和条約」と「日米安保条約」が発効後の一九五二年七月三一日に、警察予備隊を、大型火砲やシャーマン戦車などをもつ一一万人からなる保安隊へ編成替えする「保安庁法」を公布し（一〇月一五日、保安隊発足）、また海上に警察隊を新設した。さらに、一九五四年六月九日には、防衛庁設置法・自衛隊法が公布された（七月一日、施行）。これらの法律は、保安隊を改組し、陸海空三軍方式に拡大しようとしたものだが、ここでは、戦後はじめて外敵への防衛任務を規定した点が注目されよう。

これ以後、日本の政治において、自衛隊は合憲か違憲か、自衛隊の海外派兵は是か否かなどをめぐる論争が、一九九二年（平成四年）六月一五日に国連平和維持活動（ＰＫＯ）協力法が成立し、カンボジアに自衛隊が派遣されるまでの約四〇年間の長きにわたって、与・野党のあいだで展開されたのである。

そのさい、日本の再軍備に反対した主たる政治勢力は、日本社会党・日本共産党などの野党、日本労働組合総評議会（総評、一九五〇年七月一一日結成―一九八九年一一月二一日解散、日本労働組合総連合会〔連合〕に変わった）、全学連などをはじめとする学生団体であった。

ここでは、総評についてだけ簡単に述べておく。総評は、もともとは穏健な労働組合主義の立場でスタートした。なぜなら、初期の指導者が共産系の産別（産業別組合）の政治主義的運動方針を批判した「民主化同盟」（民同）派と総同盟（戦前の「日本労働総同盟」の後身、労使協調主義を基調とする）左派出身者であったから、がんらい反共主義的体質をもっていた。そのことは、総評の結成が、朝鮮戦争開始とともにおこなわれた共産主義者および同調者の追放、すなわち「レッドパージ」の嵐の吹きすさぶ最中におこなわれたことにも示されている。

したがって、労働運動の右旋回を期待した占領軍は、総評の結成に多大の援助と期待を寄せていた。しかし、ひとたび生まれた総評は、占領軍が期待した「国際自由労連」（正式には「国際自由労働組合連盟」。一九四九年ソ連系の「世界労連」から脱退したイギリス、アメリカ、オランダ、ベルギーなどの労働組合を中心に、一九四九年一一月に結成された）の一括加盟に反対し、またまもなく起こった講和問題にたいしては、全面講和・中立・軍事基地反対・再軍備反対の「平和四原則」をとなえた。そのため、総評のこうした左旋回を指して、当時、「ニワトリからアヒルへ」転化した、といわれた。

いずれにせよ、敗戦から講和までの六年間ほどの戦後日本の政治過程は、敗戦による政治的・経済的・社会的・思想的大混乱というハンディを背負い、また東西両陣営の対立激化のもとで、いかにして戦後民主主義を再建するか、その内実をめぐって、国民全体が右に左に大きくゆれ動いた疾風怒濤の時代であったといえよう。

第二章　「五五年体制」の成立から「第一次安保闘争」まで

――自民党一党支配のはじまりと日米安保体制の確立

一　「対日平和条約」の締結・発効後の日本の政治

国際社会復帰への道

一九五一年（昭和二六年）九月八日の「対日平和条約」と「日米安全保障条約」の締結および発効（一九五二年四月二八日）によって、ようやく日本は独立国家として国際社会へ復帰する第一歩を踏みだした。

それを証明し、確認するかのように、両条約発効日の四月二八日に、一九四五年八月一五日の敗戦以来、約七年間の長きにわたって日本の民主化促進を指導してきたＧＨＱ・極東委員会・対日理事会が廃止された。

しかしこの「独立」は、もとより「無条件独立」ではなく、自由主義陣営の一員として一本立ちするという大きな外枠がはめられていた。そのためアメリカは、「日米安保条約」を通じて、「独立後」も日本をアジアにおける「反共の最大の砦」とすべく、日本の政治・経済・軍事の諸分野にわたって依然として強大なリーダーシップを行使しつづけることになる。

他方、連合国側の「民主化」政策によって目覚めた日本国民は、アメリカと日本の保守支配層が協力して推し進めようとしていた、戦争の危機をはらんだ「冷戦構造」の一環となる「日米安保体制」に、そうすんなりとは同調しなかった。日本国民は、そうした方向に軍事大国化とファシズム国家化の再現をみいだし、それを危険視し、抵抗する姿勢をみせたからである。

とくに当時は、東西両陣営が真っ向から対決していた「朝鮮戦争」の真っ只中であるとともに、世界的に社会主義陣営が興隆しつつあるとみられた時代状況でもあり、それゆえ資本主義と社会主義の勝敗の帰趨もにわかにみきわめがたいという不確定な時代であったから、社会主義を標榜する社会・共産両党への国民の支持と期待はなかなかのものであった。したがって、講和条約締結後のアメリカと日本支配層の国内政治安定化の目標は、中・ソをはじめとする社会主義国の「侵略の手先」（マッカーサーの一九五〇年五月三日の憲法記念日の声明）である日本共産党を徹底的に叩き、あわよくばその「非合法化」（前述、マッカーサーの声明）をはかること、それと同時に日本社会党を健全な体制内野党として育成し、保守党優位の二大政党制をつくることにあった。いわゆるのちの「五五年体制」とは、一九四五年（ジュネーブ極東平和会議）および一九五五年（四大国首脳会議）後の国際政治における第一期「平和共存」時代（ときに第一次安保闘争、ベトナム戦争のような対立激化の時期もあったが）に即応した、いわば国内版「平和共存」体制の成立であったといえよう。

共産党の弾圧

朝鮮戦争前後におけるマッカーサーの共産党弾圧は、次のようなものである。

①まず、マッカーサーは、「朝鮮戦争」勃発直前の一九五〇年（昭和二五年）六月六日に、その前年の一月二三日の衆議院総選挙でいっきょに三五議席を獲得し（東京、大阪、京都の各選挙区でほとんどが最高位当選）、「日の出」の勢いをみせていた共産党の党勢拡大に重大な危機感をもって、徳田球一ら中央委員二四人の公職追放を指令している（吉田首相宛書簡）。

②またマッカーサーは、朝鮮戦争勃発直後の六月二六日の吉田首相宛書簡で、朝鮮戦争についての報道態度を理由に、共産党機関紙「アカハタ」およびその後身各紙の無期限発刊停止を指令している。ちなみに「アカハタ」は、「対日平和条約」、「日米安保条約」が発効した一九五二年四月二八日に極東委員会・対日理事会・GHQが廃止された四日後の五月一日に復刊している。

③さらにGHQは、七月二四日に新聞協会代表に共産党員とその同調者の追放を勧告し、七月二八日には、東京の各新聞社・通信社・放送協会などの言論機関が該当者に解雇を申し渡している。いわゆるレッドパージのはじまりで、このとき約七〇〇人のジャーナリストが追放された。

④その後、レッドパージの嵐は産業界にも広がり、八月二六日には電気産業界で二一三七人、一〇月五日には化学産業で一四一〇人、一〇月二五日には石炭産業で二〇二〇人が解雇され、一二月一〇日までに民間二四産業で一万九七二人が解雇された。

⑤そして吉田内閣は、九月一日には閣議において公務員のレッドパージを決定、一一月一七日の政府発表では、一一月一五日現在でパージされた者一一七一人であった。

ともかく、共産党員とその同調者を根こそぎ言論機関、企業、政府機関から追放しようとしたもので、当時アメリカでも、共和党の上院議員マッカーシーが、国務省に五七人の共産党員がいると演説（一九五〇年二月九日）して「赤狩り」（マッカーシー旋風）がおこなわれていた。朝鮮戦争前夜のアメリカが、共産主義国家にいかにヒステリックになっていたかうかがいしれよう。一方、一九五〇年二月一四日には、社会主義国家の統一と団結を世界じゅうに誇示するかのように「中ソ友好同盟相互援助条約」が調印（モスクワ、毛沢東・スターリン）されている。

学生運動の高揚

一九五〇年（昭和二五年）六月二五日の「朝鮮戦争」勃発以来、とくに露骨になった共産党弾圧と、その一環としての言論・企業・政府機関分野におけるレッドパージの強行にたいしては、それに反対して学生運動の嵐が吹き荒れた（一九五〇年八月三〇日、全学連緊急中央執行委員会、レッドパージ反対闘争宣言〔九月末から一〇月にかけて、法政大、東大教養学部、東京外国語大、大阪市立大などで試験ボイコット〕、九月二五日、都学連、レッドパージに反対し、試験ボイコットを指令〔九月二五日、法政大、九月二九日、東大教養学部、一〇月二日、早大などで実施〕、一〇月五日、レッドパージ計画粉砕全学総決起大会〔東大構内〕）。またそうした政治状況のなかで、ついに共産党は、一九五一年二月二三日の「第四回全国協議会」（—二七日）において、武装闘争方針を提起した。

もともと共産党は、一九四六年（昭和二一年）一月一二日に、中国延安から帰国した野坂参三が、一月二六日の「帰国歓迎大会」（日比谷公園）において、「愛される共産党」（当時は、共産党は、長らく天皇制国家のもとで教化されてきた一般国民のあいだでは、暴力革命によって日本国民が敬愛する「天皇」制を廃止し、「プロレタリアートの独裁」国家をつくることをめざす凶悪なる政党であるというイメージが強かった）を主張して以来、同年二月二四日の第五回大会において、平和的民主的手段による革命方式を採択していた。

またこうした野坂の提唱を先どりするかのように、一月一五日には、第二次世界大戦末期のフランスやイタリアにみられた社共両党による「反ファッショ統一戦線」の成功にならって、山川均が日本民主化のために社共共闘による「人民戦線」の結成を提唱したが（長谷川如是閑も賛成）、社会党中央執行委員会は、一月一六日に共産党との共同戦線は時期尚早であるとの決定をおこなっている。こうした決定は、戦前以来の両党の対立を反映していたものと思われる。というのも、日本社会党は、河上丈太郎、河野密、三輪寿壮、浅沼稲次郎、三宅正一らの戦争に協力的であった日本労農党、片山哲、西尾末広、水谷長三郎、松岡駒吉らの右派だが反軍部色が強かった社会民衆党、鈴木茂三郎、加藤勘十、黒田寿男らの左派で容共的だった日本無産党の寄合い所帯であり、一九四五年一一月二日、西尾末広、水谷長三郎、平野力三らが、片山哲、加藤勘十、鈴木茂三郎らとはかって結党した政党で、戦争中、一貫して戦争に反対してきた共産党は、戦争協力者という点で社会党をきびしく批判していたからである。この対立の根は深く、その後も両党の対立はさまざまな政治的局面においてあらわれ、一九九〇年代のこんにちにいたるも対立感情は溶解されていない。

こうして共産党は、戦後、労働組合、農民組合、学生組織の支援部分に支えられて独自路線を歩むことになるが、「講和条約」、「日米安全保障条約」調印後の一九五一年一〇月一六日に開かれた第五回全国協議会（—一七日）では、当面の革命の性質を「民族解放民主革命」と規定した「新綱領」を採択し、武装闘争方針の具体化をはじめる。これ以後、一九五五年一月一日、「アカハタ」紙上で極左冒険主義の自己批判を発表するまで、高度に発展した資本主義社会における権力闘争の実状にはそぐわない、山村工作隊や火炎ビン闘争といった実力行使の手段が展開されるのである。

他方、吉田政府（自由党）は、一九五二年四月二八日の「対日平和条約」、「日米安全保障条約」発効と同時にGHQの占領政策が終結したので、その権力的空白を埋め、日本独自の力で国内治安を強化するために、同年七月四日に「破壊活動防止法」（破防法）を成立させ、同月二一日には「公安調査庁」を設け、過激な思想や運動を調査し、取り締まる態勢をととのえている。

二　「講和」（日本の独立）から「五五年体制」の成立

保守党優位の二大政党制確立の道

革命や敗戦などの大きな政治的危機や経済的大混乱を経て、一国の政治や経済がほぼ安定し、新しい政治体制の建設に向かって歩みはじめるまでには、おおよそ一〇年から一五年ほどの時の経過が必要である。

敗戦後一〇年ほど経過して成立したいわゆる「五五年体制」は、保守党絶対優位の「似非《えせ》」二大政党制、国際的「冷戦構造」のミニ国内版たる戦後日本の政治構造の骨格を形成した一つの重要な政治的イベントであった。

ちなみにイギリスでは、一六四〇年から一六六〇年にかけての「ピューリタン革命」後、約三〇年の「王政復古期」を経て「名誉革命」に成功し、議会制民主主義を基調とする近代国家のモデルが形成された。

日本では、明治維新の約一〇年後の「西南戦争」から「明治一四年の政変」を経て、ようやく明治政府の基礎が固まり、維新後約二〇年経った一八八九年（明治二二年）に「大日本帝国憲法」（二月一一日発布）を制定し、明治憲法体制の確立へと歩みはじめている。

またロシアでは、一九一七年の「ロシア革命」から七年後の一九二四年にいわゆる「レーニン憲法」を制定（一九一八年七月一〇日に革命後最初の憲法「ロシア社会主義連邦ソビエト共和国憲法」（基本法）を定めているが）、また革命の二〇年後になって、ソ連社会が「社会主義を基本的に実現した」段階に達したとの認識に立ち、それまでの「過渡期の憲法とは異なる社会主義社会の憲法」（一九三六年、スターリン憲法）を制定している。

さらに、第二次世界大戦後の一九四九年一〇月一日に、「中華人民共和国」の成立を宣言した中国は、それから五年後の一九五四年九月二〇日に「中華人民共和国憲法」を採択（即日公布）し、「現段階は社会主義建設をなしとげるまでの過渡期である」と規定していたが、それから二四年後の一九七八年憲法では、「社会主義革命に勝利をおさめた」社会主義国家にふさわしい内容（プロレタリア階級独裁の社会主義国家）となっている。

では、戦後五〇年間の日本の政治権力をほとんど独占してきた、保守支配層による「五五年体制」の政治的達成目標は、どこにおかれていたのだろうか。それは、基本的には、戦後制定された新憲法の原則は守る、すなわち自由主義陣営の一翼をにないながら、自由民主主義を基本に社会民主主義（福祉国家の整備、経済的・社会的弱者の救済など）の要求をも一部包摂《ほうせつ》できる政治体制をつくることであり、そのために、社会主義革命を志向する過激な共産党の活動は徹底的に抑圧し（これは「五五年体制」成立までにほぼ成功した）、議会制民主主義の枠を超えない穏健な社会主義政党（具体的には社会党）の育成を許容しながら、保守党優位の「二大政党制」（実際には$1\frac{1}{2}$政党制）の実現をはかるというものであった。

保・革の対立激化と保守合同の動き

さて、「五五年体制」を実現するためには、戦後いくつかの政党に分かれている保守党が合同して、対抗軸である社会党とのあいだで、「合意と抵抗」による西欧型議会制民主主義の政治運営方式をつくる必要がある。こうした動きは、講和が具体的日程にのぼり、講和後の日本国家の独立が現実のものになると想定された、一九四九年（昭和二四年）一月二三日の第二四回衆議院議員総選挙後にはじまった。

ところで、保守党がまとまるためには、その核になる政党がなければならない。戦後二回（一九四六年四月一〇日、四七年四月二五日）の総選挙では、自由党も進歩党（のち民主党）もせいぜい一四〇―一五〇人の議員数にとどまった。しかしこのときの総選挙では、民自党（一九四八年、自由党に民主党幣原《しではら》派が合流、総裁・吉田茂、衆院一五二人、第一次保守合同ともいわれる）が二六四人当選して圧勝し、はじめて単独で過半数を獲得した。民主党は六九人（のち七〇人）当選し、そのうち犬養派三三人は、保守合同に賛成であった（芦田派三七人は反対）。

一九四九年の選挙では共産党の進出がめざましく、三五人（前回四人）が当選し、それにたいして社会党の当選者はわずか四八人であった。社会党は、前回（一九四七年四月二五日）の総選挙では一四三人（のち一四四人）が当選し、民主・国民協同党と連立内閣をつくり、日本初の社会党政権ができたと注目されたが、党内左右の対立などもあってわずか八ヵ月あまり（一九四七年六月一日―四八年二月一〇日）で総辞職し、そのあと民主党の芦田均総裁を首班とする連立内閣（一九四八年三月一〇日―一〇月七日）に参加したが、その間《かん》、「昭和電工疑獄事件」をめぐる贈賄問題などの戦後初のおおがかりな汚職事件が発生し、芦田内閣はわずか七ヵ月で総辞職した。社会党惨敗の原因は、おそらく党内内紛や汚職事件をみて国民がきびしい審判を下したものといえよう。

そして一九四九年（昭和二四年）二月一六日に第三次吉田内閣が成立したが、その一週間ほどまえの二月一〇日、民自党の吉田と民主党の犬養健の会談により保守連携内閣をつくることで意見が一致し、マッカーサーを訪問してそれを報告したのち、長期安定を期すとの共同声明を発表している。これ以後、吉田内閣はアメリカと緊密な連携をとりながら、共産主義進出を阻止する動きを強め、自由主義陣営側寄りの講和会議の実現に向けて一気にその活動を開始する。

これにたいして共産党は、第一五回拡大中央委員会総会（六月一八日―一九日）で、九月までに民自党を打倒すると表明した。また七月四日、国鉄が三万七〇〇〇人の第一次人員整理を発表し、「下山事件」（七月五日、下山定則総裁、北千住・綾瀬間で轢死体となって発見）、七月一二日の第二次人員整理約六万三〇〇〇人の通告開始後、「三鷹事件」（七月一五日、三鷹駅で無人電車暴走）、「松川事件」（八月一七日、東北本線金谷川・松川間で列車転覆事件）などが次々に起こり、当局は、これらの事件は共産党員が指導したものとして免職または逮捕している。これ以後、共産党は火炎ビン闘争などの実力闘争の方向を強め、これに対抗して政府は、一九五〇年七月以降、言論・企業・政府機関などでレッドパージを展開する。そしてこのような両者の激突は、一九五五年七月二九日、共産党が第六回全国協議会（いわゆる「六全協」）で極左冒険主義の自己批判を発表するまで続く。

「講和」前後から「五五年体制」の成立までの約四年間は、「日米安保体制」、「再軍備」、「憲法改正」（第九条、戦争の放棄）といったいわゆる「逆コース」などの動きをめぐって、保守と革新の対立・激突が最高潮に達したまことにめまぐるしい激動の時代であり、それは、それから五年後の一九六〇年の「第一次安保改定闘争」へと引き継がれていく。

では、この時期、日本支配層を形成していた諸保守党側の保守合同の動きはいかなるものであったか。

前述したように、一九四九年（昭和二四年）一月二三日の第二四回衆院総選挙で、民自党は戦後はじめて単独で過半数を獲得し、第三次吉田内閣が成立した。そしてアジアにおける共産主義勢力の台頭という国際情勢のなかで、日本との「講和」を急ぐアメリカ・GHQの意向を受けて、吉田内閣は、一九五〇年六月二五日の「朝鮮戦争」勃発以降、次々に共産党を弾圧する一方で、共産主義勢力に対抗させるために国家主義者や軍国主義者の追放解除に踏み切った。

まず一九五一年六月二〇日に、石橋湛山、三木武吉、河野一郎らが追放解除された（第一次追放解除、政財界人二九五八人）。ついで八月六日には、鳩山一郎ら各界一万三九〇四人がいっせいに追放を解除された（第二次）。追放解除され政界に復帰した政治家たちの一部は、吉田から鳩山に政権を奪回するために（自由党総裁鳩山一郎が、一九四六年の戦後最初の総選挙後、自由党内閣を組閣しようとしていた五月四日にGHQの指令で公職を追放され、一四日、吉田茂が鳩山に代わって自由党総裁に就任。したがって鳩山には、吉田に政権を一時期あずけたという思いがあった）新党結成をもくろんだが、鳩山が解除直前に脳内出血で倒れたため、しばらくは鳩山支援派も、民自党内で反吉田勢力を形成する作戦をとる。

他方、戦前の旧民政党系の大麻唯男、松村謙三らの追放解除者は、一九五二年二月八日に、国民民主党・農民協同党・新政クラブ合同とはかって、総勢六九人で改進党（幹事長三木武夫）を結成した。このため、「講和条約」を無事締結し、また二六〇人余の絶対多数を保持する吉田内閣も内に反乱分子鳩山派をかかえ、外に強力な第二保守党（改進党）が出現したことによって、その政権基盤ははなはだ心もとないものとなった。

ともあれ、「部分合同」ではなく（一九四九年三月七日、民主党分裂。三月八日、連立派連絡会議開催。一二月二四日、連立派、保守合同に参加申し合わせ。一九五〇年三月一日、連立派二二名、民自党に合流、これにより民自党を自由党と改める）、真の「保守合同」を成功させるためには、なによりも自由党内の「獅子身中の虫」鳩山らの反吉田派を叩きつぶすことが急務であった。そのためにとられた作戦が、一九五二年八月二八日に決行された「抜き打ち解散」であった。しかし皮肉なことに、その結果はかえって自由党内の混乱を招き、それから二年後の一九五四年一二月一〇日に第一次鳩山内閣が成立し、翌五五年一一月一五日に、鳩山派主導のもとに自由・日本民主党が合同し、自由党を「自由民主党」と改名して念願の保守合同が達成された。その経緯についてはのちほど述べるが、いまから約四〇年まえのことであり、その後、日本は細川政権の成立まで自由民主党による単独支配が続くことになる。

「抜き打ち解散」と憲法第七条

ここで、「抜き打ち解散」について簡単に述べておこう。日本国憲法では、内閣による解散権の行使は内閣不信任決議が衆議院を通過したとき（第六九条）、とだけある。

戦前の官僚・軍閥内閣時代には、議会が軍備拡大などをめぐって内閣に反対すると、懲罰的に解散するという非民主的な政治運営がしばしばおこなわれた。しかし日本国憲法においては、「国会は国権の最高機関」（第四一条）と位置づけられたから、行政府による解散権の濫用を防止するのがよしとされ、GHQなども第六九条説をとっていた(フランスでは、一八七一年の第三共和政成立以来、戦後の第四共和政から第五共和政が成立する一九五八年までの約九〇年間、議会重視の立場から内閣の解散権行使には厳重な制約が加えられていた)。

これにたいして、一九四八年(昭和二三年)一〇月一九日、議席数一五〇という第二次吉田少数内閣の成立後、内閣の自由な判断によって解散権を行使できるという憲法解釈(第七条)が登場してきた。なぜなら少数内閣では、解散権をちらつかせ、多数野党と対抗しなければ議会運営がむずかしいという事情があり、これについては第六九条説をとるGHQも吉田内閣を支持するうえから、その態度を軟化させてきていたからである。そしてこの内閣の解散権をきびしく制限する第六九条にかわって、内閣の自由裁量による解散権行使を認める第七条の解釈が登場してくるが、それについては、同年一一月八日の「朝日新聞」紙上(「解散の憲法的意味」)において、宮沢俊義東大教授(憲法)が、第七条による内閣の解散権もありうるという考えを表明したことによって加速された(①天皇は国事行為によって衆議院を解散する〔第三条〕、②天皇の国事行為は内閣の助言と承認にもとづく〔第七条〕、③よって内閣には解散権がある、という三段論法)。そしてこれを受けたかのように、一一月一三日には、法務省法務局が「解散権は政府にあり」との解釈を確定しているのである。

事実、一九四九年一月二三日の総選挙は、前年の一二月二三日、野党が内閣不信任案を出し、可決されたのを受けて解散するという、「第六九条と第七条」を組み合わせたかたちでおこなわれたため、この解散は「馴《な》れ合い解散」と呼ばれた。保・革の勢力比が一・五対一であることにより、事実上、不信任決議が可決される可能性はなかったため、以後、こんにちまでの解散はもっぱら第七条によっておこなわれてきている。例外は一九八〇年五月一六日、社会党が提出した大平内閣不信任案に全野党が賛成し、福田・三木両派と中川一郎グループの自民党非主流派六九人が欠席して、二四三対一八七で可決されたケースのみである。現在では、解散権は「首相の専決権」とまでいわれ、野党にたいする「伝家の宝刀」としての権力手段にまでなっている。したがって、このときの「抜き打ち解散」は第七条適用の第一号であったといえよう。

吉田派・鳩山派の対立

さて、一九五二年（昭和二七年）一〇月一日に実施された総選挙においては、自由党は二四〇人（選挙後二四二人）で、それまで二八五人（一九五〇年二月、民主党二三人が合流）であったので激減し、しかも反吉田を標榜する六四人の鳩山派が、一〇月二四日、党内に「民主化同盟」（民同派）を結成したので、吉田自由党はまことに物騒かつ強力な時限爆弾をかかえることになった。

改進党は八五人（のち八九人）、また「対日平和条約」、「日米安全保障条約」締結をめぐって、一九五一年一〇月二四日、左右に分裂した社会党は、右社五七人、左社五四人（のち両派合わせて一一六人）が当選し、前回の総選挙では社会党はわずか四八議席だったので、大躍進したものといえよう。共産党は、それまでの極左冒険主義がたたってか、当選者〇人であった。いずれにせよ、議会内における吉田支持派は過半数を割り、吉田内閣の基盤はますます不安定なものとなった。事実、そのことは一九五二年一一月二七日に通産大臣池田勇人が衆議院本会議で「中小企業の倒産・自殺もやむをえない」と失言し、不信任案が出されたときに、自由党「民主化同盟」のうち二五人が欠席したため、辞任要求が可決されたのをみても実証された。自由党内の派閥争いによる混乱は、以後さらにエスカレートし、保守合同への道は一時期遠のいたかにみえた。

ところで、第二五回総選挙（一九五二年）からわずか半年もたたない一九五三年四月一九日に、第二六回衆議院総選挙がおこなわれた。ことの起こりは二月二八日の衆院予算委員会で、質問中の右社の西村栄一（のちの「民主社会党」〔民社〕の委員長。この民社党は、安保改定闘争直前の一九六〇年一月二四日、一九五九年一〇月二五日に社会党を離党していた社会党右派系の西尾末広派が結成したもの。初代委員長に西尾末広を選出。衆院だけで四〇人）に吉田が「バカヤロー」と怒鳴った（実際には、一人言をいったものらしい）ことにはじまった。

このいわゆる「バカヤロー解散」は、三月二日に、まず右社の出した吉田首相懲罰動議が可決（自由党民同派、同広川派欠席）され、つづいて同月一四日に左右両社会党を中心に提出された内閣不信任案が可決（賛成二二九、反対二一八、民同派賛成にまわる）されたため、挙行された。なお三月一六日に広川派一五人が自由党を離党、一八日には鳩山派も離脱し、両派が合流していわゆる鳩山自由党（鳩自）と名乗る。こうして吉田派と鳩山派の対立は決定的となり、以後、両派の「保守合同」にむけてのヘゲモニー争いが熾烈化する。さて第二六回総選挙は、一九五三年四月一九日に挙行されたが、選挙結果は自由党一九九人（のち二〇二人、前回の二四〇人より減少したのは鳩山派と広川派が離党したため）、改進党七六人（のち七七人）、鳩山派自由党三五人で、保守党全体としては三一〇人余であるから、「保守合同」による「二大政党制」の形成をめざす一方の極は維持されている。あとはだれが保守合同のイニシアティブをとるかだけである。

これにたいして、「二大政党制」の他方の極をになうことになる社会党も、片山連立内閣成立の契機となった一九四七年の第二三回総選挙時の一四三人にはおよばないものの、それに迫る一三八人（左社七二人、右社六六人）が当選したことは、この選挙によってのちの「五五年体制」のお膳立てがととのったといってよいだろう。とくに、「護憲」、「再軍備反対」を明確に主張する左社が右社の優位に立ったことは、ますます東西両陣営の国内版ともいえる「五五年体制」の性格――憲法改正・再軍備を容認する自民党と護憲・再軍備に反対する社会党というイメージ――を規定するものとなった。労農党は五人、共産党も今回、久方ぶりに当選者一人を出した（大阪二区、川上貫一）。

では、社会党が回復し、とくに左社が躍進した理由はなにか。

「講和」後、自由党は、「日米安保条約」の締結により、着々と再軍備の方向（吉田派は第九条を改正しないで、いわば「なしくずし的」に再軍備を進める「解釈改憲」の立場、鳩山派は自衛隊はまぎれもなく軍隊であるから第九条を改正すべしと主張、改進党は改憲・再軍備を打ち出していた）を進めていた。一方、第二次世界大戦により壊滅的な打撃をこうむった日本経済は、「朝鮮（戦争）特需（戦略物資の供給）」により、急速に回復のきざしをみせつつあったが、それでも大半の国民は貧困にあえいでおり、賃上げ、首切り反対闘争が全国的に展開されていた。ちなみに、この年、とくに有名な争議は、三井鉱山が八月七日に六七三九人の人員整理を発表したことにより、三池・砂川・美唄・芦別の四山で起こった争議で、一一月二七日、会社側の解雇撤回により終息した（戦後経済復興のエネルギーが石炭から石油へと移行しつつあったことがわかる）。

このような当時の国民感情からいって、再軍備は反道徳的であり、同時にまたそれは、軍事費を拡大することによって国民生活の安定や福祉の拡充を妨げる諸悪の根源だと思われ、再軍備を推進しようとしているアメリカ帝国主義とその同盟者日本独占主義（保守党の基盤）を「民主主義の最大の敵」と位置づけた社会党左派に人気が集まったのは容易に理解できよう。選挙時における左派社会党委員長鈴木茂三郎の「青年よ、銃をとるな、婦人よ、夫や子どもを戦場に送るな」というアピールは、その後、約四〇年間、一九九二年（平成四年）六月一五日、衆院本会議で「ＰＫＯ協力法」が可決成立（宮沢内閣、八月一〇日から施行、九月一七日に自衛隊のカンボジア派遣ＰＫＯ部隊第一陣がプノンペンに向けて出発）するまで、社会党が護憲・再軍備反対の党であるというシンボル・マークとなった。

憲法改正の動き

一九五三年（昭和二八年）総選挙後、吉田自由党は比較多数で第一党（二〇二人）となり、五月二一日、第五次吉田内閣が成立した（五月一九日、首相指名は吉田対改進党総裁重光葵の決戦投票となり、吉田二〇四、重光一一六で吉田が当選。左右両社は棄権）。しかしこの内閣は、依然として少数与党政権であったから、党外二党、すなわち改進党と鳩山自由党（鳩自）との閣外協力が必要であった。まず改進党対策としては、九月二七日に吉田・重光会談が設定され、保安隊の自衛隊への切り替え、長期防衛計画について合意をとりつけた。

そのころアメリカも、朝鮮休戦協定調印（七月二七日）後のアジア情勢をにらんで、日本の防衛計画をさらに強力に推進する方向を日本に迫った。たとえば一〇月二日には、自由党政調会長池田勇人が、ワシントンでアメリカ国務次官補ロバートソンと防衛問題につき会談し（池田・ロバートソン会談）、自衛力増強にかんして共同声明を発表した（三〇日）。そして一一月一五日にはアメリカ副大統領ニクソンが来日、「戦争放棄の憲法を制定したことは誤りであった、保安隊の増強を援助する」という講演をおこなっている。

他方、吉田自由党は、鳩山自由党にたいしては、一一月一七日の吉田・鳩山両党首会談で、今後、「憲法改正調査会」を設ける（翌一九五四年三月一二日に岸信介を会長とする自由党憲法調査会を発足させ、一一月五日に「日本国憲法改正案要綱」を発表。その内容は、第九条の廃止、天皇を元首とする、国会の権限を弱め基本的人権の保障を制限するというきわめて保守的・反動的なものであった）ということを条件に復党をすすめ、同月二九日には鳩山、石橋ら二三人（のち二六人）が吉田自由党に復帰した。しかし、三木武吉、河野一郎ら八人の反吉田強硬派は、鳩山首相の実現をめざして復帰せず、「日本自由党」を名乗って吉田退陣を叫び、当時評判となった黒沢映画の「七人の侍」をもじって「八人の侍」と呼ばれた。

ともあれ鳩山らの復党により、自由党は二二七人にまで回復したが、それでも過半数の二三三人には六議席足りなかった。

そして翌一九五四年の四月七日には、自由党に歩調を合わせるかのように、改進党も「憲法調査会」を設置（会長清瀬一郎）、自由、改進両保守党内の改憲派は、日本国憲法はマッカーサーに「押しつけられた憲法」であるから、「憲法を改正すべし」というキャンペーンを声高に展開することになる。

他方、社会党系の人びとは保守党の動きに先手を打って、この年のはじめ、一月一五日に、片山哲を議長とする「憲法擁護国民連合」を設立し、ここに一九八九年（平成元年）末の「冷戦終結宣言」、一九九二年にかけての「PKO協力法」の可決までの約四〇年近く、憲法改正・再軍備問題が保・革を識別する最重要な政治的争点の一つとなって、国民を二分することになる。

こうした一九五三年から五四年にかけての再軍備体制強化の動きをめぐって、保・革の対立はますます激化し、保守党側は委細かまわず矢つぎばやに安保体制への整備を進めていく。それは、①国内における過激な政治運動を規制する法律の制定、②国内治安維持体制の強化と「戦力なき軍隊」（自衛隊は軍隊ではない）という論理を用いての自衛隊創設の動きとなってあらわれた。そしてこれら二点については、自由・改進両保守党のあいだでは意見の不一致はほとんどなかった。この時点以後、いよいよ念願の「保守合同」への道が切り開かれていく条件ができあがっていく。

さて①については、「教育二法」の成立などをめぐって、保・革のあいだにはげしい攻防が展開された。「教育二法」とは、一九五四年五月一四日、参議院文教委員会で修正可決され、六月三日、公布された「義務教育諸学校における教育の政治的中立の確保に関する臨時措置法」、「教育公務員特例法の一部改正法」を指し、総評の中核部隊であった日本教職員組合（日教組）の政治活動の制限をねらった法律である。保・革間のせめぎあいは院内にとどまらず、一九五四年二月一一日の日教組による教育防衛中央国民大会の開催、二月二五日からの防衛総決起旬間の実施、三月一四日日曜日の振替授業の実施、三月一五日の全国規模の教育二法反対大会の開催、二四府県で実施された一斉休暇の取得など、院外においてもはげしい攻防戦がくりひろげられた。

また②については、まず「MSA協定」の調印がある。MSAとは、一九五一年一〇月一〇日、朝鮮戦争勃発後の国際緊張のもと、トルーマンの署名によって成立した、主として軍事援助に力点をおくアメリカの相互安全保障法

(Mutual Security Act) のことで、MSA協定は、同法にもとづいて日米間で結ばれた相互防衛援助協定である。同協定は一九五四年三月八日に調印され、五月一日に発効したが、これをめぐって二月二〇日、総評によるMSA予算粉砕、吉田内閣打倒を訴える国民大会が開かれた。

つづいて、国家地方警察と自治体警察を都道府県警察に一元化し、中央集権化の強化をねらった一九五四年六月八日の「改正警察法」の公布がある。この「改正警察法」の成立をめぐっては、成立の実現をめざす保守各党の二日間の「会期延長」の動きを阻止するため、革新側が議長席を占拠するという大混乱が起こった。これにたいして、六月三日、衆院議長堤康次郎は院内に警官隊を導入、この行動は「民主主義の危機」と呼ばれた。警官隊導入にたいして、翌六月四日、左右社会党は会期延長無効の共同声明を出し、以後、両派社会党、日本自由党（八人）、労農党、共産党は議会への欠席戦術をとった。しかし衆議院は、六月五日、野党各派欠席のまま一〇日間の会期延長を議決し、六月八日には「改正警察法」を公布した。「神聖の場」であるべき議場に警官隊を導入し、野党各派欠席のまま審議・議決するというあまりにも強引な政治手法については、保守党の支持母体である経団連・日経連など経済四団体でさえ、六月八日に連名で、国会の紛糾収拾に努力せよという声明を出したほどであり、こうしたことが、吉田「ワンマン」首相にたいする国民感情をいっきょに悪化させ、それがこの年暮れの吉田総裁の勇退（一一月二八日）と吉田内閣総辞職（一二月七日）、第一次鳩山内閣成立（一二月一〇日）へとつながっていったものといってよい。

そして「改正警察法」が決まった翌日の六月九日に、「日米安保体制」への公約の「証し」ともいうべき「防衛庁設置法」、「自衛隊法」が公布（七月一日施行）されている。これらの法律はこれまでの保安隊を改組し、陸海空軍三軍方式に拡大、戦後はじめて外敵への防衛任務を規定している点で重要である。この時点で、日本には第九条を改正しなくても自衛権はあるという政府見解が確立されたとみてよい。しかし自衛隊の海外派兵については、なお保守党といえども慎重な態度をとっていたことは、たとえば六月二日の参議院本会議において、「自衛隊の海外出動はおこなわない」ことを確認する決議案を可決していることからも推測できる。以後、一九九二年（平成四年）六月一五日に、衆院本会議で「PKO協力法」が可決され、また小沢一郎のような、海外派兵をもって「普通の国」となったとみる見解が公然と言い放たれるまで、四〇年近く保革対立の「五五年体制」のもとで、「自衛隊は合憲か違憲か」、「自衛隊は軍隊か否か」、「自衛権はあるのかないのか」、「自衛隊の海外派兵は是か否か」という論争が、戦後日本政治における民主主義の存否を検証する一つの「リトマス試験紙」として、政界・学界・言論界において重要な政治的争点となるのである。

このようにみると、戦後一〇年近い年月のなかで七年二ヵ月のあいだ政権を担当した吉田内閣の事績は、自由主義陣営の一員、アジアにおけるアメリカの最良のパートナーとして生き残るべき日本の地位を確立するために、政治的安定と経済成長の基盤をほぼ築きあげたものであったことがわかる。これ以後は、日本人が主体的に日本において民主政治を確立することになるが、したがって「五五年体制」の成立は、吉田茂の戦後初期一〇年間における使命が終わったことを示す幕引きの儀式であったといえよう。

さて、「警官隊導入」事件で荒れた一九五四年（昭和二九年）六月三日以降、政界においては、「吉田ワンマン支配体制」を終わらせて、「護憲」を標榜し、「社会主義的」立場をとる革新諸政党に対抗できるような完全かつ強力な「保守合同」を実現すべきであるという動きが急ピッチで進んだ。

こうした動きは、すでに同年三月二八日、自由党副総裁緒方竹虎が保守合同構想を打ち上げ、また五月二八日には、保守三党が新党結成問題で交渉委員会設置を決定していることからもうかがい知れる。しかし五月二九日の第一回会合で、はやくも新党総裁問題で難航し（吉田か鳩山か）、六月二三日に自由党は交渉打ち切りを宣言し、保守合同の動きは頓挫したかにみえた。

だがこの保守合同への流れは止まらず、七月三日には、岸信介、石橋湛山、芦田均らが新党結成準備会を結成、九月一九日には鳩山一郎、重光葵ら六者が会談し、反吉田新党結成につき意見の一致をみている。こうした反吉田の動きは、吉田が、四月二一日に「造船疑獄」にかんし、自由党幹事長佐藤栄作（岸信介の弟）の逮捕許諾を請求しないように法相犬養健から検事総長に命じさせる（法相の指揮権発動）というあまりにも強引なやり方にたいし、世論の猛反発を招いたこととも関連していたと思われる（四月二二日、犬養法相辞任）。

保守合同にたいする熱望は、経済界からも表明された。一〇月一三日には、「日経連」総会は「清新強力な政治力の結集が急務」と決議しているし、同月二〇日には、「経済同友会」大会においても「速やかに保守合同を実現せよ」との決議がなされている。

こうしてついに一一月一日には、新党結成準備会は委員長に鳩山一郎を決定、同月八日には、自由党は石橋湛山、岸信介を除名、同月一五日には新党創立委員会（委員長鳩山）が設立された。そのころ（一一月二〇日）、両派社会党側も両社共同政権の新政策大綱を発表し、ここに保・革両勢力それぞれの側における総結集の動きが一段と強まった。

一九五四年（昭和二九年）一一月二四日、自由党新党準備会派（四三人）・改進党（六九人）・日本自由党（「八人の侍」）、計一二〇人によって鳩山一郎を総裁とする日本民主党が結成された。この時点で、「吉田はずし」の保守合同へと向かう公然たる流れがほぼ決定的になったとみてよい。なぜなら、一一月二八日に、自由党議員総会はついに吉田首相の勇退と緒方竹虎の後任総裁推薦を決定しているからである。あとは「筋書き通り」、「驕《おご》る吉田は久しからず」である。まず一二月六日に、民主党・両社共同で内閣不信任案が提出された。翌七日、吉田内閣総辞職、八日、自由党議員総会は緒方竹虎を新総裁に決定、九日には、衆参両院において鳩山一郎を新首相に指名、鳩山を推した民主党、両派社会党は、一九五五年三月上旬までに総選挙をおこなうとの共同声明を発表している。

こうして、第一次吉田内閣の成立（一九四六年五月二二日）から第五次吉田内閣（一九五三年五月二一日—一九五四年一二月七日）

の崩壊まで、連続して六年二ヵ月、通算すれば七年二ヵ月の長期政権が倒れた。

吉田茂の評価は今後おおいに検討する必要があるが、戦後の荒廃し、混乱した日本において、その政治的安定化のレールをしいた点だけはまちがいのないところである。その「敵役《かたき》」に徹した強力なリーダーシップは、のちの岸信介、田中角栄、中曾根康弘らの政治指導者とともに、「好き嫌い」は別として、戦後日本政治史のなかでその功罪が正しく評価されるべきであろう。

保守合同と五五年体制の成立

さて、明けて一九五五年（昭和三〇年）二月二七日、鳩山政権成立時の公約にもとづいて、第二七回総選挙が挙行された。結果は、日本民主党一八五人、自由党一一二人、左社八九人、右社六七人、労農党四人、共産党二人であった。この選挙で特徴的なことは、一つは、革新派だけで憲法（とくに第九条）改正阻止に必要な三分の一以上の議席を獲得したことである。もう一つは、護憲派（再軍備反対）の主要勢力である左社がさらに議席を伸ばし（前回左社七二人、右社六六人）、それが合同後の社会党で多数派を占めることにより、その後の社会党の性格（護憲派のシンボルであるが、他方では新しい政治情勢に鋭敏に対応できない硬直姿勢）を規定したことである。前年の一九五四年三月一日、第五福竜丸がビキニ環礁におけるアメリカの水爆実験により「死の灰」をあびて乗員二三人全員が被災し（九月二三日、久保山愛吉氏の死）、国民の平和運動や反核運動が盛りあがったことが、左派社会党の躍進に大きく作用したものと思われる。

こうして三月一九日、第二次鳩山内閣が成立した（民主党単独少数党内閣）。そして三月二三日には、経済同友会全国委員会が保守二党の緊密な連携を求める要望書を発表している。また五月二三日には、民主・自由両党の幹事長・総務会長が四者会談を開き、保守合同について協議、六月四日には鳩山・緒方両党総裁が会談し、保守勢力結集について共同談話を発表している。また九月二一日には、日本商工会議所総会においても保守合同促進の決議がなされている。いまや、保守合同の気運は完全に熟している。

そしてついに一九五五年一一月一五日、御茶の水の旧中央大学講堂において、自由・日本民主両党が合同し、「自由民主党」（自民党）と名乗り、総裁決定までは代行委員会制（鳩山一郎、緒方竹虎、三木武吉、大野伴睦）をとることになった。これより一足先の一〇月一三日には社会党の統一大会が開かれ、委員長に左社の鈴木茂三郎、書記長に右社の浅沼稲次郎が選出されている。

ここに、「自民党」対「社会党」といういわゆる「五五年体制」をになう東西の横綱が出そろった。戦後一〇年目のことであった。

三　第一次安保闘争

保守合同後の自民党の政治目標

一九五五年（昭和三〇年）一一月一五日の保守合同から、一九六〇年六月二〇日の「安保条約改定」成立にいたる約四年半の日本の政治過程——第三次鳩山内閣から第二次岸内閣の時代——は、それ以後、こんにちにいたるまでの日本政治の性格を決定づけたという点で、きわめて重要な時期であった。なぜなら「第一次安保改定」闘争における自民党、つまり保守党側の勝利と、革新勢力側の敗北によって、一九八九年の「マルタ会談」で「冷戦終結宣言」が発せられる国際政治の場よりも三〇年ほどはやく、国内政治においては、それまでの「資本主義か社会主義か」という、すべてを「冷戦構造」に基礎をおいた敵・味方関係でみる「政治の時代」が大筋で終わり（といっても、その後も一九九四年の自社大連合まで保・革の対立は続くが）、「経済の時代」、「国際化の時代」へと重点が移ることになったからである。日本社会党が、こんにちその存立理由を失いかねない危機状況に陥っているのは、こうした国内における政治状況の変化に十分に対応できなかったためである。

ところで、保・革両陣営の合同がなされたあと、「もはや戦後ではない」（中野好夫、「文藝春秋」、一九五六年二月）というフレーズが流行語となったが、これは、これ以後、日本人がみずからの頭と体でものを考える時代がきたことを象徴する言葉として興味深い。その意味では、「五五年体制」成立の五年後に起こった一九六〇年の第一次「安保改定」をめぐる攻防戦は、勝ち負けは別として、戦後日本の民主主義の成長・発展を如実に物語る一大政治事件であったといえる。

それはともかくとして、ではこの時期の保守党の目標はなんであったか。まず鳩山内閣時代からみていこう。

一九五四年（昭和二九年）一二月一〇日に、ようやく念願の首相の座を手に入れた鳩山は、その直後の一九五五年一月一〇日の車中会見で、中・ソ等社会主義諸国との国交回復、再軍備のための憲法改正に積極的に取り組む意志を表明している。前者については、一九五四年四月二六日から七月二一日にかけて開かれた「ジュネーヴ極東平和会議」において、国際的にも東西両陣営のあいだで「平和共存」の気運が生まれつつあったこと、また日本が今後一刻もはやく国際連合に加盟し、国際社会の一員に仲間入りし活躍するためには、「安保理事会」で拒否権をもつソ連の同意が必要であるとの現実的認識から生まれたものであることはまちがいない。

後者の憲法改正問題については、再軍備論者であった鳩山が、事実上の軍隊である自衛隊の存在をいつまでも国民の眼からごまかすことなく、憲法第九条を改正して自衛隊を「陽のあたる場所」におくことが政治家としての責任であるという思いから発した言葉であったとみてよいだろう。そしてそのためには、衆・参両院それぞれにおいて憲法改正に必要な三分の二以上の議席を獲得する必要があり、その最良の方法として衆議院議員選挙に「小選挙区制」の導入がはかられることになる。

日ソ「共同宣言」と国連加盟

まず日ソ交渉の動きについていえば、一九五五年（昭和三〇年）一月二五日に、元ソ連代表部首席ドムニツキーが、首相官邸で国交正常化にかんするソ連政府の公式文書を鳩山に手渡したことからはじまった。これを受けて、二月四日の閣議で対ソ交渉開始が決定され、二月二五日には交渉地をロンドンとすることで両国の意見が一致し、五月二四日の閣議で松本俊一を全権委員とすることを決定した。そして六月一日に、ロンドンで日ソ交渉の開催についての「打ち合わせ」がなされ、六月三日から第一回正式会議が開かれたが、領土問題をめぐって両国の意見が対立し、九月二一日に交渉が一時休止された。

その後、一九五六年一月一七日に日ソ交渉が再開されたが、三月二〇日に領土問題をめぐってふたたび交渉はいきづまり、再度休会に入った。しかし、五月一四日には「日ソ漁業条約」についての調印がなされたこともあって、七月三一日に外相重光葵がモスクワに出向き、日ソ国交回復交渉を再開したが、今回もまた領土問題で決裂した。

このころ（八月一〇日）、鳩山首相は早期に後継者を決めて退陣する意向を示し、日ソ国交回復を自分の「引退の花道」にしたいと考えていた。そこで鳩山は訪ソの決意を表明し、九月一一日に、日ソ交渉打開のための五条件を示した書簡をブルガーニン首相に送り同意を得たので、一〇月七日に河野一郎農相らをともなって羽田を出発し、一五日から交渉を開始した。そして一〇月一九日に、モスクワで「日ソ国交回復に関する共同宣言」に調印（一二月一二日発効）、ここに戦後日本政治史上、特筆されるべき歴史的イベントとなった「日ソ国交回復」が実現した。しかしここでも北方領土の問題は解決されず、今後結ばれるであろう「平和条約」締結の宿題として残された（周知のように、こんにちまで日ロ（旧ソ連）間の「平和条約」は締結されていない）。

こうして、この年の一二月一八日、日本は国連総会において満場一致で国連への加盟を承認され、晴れて国際社会に復帰できた。これをみて鳩山は一二月二〇日に総辞職し、一二月二三日に石橋湛山内閣が成立した（一二月一四日の自民党大会で、石橋・岸の決戦投票がおこなわれ、わずか七票差でいわゆるハト派の石橋が新総裁に就任した）。保守党のなかには、ソ連との国交回復について反対する者も多かったが、鳩山はこれを強行し、それを実現にまでもっていったことは鳩山の一大功績であったといえよう。

この年の二月一四日（―二五日）にソ連共産党第二〇回大会が開かれ、二四日の大会秘密会において、フルシチョフ第一書記がスターリン批判演説をおこなった（六月四日、米国務省公表）。またこの大会では、「両体制の平和共存」、「（帝国主義）戦争の不可避性の否定」、「社会主義への平和的移行の可能性」などの路線を採択しているが、こうしたソ連の柔軟な態度変更が鳩山の動きにプラスしたことは、まちがいない。

憲法改正の動きと小選挙区制導入の挫折

さて、鳩山のもう一つの課題は、「憲法改正」によって、吉田内閣時代「なしくずし的に」再軍備を推し進めてきた「あいまいな状態」を明確化しようということであった。正直者のお坊ちゃんと評された総理鳩山には、国民の眼をこれ以上ごまかすことは耐えられなかったのであろう。自民党のなかには、岸をはじめ再軍備賛成の兵《つわもの》が多数いたから、この鳩山の動きをプッシュした。

さきの第二七回総選挙（一九五五年二月二七日）では、憲法改正阻止に必要な三分の一以上の議席をかろうじて革新・護憲派が獲得していた。これによって、再軍備反対の国民感情がなかなかに根強いものであったことがわかるであろう。

しかし鳩山は、一九五六年（昭和三一年）一月三一日の参院本会議において、「軍備をもたない現行憲法には反対」と答弁し、二月二日には発言取り消しの釈明をしている。ここで興味深いことは、二月九日の衆議院、翌一〇日には参議院も、「原水爆実験禁止要望決議案」を可決していることである。世界で唯一、原爆を投下された日本国民にとって、「原水爆実験」だけは「聖域」（原爆許すまじ）として、だれしも原水爆実験に公然と賛成する意志表明ができなかったことを反映したものであろう。またこうした決議は、四億八〇〇〇万人の署名を集めた一九五〇年の「ストックホルム・アピール」、六億一〇〇〇万人の署名を集めた一九五一年の「ベルリン・アピール」、七億人の署名を集めた一九五四年の「ウィーン・アピール」、一九五四年三月一日の「第五福竜丸」放射能汚染事件の強烈な衝撃、日本で三二三八万人、海外で六億七〇〇〇万人の署名を集めた第一回原水爆禁止世界大会広島大会の開催といった、核兵器の実験・製造・使用の禁止を要求した国際的な一連の原水爆禁止運動とも連動していたことはまちがいない。

にもかかわらず、同じ二月の一一日には、熱心な憲法改正論者である岸信介らは、憲法改正をもくろむ「憲法調査会法案」を国会に提出、三月二九日には衆議院、五月一六日には参議院で可決されている。また鳩山首相は、二月二九日に衆議院予算委員会で「自衛のためなら敵基地を侵略してもよい」と失言し、ただちに取り消している。「衣の下に鎧」、「再軍備へのはやる心」が、いたるところで見え隠れしている。

ともかく、この時期が再軍備問題の重大な転換点であったことはまちがいなく、その方向はつづく岸内閣時代の「第一次安保闘争」における保守側の勝利によって決定づけられる。

それはともかくとして、自民党が「憲法改正」に必要な三分の二以上の議席を衆議院で獲得するためには、それまでの「中選挙区制」を「小選挙区制」に変える必要があった（当時の推定によれば、選挙制度を変えれば保守党は四〇〇議席以上の議席を楽々獲得できると思われていた。また戦後のフランス、韓国、フィリピンなどでも、小選挙区制を導入することによって政府与党が圧勝している）。

このため政府は、一九五六年三月一九日に「小選挙区法案」を国会に提出したが、四月三〇日、衆院議長がその職権により強引に衆議院本会議の開会をはかったため大混乱となり、結局五月一六日にこの法案は審議未了、廃案となった。鳩山内閣の企図した「小選挙区法案」が廃案となったのは、一つには全野党が結束して反対し、それを支持する国民運動が盛りあがったこと、もう一つは選挙区制が旧民主党系（鳩山派）に有利に線引きされた（「鳩マンダー」）ため、与党内にも反対が強かったためである。この「小選挙区制」改正問題は、のちの田中内閣のときにも起こったが（一九七二年一二月二五日―一九七三年五月一六日）、このときも全野党と国民の猛反対にあい、国会に法案を提出することを断念している。

ところで再軍備派にとってさらに間《ま》の悪いことに、一九五六年七月八日の第四回参議院議員選挙において、革新派が議席の三分の一以上を確保（創価学会がはじめて当選者三人を出した）したから、ますます「憲法改正の道」は遠のいていった。こうなると、あとは「日米安全保障条約」を改定して、日米の軍事提携をますます強固ならしめる以外に方法はなかった。その仕事は、つづく岸内閣の最重要課題となる。

岸内閣の成立

一九五六年（昭和三一年）一二月二〇日、鳩山内閣が退陣したあと、すでに一二月一四日の自民党大会で新総裁に就任していた石橋湛山が同月二三日に内閣を継承した。

石橋が岸を破って総裁に当選したことを、おおかたの国民は歓迎した。なぜなら、戦後「吉田ワンマン体制」につきまとった強引な政治手法に嫌気がさしていた国民は、石橋には戦前からのリベラルなジャーナリスト、非官僚、ハト派というイメージをもち、他方、戦前日本のトップ官僚であった岸には、国家主義者、軍国主義者、A級戦犯、憲法改正によって再軍備を促進しようとする自由党憲法調査会会長、タカ派という暗いイメージを張りつけていたからである。

しかし「好事魔多し」、石橋は組閣後一ヵ月余で病に倒れ、二月二三日に総辞職した。わずか二ヵ月の短命内閣であった。そして後継首班は、石橋療養中の首相代理をつとめた岸が受け継ぎ、二月二五日に岸内閣が成立した（三月二一日、自民党大会、岸信介を新総裁に選出）。

首相に就任した直後の五月三日、伊勢神宮参拝の折、岸は汚職・貧乏・暴力の「三悪追放」を方針としたいと言明し、国民にたいして清新なイメージづくりをはかっている（のちに岸は、ロッキード事件のさいに、金銭の授受はいくつもの濾過器を通じて身に危険が及ばないようにすべきだ、と田中のやり方を幼稚だと笑ったといわれているから、とんだ「喰わせ者」というべきである）。

しかし、「五五年体制」の成立と「国連加盟」によって、ようやく内外ともに自立化の条件を整備した新しい日本政治の変化を鋭くみてとっていた岸は、積極外交を売り物に精力的に活動を開始する。すなわち、一九五七年（昭和三二年）五月二〇日に、岸は東南アジア六ヵ国訪問の旅に出発（六月四日帰国）、各国首脳にアジア開発基金構想などを提案し、六月三日には台北で「国府の大陸回復に同感」と語り、中国政府の不快感を買っている。

また六月一九日にはアメリカを訪問し、大統領アイゼンハワーと会談、二一日には「日米新時代」の到来を強調し、日米安保条約検討のための委員会の設置などについて共同声明を発表、それに備えて七月一〇日に内閣の全面改造をおこない、新たに外務大臣に民間人の藤山愛一郎を抜擢し、内閣に清新なイメージを与えようと工夫している。そして八月一六日には、「日米安保委員会」の初会合が開かれている。

こうしたなかで日本は、一〇月一日には、国連総会で安保理事会の非常任理事国に当選している。一九五六年一二月一八日の加盟後、わずか一年足らずの超スピードで国際社会の檜舞台へ登場したわけで、アメリカの強力なバックアップと、東南アジア諸国の理解あってのことであったろう。また岸は、一一月一八日から一二月八日にかけて、再度、東南アジア九ヵ国を訪問している。

以上にみてきたように、政権掌握後の岸は、一つにはアジア諸国との友好関係を強め（翌一九五八年三月五日に、中国と「第四次日中民間貿易協定」に調印したため、今度は国府が岸政府に抗議し、四月一日には国府に釈明の親書を手渡すという一幕もあり、こうした当時の中国と国府をめぐる外交関係はこんにちまで尾をひいている難問の一つである）、一つには「安保条約」の改定を実現しようとして、なみなみならぬ努力をおこなっていたことがわかる。強烈な保守ナショナリストでかつ徹底した反共産主義者岸は、日本国民をどこに引っ張っていこうとしていたのか。

さて岸は、その政治目標――アジア諸国のリーダーとしての地位の確立、アメリカと対等外交ができるための「安保改定」――をはっきりと掲げながら、組閣後一年あまりでほぼ国内における政治的基盤を確立していった。そしてそれを確認するためにも国民に信を問う必要があった。一九五五年二月二七日の第二七回衆議院議員総選挙以来、すでに三年ほどの歳月が経過していたし、この間《かん》、保・革それぞれが合同して、いわゆる「五五年体制」の構造もできあがっていたので、人心一新のうえからも解散の気運が高まっていた。

そこで岸は、一九五八年（昭和三三年）四月一八日に社会党委員長鈴木茂三郎と会談し、社会党が「内閣不信任案を上程し、討論後、採択せずに解散する」（話合い解散）という点で意見の一致をみた。それに沿って四月二五日に衆議院が解散され、五月二二日に第二八回衆議院総選挙が実施された。当選者は自民党二八七人（のち二九八人）、社会党一六六人（のち一六八人）、共産党一人であった。社会党は「五五年体制」によって保守党がめざした、「$1\frac{1}{2}$制」にもおよばない議席数しか獲得できなかったから、自民党の圧勝といえよう。これに自信を得て、いよいよ岸内閣は第一次安保改定の方向に向かって条件整備を急ピッチで進める。

勤評闘争と警職法反対運動

ところで、「安保改定」の作業をスムーズに運ぶためには、政府側が国内における過激分子とみた危険な集団に先制攻撃を加え、それら集団をおさえこむ必要があった。そのためには官公労、自治労などとともに、総評の主力部隊である「日本教職員組合」（日教組）に打撃を加えることがもくろまれた。これにかんしては、自民党文教制度調査特別委員会が、教育委員会制度改正要綱を一九五六年（昭和三一年）一月一六日に発表し、教育委員の公選制を廃止し、教員任命権を県教育委員会へ移すことを発表し、県教委の権限を強化したことが前提となっている。そして同年一一月一日に、愛媛県教委が、教職員の昇給昇格は一般の公務員と同じく「勤務評定」（勤評《きんぴょう》）により実施すると決定（一一月一八日、県小中高校校長会は勤務評定の拒否を決定）したとき、日教組と政府・文部省との闘争がはじまった。実際に闘争が激化したのは、翌年一〇月、愛媛県教委が勤務評定実施を通知し、一一月二六日、評定書を提出しない教員には年末手当の支払いを停止すると決定し（一二月一四日評定書の提出終了）、一二月四日に文部省が小中学校教頭に管理職手当を支給すると定めて、一二月二〇日に全国都道府県教育委員長協議会、同教育長協議会が一九五八年四月から勤務評定を実施すると発表してからで、全国的に勤評反対闘争がくりひろげられた。たとえば、一九五八年一月二一日、和歌山県教組が高教組・地評・部落解放同盟・和歌山大学学生自治会などと勤評反対闘争に共闘方針を決定、四月二三日、都教組が勤評反対十割休暇闘争に入ると、五月七日に福岡、六月五日和歌山でも十割休暇闘争、六月六日、日教組第一七回大会で勤評闘争方針を討議し、条件闘争案を否決、六月二六日、高知で十割休暇、七月一六日、都教委が二八四人を処分、八月一五日、総評が和歌山で勤評反対・民主教育を守る国民大会を開催、八月二四日、日教組が九・一五全国統一行動と十割半日休暇を決定、八月二七日、総評が傘下労働者に子弟登校拒否を指示する、などである。

結局この問題は、いわゆる勤評の「神奈川方式」（一九五八年一二月九日、神奈川県教組と県教委が勤評を自己反省の記録として実施することに同意、文部省は反対）を適用することを、一九五九年二月一七日の日教組大会で決議したことでようやくおさまった。ともかくこの一九五八年は、紀元節復活問題や道徳教育実施要綱通達（三月一八日）などの教育の反動化・逆コースの動きをめぐって、教育現場が大荒れに荒れた一年であった。

さて、一九五八年いっぱいをかけて日教組をおさえこむことに成功したのち、今度は「安保改定」にさいし、強力な反対運動をするであろうと思われる労働運動や学生運動の指導者たちを事前におさえこむ方策が考案された。このため政府は、一九五八年一〇月八日に突如、「警察官職務執行法」（警職法）改正案を国会に提出した。社会党は即時撤回を主張したが、一〇月一一日、衆議院議長星島二郎が職権で同法案を地方行政委員会に付託した。ここから約一ヵ月半あまり、「警職法」反対の大合唱が起こった。

そもそも「警職法」は戦後民主的に改正されて、警察は戦前の「オイコラ警察」から「モシモシ警察」へと変わった。しかし今回の改正では、末端の権力機関の一員である警察官が、戦前と同じように、不審者と思えば職務質問をしたり、所持品を調べたり、土地・建物へ立ち入りできるなど、警察官の権限がいちじるしく強化されることになっていた。これではうかうか「デート」もできないし、一般庶民の人権侵害にもなりかねないというわけで、ほんらい自民党支持と思われる層までをもふくめて、反民主主義的な法律ということで全国民を巻き込んだ一大反対闘争にまで盛りあがった。

すなわち、一〇月一三日には、社会党・総評を中心に六五団体が警職法改悪反対国民会議を結成し、一〇月中に全都道府県に共闘組織をつくり、一〇月二五日、二八日、一一月五日、七日、一五日に全国統一行動をおこなうことを決定した。しかし政府はあくまでも法案成立をめざして、一一月四日、衆議院本会議で「抜き打ち」的に会期の三〇日間延長を強行した。社会党は会期延長の無効を主張し、一一月七日に院内より引き揚げた。こうした民主主義のルールをふみにじる強行採決に反対して、一一月五日に、総評・全労・中立系労組、学者・文化人、学生、婦人団体がいっせいに「警職法」、「抜き打ち会期延長」反対闘争に立ちあがった。

結局、この問題は、一一月二二日の岸・鈴木両党首会談で警職法審議未了、衆議院自然休会で了解が成立し、解決した。しかし、この警職法改正問題をめぐる岸内閣のきわめて強引かつ非民主的な議会運営のもたらしたツケは大きかった。なぜなら、戦後民主改革運動の経験は確実に国民のなかではぐくまれ、戦前の保守的思考や政治思想を国民に押しつけようとする岸のやり方とのあいだに、大きなギャップがあることをみせつけたからである。そしてこうした民主主義の原理・原則の擁護にめざめた国民のパワーは、翌一九五九年（昭和三四年）春から一九六〇年六月二〇日まで約一年有余続いた、戦後最大の「安保改定阻止闘争」において最高度に発揮されたのである。ただ、一九五八年一一月二七日、皇太子明仁と正田美智子の婚約（一九五九年四月一〇日、御成婚）発表は、いわゆる「ミッチーブーム」を巻き起こし、ひとときの緊張がときほぐされた。

日米安保条約と改定問題

さて、ここでいよいよ戦後五〇年間の「日本の政治」のうちで最大のハイライトともいうべき、全国民を巻き込んだ「第一次安保改定」闘争の攻防戦について述べる。戦後、日本は新憲法を制定し、「国民主権主義」、「基本的人権の尊重」、「平和主義」という民主主義の三原則を遵守《じゅんしゅ》することを内外に宣明した。そして、世界でも希有《けう》な徹底した平和主義を実行するためには、陸海空軍のような軍隊はもとよりのこと、軍需産業などの戦力も保持しないこと、また侵略戦争はいうまでもなく、「自衛のため」の戦争もこれを放棄することを、憲法第九条で規定したのであった。

しかし大戦後、ただちにはじまった東西両陣営、とくに米・ソ超大国の対立激化と、一九四九年（昭和二四年）の中華人民共和国の成立をはじめとする東アジアにも波及した共産主義勢力の台頭は、アジアにおけるアメリカの反共政策の尖兵役としての日本が、いつまでも無防備であることを許さない状況に追いこんだ。こうして、一九五一年九月八日のサンフランシスコにおける「対日平和条約」の締結とともに、自由党議員のうち数名を除いて、日本国民のだれもが知らないうちに「日米安全保障条約」が結ばれた。この条約の内容は、もしも日本が外国（共産主義国家、ソ・中が想定されていた）から攻撃を受ければ、米軍がこれを防衛するというものであった。この時点では日本の参戦義務はなかったが、そのかわりに日本各地、約八〇〇ヵ所に米軍の軍事基地を提供し、それにかかる費用を分担するというものであった。このためこの条約については、米国内でも不満の声があがったが（日本無責任論）、日本にとっても、これはいかなる軍事同盟も禁じていた憲法第九条に明白に違反する重大問題であり、このため社会党内でも、同条約の国会での承認をめぐって左派と右派のあいだで激しい対立が生じた。

それから一〇年目にあたる一九六〇年に、岸首相は「条約改定」を企図したが、その内容は日・米の軍事同盟をさらに強力ならしめようというもので、それをめぐって「第一次安保闘争」が起こった。

それより先に、岸首相は「安保闘争」が起こる三年まえの一九五七年（昭和三二年）六月一九日、アイゼンハワー大統領と会談して条約改定の意向をアメリカ側に伝えていたが、二一日の共同声明では日・米新時代の到来を強調し、安保条約検討のための委員会の設置と在日アメリカ地上軍の撤退などが盛り込まれていた。そしてこの年の一〇月一日には、日本は国連総会で安保理事会非常任理事国に選出されている。日本のアジアにおける軍事的役割の重要性はさらに高まったといえよう。

こうした情勢をみて、一九五八年一一月一九日には中国外相陳毅が、また一二月二日にはソ連が、日米安保改定に関連して、日本が中立化政策をとることを望むという声明（中国）を出し、覚書（ソ連）を日本政府に通告している。

しかしその後、安保改定の動きは以下にみるように急速に進んだ。

①すなわち、一九五九年二月一八日に、藤山外相は政府・自民党首脳との会談で安保改定のための藤山私案を発表。

②これにたいして二月二五日、池田派、石井派、三木派などの自民党反主流派は、安保改定の調印を急ぐな、と表明している。
③しかし、一月二四日の総裁選で安保改定慎重派の松村謙三を破り再選した岸は、安保改定の方針を固め、三月九日の参院予算委員会で、ミサイル攻撃にたいして敵基地を攻撃することもありうると答弁、また三月一二日には防御用小型核兵器をもつことは合憲であると答弁している。
④これらの発言は、一九五八年九月一〇日に、防衛庁が米国防総省にたいし、空対空誘導弾サイドワインダー一四発を発注（一九五九年一二月六日、立川基地に到着）したことが背景になっていた。
こうした岸内閣の露骨な日本再軍備政策にたいして、一九五九年三月九日、訪中した社会党訪中使節団団長浅沼稲次郎が、中国人民外交学会で「米帝国主義は日中両国人民共同の敵」とあいさつし、日米共同で敵の攻撃にあたることをめざしている安保改定の動きを断固阻止する意志を表明している。これを受けて三月二八日に、社会党・総評・原水協などが「日米安保条約改定阻止国民会議」を結成。以後、一九六〇年六月一九日午前〇時、「安保条約改定」が「自然承認」によって確定されるまで、約一年三ヵ月にわたって、戦後政治史上最大の政治闘争といわれる「第一次安保闘争」が展開されることになるのである。ちなみに自然承認とは、参議院が衆議院で可決した予算や条約を受けとってから三〇日以内に議決しないときは、その予算・条約は衆議院の議決とおりになることをいう。

ちょうどこのころ、三月三〇日に東京地方裁判所の伊達秋雄裁判長が、砂川町における米空軍基地拡張問題をめぐって争われていた「砂川事件」に関連して、「米駐留軍は違憲」との判決をくだし、ここにその後、長沼事件（ナイキ基地訴訟、一九七三年九月七日判決、自衛隊は違憲）など、長期にわたって、米駐留軍や自衛隊の存在は合憲か違憲かをめぐって裁判闘争が続くのである。

しかし自民党側は安保改定の姿勢を崩さず、四月八日には七役会議を開いて日米安保条約改定要綱・行政協定調整要綱を決定、四月一三日から藤山外相は米大使と改定交渉を再開した。これにたいして「安保阻止国民会議」は、四月一五日に安保反対第一次統一行動のための中央集会を日比谷公園で開いた。

一方、岸首相は、九月八日に自民党七役会議において、「安保改定は絶対に実行する」との決意を表明、これにたいして一一月二七日には安保阻止第八次統一行動が起こされ、安保改定の論議にさいしては、国会を解散して国民の意志を問うべきであるとする国会請願のデモ隊約二万人が国会構内に突入している。

講和後の日本の外交政策、軍事政策を決定づける関ヶ原決戦ともいうべき安保改定問題をめぐって、保・革の緊張関係はますます高まりつつあった。

新安保条約・協定の強行採決

明けて一九六〇年（昭和三五年）一月六日、藤山外相と米大使とのあいだで、一年三ヵ月ぶりに安保改定交渉が妥結した。そして一月一六日、岸首相ら新安保条約調印全権団がアメリカに出発したが、全学連主流派約七〇〇人が羽田空港ビルに座り込み、警官隊と衝突した。この日、文部省は全学連の羽田空港事件にかんし、各大学長に参加学生の処分を通達している。

一月一九日、ワシントンで「日米相互協力および安全保障条約」（新安保条約）、「事前協議」にかんする交換公文などが調印され、翌二〇日の岸・アイゼンハワー会談で、大統領訪日（六月二〇日、これ以前に新安保条約が国会で承認される予定であった）と皇太子夫妻の訪米（日米修好一〇〇年祭記念）が決定された。こうして二月一九日から衆議院安保特別委員会で審議が開始されたが、社会党が国会の条約修正権を主張して修正権論争が続き、二月二六日より条約の審議がはじまった。

このころ、安保改定を認めるか否かをめぐって社会党がふたたび分裂し、一月二四日、賛成派は「民主社会党」

(民社党)を結成し、委員長に西尾末広を選出、一方、社会党は三月二三日に臨時大会を開催、翌二四日、委員長に浅沼稲次郎を、書記長に江田三郎を選出した。

安保阻止国民会議は、四月一五日に第一五次統一行動(―二六日)を起こし、四月二六日には全学連主流派が国会周辺で警官隊と衝突、五月一四日には安保阻止国民会議の呼びかけで一〇万人が第二回国会請願デモをおこなった。そしてこの請願署名は四月二六日以来一三五〇万(社会党発表)にのぼったが、自民党はこうした国民の意志を無視した。

そればかりか、六月二〇日のアイゼンハワー米大統領訪日の期日をにらんで、自民党はタイム・リミットである五月一九日に衆議院安保特別委員会で採択を強行し、大混乱に陥ったが、衆院議長清瀬一郎は警官五〇〇人を導入し、社会党議員の座り込みを排除して本会議を開会、野党・与党反主流派欠席のまま会期五〇日の延長を議決し、五月二〇日未明、新安保条約・協定を強行採決した。この議会史上空前の暴挙は、民主主義の危機として国民感情を一変させ、以後、国会は空白状態となって、六月一九日の「自然承認」の日まで、国会周辺は連日何十万というデモ隊に囲まれた。

こうした国民の声に耳を貸そうとしない岸首相の態度をみて、学者・文化人も立ちあがった。たとえば、五月三日に憲法問題研究会主催の講演会が九段の青年会館で開かれ、安保条約の国会審議を慎重にという声明が出された。この集会で丸山眞男が「現代における態度決定」という講演をおこない、現在の状況はもはや安保改定に賛成か反対かの問題ではなく、民主主義の危機を守るか守らないかの問題に状況が変わったと呼びかけ、聴衆に大きな感銘を与えた。そしてこの丸山の提言は当たっていた。なぜなら一月一八日の「朝日新聞」の世論調査の結果では、安保改定是二九%、非二五%と世論はやや改定に賛成であったが、五月一九日の強行採決をはじめとするその後の岸内閣の強引な議会運営の推移をみて、六月二日の世論調査では、政府の国会での安保審議の進め方について、是六%、非五〇%、翌三日の世論調査では岸内閣存続是一二%、非五八%という結果が出ているからである。

そして五月二四日には、はじめて岸内閣の総辞職を要求し、新安保の採決不承認を求める学者・文化人の集会がもたれた。またこの夜、「民主主義を守る全国学者研究者の会」（民学研）が結成され、これ以後、多くの大学人が全国各地の安保反対集会に出席し、講演をおこなっている。こうして、労働者、農民、学生、学者・文化人、一般市民をふくめた一大国民運動が約一ヵ月間、国会周辺はもとより全国各地で展開された。

五月二六日には、安保阻止第一六次統一行動に一七万人のデモ隊が参加し、国会を取りまいた。これにたいして、五月二八日の記者会見で、岸首相は「声ある声」を批判し、「声なき声」に耳を傾けると応答し、ひんしゅくをかった。六月四日、それに答えるかのように「声なき声の会」のプラカードを掲げた三〇〇人の主婦・未組織の市民が国会デモに参加している。

一方、社会党は六月一日の代議士会で議員総辞職の方針を決定、全議員の辞表を浅沼委員長にあずけ、闘争の決意を内外に表明した。そして六月二日には、北海道六大学、東北大、立命館大、奈良女子大、和歌山大、東京農工大、神奈川大の教授団が国会解散を求める声明を出し、六月四日には安保改定阻止第一次実力行使がおこなわれ、国鉄労組など交通部門では早朝ストが打たれ、全国で総評・中立労組七六単産四六〇万人、学生・民主団体・中小企業者一〇〇万人、計五六〇万人が参加した。

こうした騒然たる政治状況のなかで、六月一〇日、米大統領新聞係秘書官ハガチーが来日したが、羽田空港で労働者・全学連反主流派のデモ隊に包囲され、米軍ヘリコプターで脱出するという一幕があった（ハガチー事件、ハガチーは一一日離日し、六月一六日、日本政府は臨時閣議でアイゼンハワー訪日の延期要請を決定）。

その後、新安保条約が承認される六月一九日まで、日本全土に反安保改定の嵐が吹き荒れた。六月一五日の安保改定阻止第二次実力行使にさいしては、全国で一一一単産五八〇万人が参加、この夜半、全学連主流派が国会突入をはかり、警官隊と衝突して東大生樺美智子が死亡、これに憤激した学生約四〇〇〇人が国会構内で抗議集会を開き、多数の逮捕者を出した。またこの日、東京の高校生約一〇〇〇人が安保反対の抗議集会を開いている。

樺美智子死亡事件をみて、翌一六日、東大茅学長は、学生デモの原因は議会制の危機にありという声明を発し、同日、東大、早大、明大、一橋大、東京教育大、法大、東京女子大などで学生、教職員の抗議集会が開かれ、授業放棄を決議し、関東各地の大学から抗議団が上京した。また六月一七日には、東京の七新聞社が「暴力を排し議会主義を守れ」という共同宣言を出し、地方各紙が多数同調した。

新安保条約の自然承認まであと一日と迫った六月一八日には、安保阻止統一行動に三三万人が参加し、「岸を倒せ」というシュプレヒコールの大合唱のもと、デモ行進が禁止されている銀座通りを数寄屋橋から東京駅八重洲口まで三二列のフランス式デモを展開し、当日夜には、数十万人のデモ参加者が国会周辺を取り囲んで座り込みを続け、六月一九日午前〇時、新安保条約・協定の自然承認を「無言の怒り」を込めて迎えた。

岸が、一九五七年（昭和三二年）六月一九日に安保改定のためアイゼンハワーと会談した日からちょうど三年目、社会党・総評などが一九五九年三月二八日に日米安保改定阻止国民会議を結成してから、約一年三ヵ月に及ぶ長い長い闘争であった。

戦後日本政治における最大の国民的運動

一九五九年三月から六〇年六月にかけての安保改定闘争は、おそらく近代日本政治史上でも特筆大書さるべき一大国民的運動であったろう。

闘争は、表面的には敗北に終わった。このため、国民のあいだに深い挫折感が流れたことも事実である。安保闘争終結後、「アカシアの雨がやむとき」（一九六〇年から翌年にかけてヒット、一九六二年、「レコード大賞」特別賞）という、ハスキーボイスでせつなく歌う西田佐知子のやや厭世《えんせい》的な歌が一時期大流行したのもそのあらわれである。

しかしこの闘争は、それに参加した人びとの胸に「民主主義とは何か」という問題を刻みこんだこともまちがいない。その闘争の渦中にあった人びと――いまでは九〇歳代前半から七〇歳代前半ぐらいまでの年齢になっている――は「戦後民主改革期」からこの時期までにかけて、戦後民主主義の獲得のために闘った第一世代に属する人びとである。かれらこそが、戦後日本の民主主義の発展に貴重な基礎を築いた世代であり、またその思想的・実践的遺産を後世に語り継ぐべき世代であることはまちがいない。

第三章　高度成長と列島改造論——池田内閣から田中内閣まで

一　自民党支配の確立過程

五五年体制の定着期

本章では、戦後最大規模の反政府的国民運動が展開された「安保闘争」後、岸前首相のタカ派的姿勢とは異なり、「寛容と忍耐」、「低姿勢」をモットーに掲げ、所得倍増計画を提示して、国民の眼を「政治的対立」から「経済的繁栄」へと転じさせた池田勇人内閣（一九六〇年七月一九日—一九六四年一一月九日）から、つづく佐藤栄作内閣（一九六四年一一月九日—一九七二年七月六日）、田中角栄内閣（一九七二年七月七日—一九七四年一二月九日）にいたるまでの約一五年間の日本の政治過程について考察する。

この一五年間を概括すれば、次のようにいえるであろう。まずこの時期には、「吉田学校」の二人の優等生、池田勇人《はやと》と佐藤栄作、および吉田の秘蔵っ子で「今太閤」とはやされた田中角栄などが次々と総理大臣になった。ちなみに池田勇人と佐藤栄作は熊本の旧制第五高等学校の同級生であり、池田は大蔵省、佐藤は岸信介の実弟で旧鉄道省出身のエリート官僚であった。一方、田中は尋常高等小学校卒だが、二八歳で初当選し、三九歳で郵政大臣に登用された人物で、織田信長にも似たわがままいっぱいの吉田ワンマン宰相のような人物にとって、学歴はないがバイタリティーにあふれ、恐れることなく殿《との》に進言することができ、人情の機微に精通し、かつ金の力を知りつくして情報収集能力において抜群の、木下藤吉郎にも似た角栄のような男は、それまで出会ったこともない珍品にみえて、いたく重宝がられたことであろう。吉田の「田中好み」は、育ちのよいお坊ちゃんにままみられる、裏返しの庶民コンプレックスであったかもしれない。

ともあれ、こうした大物たちが総理大臣として次々に登場したこともあって、一九六〇年一一月二〇日の総選挙では自民党二九六にたいし社会党一四五、同じく一九六三年一一月二一日には自民党二八三、社会党一四四、一九六七年一月二九日には自民党二七七、社会党一四〇、一九六九年一二月二七日には自民党二八八、社会党九〇、一九七二年一二月一〇日には自民党二七一、社会党一一八というように、一九五五年末に保守合同を達成した自民党支配がほぼ確実なものとなった。したがってこの時期は、一九六七年の総選挙で公明党がはじめて二五議席を獲得、二年後の一九六九年の総選挙では四七人と大躍進し、約三〇議席の民社党の存在とともに敗戦後一〇年間の混乱期と同じく再度多党化現象があらわれはしたものの、いわゆる自民・社会の$1\frac{1}{2}$の比率による五五年体制が着実に定着しつつあった時期と規定することができるであろう。そしてこうした五五年体制は、多少の盛衰はあったが、のちに述べるように、その後一九九三年（平成五年）七月一八日の総選挙において、自民党が敗北し（それでも二二三人）、「政治改革」の旗印を高く掲げて総選挙を闘い、新風を巻き起こした日本新党党首細川護熙《もりひろ》が、八月六日、社会七〇、新生五五、公明五一、日本新党三五、民社一五、さきがけ一三、社民連四など、共産党を除く野党を結集して首相の座につくまでの約三八年間の長きにわたって、継続することになる。

高度成長のはじまりと多発する社会問題

この時期には日本経済が急速に成長し、「一〇年後所得倍増」のキャッチフレーズを掲げた池田の予測を凌駕して、はやくも一九六八年（昭和四三年）にはＧＮＰ（国民総生産）が一九六〇年の二・二五倍に達し、やがて日本がアメリカにつぐ世界の経済大国にまでのしあがる基盤ができた。しかし、池田内閣発足時における国民の経済生活水準は、まだまだきわめて低かった。したがって、一〇年後をめざして所得を倍増するという池田の言明にも、当時の国民は半信半疑であった。

ところで経済発展の最大要因は、日本国民の叡知と努力がその根底にあったことはまちがいのないところだが、それにもまして、憲法第九条によっていかなる国との紛争や戦争にも武力的介入をしないですんだこと、それによって軍事費を国民総生産の一％枠に抑え込む名目が立ち、過大な軍事費を生産拡充費として投ずることができたことがきわめて大きかったといってもよいであろう。

とはいえ、この時期、万事順調にことが進んでいたわけではなかった。まず、池田・佐藤・田中内閣時代に起こった主な事件をみると、さまざまな政治闘争の火種があった。たとえば池田から内閣を引き継いだ佐藤内閣の時代には、「日韓基本条約」の締結（一九六五年）、「ＩＬＯ八七号条約」の承認（一九六五年）、「農地報償法」の制定（一九六五年）、「沖縄返還問題」（一九六九年一一月「日米共同声明」、一九七二年五月一五日、沖縄本土復帰）などをめぐって、与野党のあいだではげしい攻防戦が展開された。

また、日本経済のドラスティックな発展にともなって、一九六〇年代後半、公害問題をめぐる裁判がいっせいに提訴された（「四日市ぜんそく」〔一九六〇年患者発生。大気汚染、一九六七年九月提訴、一九七二年七月二四日原告勝訴の判決。被告・昭和四日市石油、三菱油化、三菱化成、三菱モンサント、中部電力、石原産業〕、「富山イタイイタイ病」〔一九五七年、イタイイタイ病発表される。水質汚濁、一九六八年三月提訴、一九七二年八月原告勝訴の判決。被告・三井金属鉱業〕、「新潟水俣病」〔一九六三年患者発生。水質汚濁、一九六七年六月提訴、一九七一年九月原告勝訴。被告・昭和電工〕、「水俣病」〔一九五三年患者発生。水質汚濁、一九六九年六月提訴、一九七三年三月勝訴、被告・チッソ〕）。そしてこれより以後、次々に発生するであろう公害問題と、それに関連する環境問題をどのように解決すべきかは、政権政党はもとより野党各党にとってもいまや最重点課題の一つとなった。

さらに厄介なことには、この時期から、政・官・財の癒着として、こんにちにいたるもたえずマスコミを騒がしている汚職問題（「黒い霧」事件、一九六六年）が顕在化しはじめた。そして最初はさほど重要ではない小物政治家たちが関係していたが、やがてそれは田中角栄（ロッキード事件、一九七六年）、中曾根康弘（リクルート事件、一九八九年）、竹下登（リクルート事件、一九八九年）などの首相経験者にまでおよび、そうしたあいつぐ政治腐敗が、一九九三年の自民党敗北と五五年体制の崩壊へとつながる重要な原因ともなったのである。

ところで、佐藤内閣からつづく田中内閣の時代（一九六四―七四年）にかけて、国際的には「朝鮮戦争」についで戦後第二の東西対決の代行戦争ともいわれた「ベトナム戦争」がますます泥沼化していき、日本でも「ベトナム戦争反対」の学生運動や市民運動が高揚した。この時期の政権政党にたいする批判勢力の中核部隊は、学生運動が担った。そして公害問題、汚職問題などの発生を見た怒れる学生たちは、「戦後民主主義は虚妄であった」として、それ以前から同じくヨーロッパやアメリカなどで国際的なひろがりをみせて高まっていた戦後政治批判を掲げた学生運動と連動して、日本でも、「大学改革」、「政治改革」の要求を掲げ、一九六八年から一九六九年にかけて、いわゆる「大学闘争」の嵐が約二年間吹き荒れ、それは全国の大学に波及した。

先に述べた欧米の学生運動が掲げる戦後政治批判の対象となったのは、具体的には、ベトナム戦争や治安強化・再軍備、チェコスロバキアのいわゆる「プラハの春」へのソ連の弾圧などであり、国際的に解決しなければならない問題が山積していた。こうした問題にたいし、一九六八年五月一三日、パリの学生と労働者によりゼネストが決行され、同年五月二七日には、西ベルリンでも学生たちにより「非常事態法」の制定に反対してゼネストが決行されている。

小選挙区比例代表並立制の導入化と挫折

一九七二年（昭和四七年）一二月一〇日の衆議院総選挙では社会党がやや復調し一一八人、共産党が第三党に躍進する三八人、公明党は二九人を当選させたが、田中は自民党の支持率が五〇％を割ったことに危機感を抱いて、一九七三年四月から五月にかけて第一党に有利になる小選挙区比例代表並立制（六対四の比率）の導入をはかったが（四月一〇日、田中首相、参議院予算委員会で公職選挙法の改正を表明）、全野党と世論の猛反対にあって、五月一六日の臨時閣議で法案提出を断念している。

しかし、それが約三〇年後の海部《かいふ》・宮沢・細川内閣の時代にいたり、実際は制度自体の問題よりも、政治家自身の政治姿勢とそれを追及できない国民大衆の政治意識の低さが問題であったにもかかわらず、「政治改革」の美名のもとに「中選挙区制」をあたかも「悪の象徴」であるかのように批判し、一九九四年（平成六年）一月二九日に「小選挙区比例代表並立制」が、それまで反対の急先鋒であった社会党までもふくめて、「アッという間《ま》」に可決されてしまったのはまことに奇妙なことであった。こうなると、社会党は批判政党としての実質を失い、消費税率アップ問題もＰＫＯによる自衛隊の海外派兵までも一気に呑み込み、それが国民の失望感を買い、党勢低落と分裂につながることになるが、これらについてはのちに述べる。

それはともかくとして、池田内閣から田中内閣までの約一五年間は、敗戦直後から「対日平和条約の締結」（一九五一年、吉田内閣）、「国連加盟」（一九五六年、鳩山内閣）、「第一次安保改定」（一九六〇年、岸内閣）へとつづく約一五年間にわたる「日本の民主化」と「西側陣営寄り」の戦後政治体制の整備という第一段階を受けて、いよいよ自民党保守政権が圧倒的に優位する「五五年体制」の確立という戦後日本政治の大枠と命運を決することになった、きわめてダイナミックでかつ緊張関係をはらんだ第二段階へと突入した重大な時期であった。

二　所得倍増計画と高度成長政策――池田内閣の時代

岸から池田へ

安保条約改定可決後の一九六〇年（昭和三五年）六月二〇日、アイゼンハワー大統領が戦後はじめて、アメリカ大統領として来日することが予定されていたため、「自然承認」のタイムリミットは五月一九日深夜までであり、その日における強行採決は十分に予測されていたが、案にたがわず、五月一九日深夜、衆議院において強行採決がなされ、それ以後、国民世論が一変し、いまや「安保条約改定」の是非云々よりも、「強行採択」の手法自体が、ファッショにも似た恐るべき「民主主義の危機」の到来であるとして、六月一九日午前零時（自然承認の日）までの丸一ヵ月間、岸内閣打倒を叫ぶ一大国民運動が全国的な広がりをみせて展開された。にもかかわらず「安保条約改定案」は可決され、六月二三日に「新安保条約」が発効し、国民のあいだに極度の無力感と深い挫折感がただよった。これにより日本は、西側陣営のリーダーであるアメリカと相互防衛の義務を負わされることが明確化された。

さて「新安保条約」発効の日、岸は閣議において首相退陣の意志を表明、七月一五日に総辞職（前日の自民党大会において、吉田の後継者、官僚派議員のスーパースター池田勇人が決戦投票により党人派の重鎮石井光次郎を破って総裁に就任、そしてその日の祝賀レセプションでは岸首相が右翼に刺され負傷するというおまけまでついた）、一九日、第一次池田内閣が成立した。このとき、日本最初の女性大臣として中山マサ厚生大臣が誕生し、世人の注目を浴び歓迎された。池田勇人はみかけによらずなかなかしたたかな役者であった。

首相就任直後、池田は早々と「低姿勢」、「寛容と忍耐」というキャッチフレーズを掲げ、前内閣のタカ派的イメージからハト派的イメージへの転換をはかった。そして官僚出身者らしからぬ村夫子《そんぷうし》然とした風貌と、ややユーモラスな失言大臣（かれは、「中小企業の倒産・自殺もやむをえない」と言って通産大臣の椅子を棒にふったり、当時流行していた「エチケット」ということばを国会で「エケチット」といって失笑をかったり、フランスのド・ゴール大統領からはトランジスタを売り込みにきた東洋のセールスマンと揶揄されたり、なかなか話題にこと欠かなかった）の総理就任は、九月五日の自民党の高度成長・所得倍増などの新政策の発表という追風づくりとあいまって、順調なすべりだしをみせたようである。

このことは、同年一一月二〇日に挙行された第二九回総選挙においても、自民党が二九六議席（一九五八年五月二二日の前回の総選挙では二八七人）を獲得できたことにもあらわれている。これにたいして社会党はほぼ現状維持（社会党一四五人、分党した民社党一七人を加えても一六二人）のままで、前回の一六六議席にも達しなかったことは、国民的規模での「大安保闘争」からわずか五ヵ月後のことであっただけに、いささか不思議なことのように思われる。結局、国民は高度成長の波が押し寄せる事態を敏感に察知して、「騒乱」よりも「安定」を、「政治的対立」よりも「経済的繁栄」への道を選択したということであろう。これ以後、日本政治はこんにちまで、「大学闘争期」、「消費税反対闘争期」、「政治改革」を掲げた「細川ブーム期」を除いて、ほとんどことなかれ主義を旨とする安全運転、無風状態が続き、保守の安定化（資本主義体制確立化）の道をたどることになる。

高度成長・所得倍増

自民党は、池田政権成立後二ヵ月もたたない一九六〇年（昭和三五年）九月五日に、政権の目玉政策として「高度成長」、「所得倍増」などを盛り込んだ新政策を勢いよく打ち上げた。また二日後の九月七日には、池田自身が記者会見において、今後三年間は成長率九％を目標とし、一〇年間に農民を三分の一にまで減らすと言明した（翌八日、農民は六割減ると訂正）。

これを受けて、一一月一日、「経済審議会」は経済成長率年平均七・九％、一九七〇年度のＧＮＰ、二六兆円を目標とする国民所得倍増計画を答申、そこでは計画的な公共投資配分と民間経済の誘導が強調されていた。政府もまた閣議において「国民所得倍増計画」を決定し、また一九五七年（昭和三二年）一二月一七日の岸内閣時代に定められた「新長期経済計画」（当時一九五七年下期から翌年上期にかけては「なべ底不況」）にかわる経済基本計画＝高度成長政策を国民のまえに提起した。こうした策定は、一九五八年下期から一九六一年下期まで続いた、いわゆる「岩戸景気」を背景に打ちだされたものだが、「経済は池田におまかせ下さい」と高姿勢（池田のお得意な言葉である低姿勢は、イギリスでは低姿勢の高姿勢といわれることに注意）にでることのできた池田勇人は、その意味では幸運の人でもあった。

他方、日本社会党は、一〇月一二日に委員長浅沼稲次郎が、日比谷の三党首（自民、社会、民社）立会演説会で右翼少年山口二矢《おとや》に刺殺されるという不幸に見舞われた（一一月二日、山口自殺）。また池田第一次内閣成立の日、中労委は戦後最大の炭坑争議である三池争議に労使双方白紙委任による斡旋を申し入れている（九月六日、炭労臨時大会、受諾を決定）。それは、戦後日本経済のエネルギー源であった石炭が石油へと確実に移行しつつあったことを象徴する事件であった。総評の有力単産であった炭労の衰退は、総評をバックにしていた日本社会党に少なからぬ打撃を与えたことはまちがいない。高度成長の足音のおとずれとともに、その後の社会党の長期低落化傾向が静かにはじまっていたのである。

ところで一九六〇年という年は、国際的にもさまざまな注目すべきできごとが起こっている。たとえば、アフリカではこの年、一七の旧植民地が一気に独立した。それは、核を誇示しての東西対決を批判し、平和共存政策を推進しようとする第三勢力の一翼を担う有力メンバーの出現を意味した。

またこの年の暮には、一一月八日、民主党のJ・F・ケネディが大統領に当選し、ソ連との話し合い外交路線に一条の明るい展望がみえはじめた。事実、一九六一年六月三日—四日にはウィーンでケネディ＝フルシチョフ会談がおこなわれたし、一九六二年一〇月二二日、ケネディがキューバに建設中のソ連ミサイル基地撤去を求めて、キューバを海上封鎖したいわゆる「キューバ危機」のさいには、両首脳の交渉により危機が回避されている。

他方、一九六二年一一月一〇日には、世界八一ヵ国共産党・労働者党代表者会議が開かれ（一二月一日）、一二月六日には平和共存と反帝国主義を確認したモスクワ声明が発表されている（しかし、この年七月一六日にソ連が中国へ派遣中のソ連技術者約一三〇〇人を引きあげることを決定、中ソ対立が本格化していることに注意）。この八一ヵ国会議からみると、一九五四年（昭和二九年）の「インドシナ戦争」、「朝鮮戦争」の処理をめぐって開かれた「ジュネーヴ極東平和会議」以後、たしかに東西間に「平和共存」、「緊張緩和」の気運が生まれてきてはいたが、国際政治における基本的対立構図は依然として東西対立であり、まだまだ一波瀾も二波瀾も起こりうると東西双方とも覚悟していたものと考えてよいであろう。結局、「平和共存」の思想が東西両陣営間でやむをえぬものとして事実上認識されたのは、それから一三年後、パリにおける「ベトナム和平協定」調印（一九七三年）後のことであった。ところで、一九六〇年末には、「ベトナム戦争」（一九六五—七五年）の一方の主役となる「南ベトナム民族解放戦線」（いわゆるベトコン）が、一二月二〇日、南ベトナムにおいて結成され、これにたいしてゴ・ディン・ジェム南ベトナム政権が、一九六一年一〇月一八日に「非常事態」を宣言し、米大統領顧問テーラーが南ベトナムを訪問して、解放戦線鎮圧を約束した。「解放戦線」側は、アメリカ帝国主義の植民地制度とゴ・ディン・ジェム独裁政権の打倒、民族民主連合戦線の樹立を主張し、やがて四年後に本格化する「ベトナム戦争」を闘い抜く中核部隊となっていく（ベトナム戦争の開始を一九六一年、終結を和平協定調印の一九七三年とする説もある）。

また、「アフリカの年」といわれた一九六〇年の一二月一四日には、国連総会において、アジア、アフリカの四三ヵ国が「植民地独立宣言」を提出し、採択されている。内容は、あらゆる形態での新植民地主義に反対するというもので、国際的平和組織である国連のなかに平和勢力の新星が登場したことは注目すべきことがらであった。さらにこの同じ日、西側二〇ヵ国が経済協力開発機構（ＯＥＣＤ）条約に調印したが（翌一九六一年九月三〇日正式発足）、それは、かつての「欧州経済協力機構」（ＯＥＥＣ、一九四八年四月一六日設立、アメリカからのヨーロッパ一六ヵ国にたいする戦後復興資金の共同受け入れ機関）を発展的に改組したもので、この機構の設立のなかに、われわれは日本と同様にヨーロッパにおいても経済が着々と復興しつつあった姿をみることができる。

ともあれ、戦後一五年という節目にあたる一九六〇年という年は、国内外ともに希望と危険が交錯した、きわめてダイナミックでいまだに十分に先がみえてこないような不確実な年であったといえよう。

さて、一九六一年（昭和三六年）の日本政治で注目すべきできごととしては、六月一二日の「農業基本法」（前年の一〇月五日に農林省が基本法の試案を発表している）の公布がある。「農業基本法」の目的は、高度成長の波に乗って発展しつつある他産業と農業との生産性格差を是正し、農民と他産業従事者との所得の均衡をはかることを政策の目標としていた。

敗戦直後に断行された「農地改革」は、旧来の地主的土地所有を解体し、自作農（自営農民）を創設して、農民の生産意欲を向上させた。しかし、それによっても、戦前からの零細経営という構造は改まらなかった。たとえば、二ヘクタール未満層の農家に例をとると、改革まえの一九四一年には八九・九％だったのにたいし、一九五〇年には九四・五％とむしろ増大しているほどである。これでは、いかに土地生産性が世界でもっとも高く、商品作物中心に転換したとしても、都市勤労者世帯の所得との格差は増大するばかりであった。当然、経済の高度成長にみあった農業の近代化政策が実施されなければならなかった。

そこで「農業基本法」では、①農家所得の向上をはかるため、米作を制限して需要倍加が期待される商品作物の増進をはかるように農業生産の選択的拡大をおこなうこと、②経営規模の拡大、農地の集団化・機械化、経営の近代化などの農業構造の改善を進めること、③他産業への就業を希望する農家には離農促進策をとることなどを政策の重点においた。そしてこれらの政策のねらいは、機械化・協業化による農業経営の近代化を前提に労働生産性の向上をはかり、それに農業生産の選択的拡大を組み合わせることによって、農家所得の向上をめざしたものであった。そのためには一戸あたりの経営面積を拡大し、農業所得だけで都市勤労者世帯の所得に匹敵する自立経営農家が育成される必要があったから、その手段として農民層の分解を進め、零細経営層の離農を促進しようとした。その意味でこの近代化政策は、農民層の分解をおしとどめ中間層を維持する保護政策をとってきた伝統的農政にたいする画期的な転換であった。

しかし、この農業近代化政策は、専業農家の減少、第二種兼業農家の激増という事実のまえに完全に失敗した。ちなみに専業農家は、一九六〇年には三四・三％から七〇年には一五・六％に減少している。また農業を従とする第二種兼業農家は、三二・一％から五〇・七％と激増している。この結果からみると基本法にもとづく近代化政策は、農業労働力の老齢化・婦女子化（じいちゃん、ばあちゃん、かあちゃんによる「三ちゃん農業」）を進めることで農業経営を崩壊に導く一方、兼業化というかたちで若年層や基幹労働力の他産業への流動化を促進していった。したがって近代化政策は、まさに高度成長への推進に必要な労働力の流動化政策であり、それゆえに、資本主義的合理化政策であるとともに農業切り捨て政策（もっとも他方で自民党政府は、支持基盤の保持のために、食管制度の維持や米価政策による所得保障などの政策をとりつづけてきたが）であったといえよう。そしてこうした問題は、その後、長年にわたる「米の自由化」問題、一九九四年度の冷夏による「米不足」問題などにみられるような、日本の農業に内在する重要問題へとつながっていったのである。

核実験反対運動と池田外交

　またこの年、注目すべきことは、日本でも核実験禁止にかんする申し入れや核実験にたいする抗議や反対決議がなされていることである。たとえば一九六一年（昭和三六年）九月一日には、社会党がソ連大使館に核実験再開の撤回を申し入れ、同日、アメリカ大使館にもソ連の再開を理由に同様の措置をとらぬようにと申し入れている。さらに、一〇月二五日には衆議院において、同月二七日には参議院において、核実験禁止を決議している。また国際的には、一一月二四日、国連総会において核兵器使用禁止宣言とアフリカ非核武装宣言が可決されている。こうした国際的な核実験に反対する動きが、一九六三年七月二五日の米・英・ソ三国による大気圏内、宇宙空間および水中における核兵器実験を禁止した「部分的核実験禁止条約」の仮調印（八月五日、正式調印、一〇月一〇日、発効。日本、一九六四年五月一五日衆議院、二五日参議院で同条約を承認）に漕ぎつけたものと思われる。このときフランスと中国は、いまや実験は地下実験の段階に入っており、この条約には地下実験の禁止がなく、結局、このことは米・ソ超核大国の核保有を確保するためのものであるとして条約に反対した（一九六三年七月二九日フランス、三一日中国）。ちなみに中国は、一九六四年一〇月一六日に最初の原爆実験に成功している。また一九九五年に大統領に当選したフランスのシラク大統領が、南太平洋地域のムルロア環礁において核実験を再開したのは（一九九五年九月五日、午後一一時半、フランス時間）国際世論に逆行する措置であり、これにたいして村山政権が強い反対意志を表明できなかったのは不思議なことである。

　そのほか、旧東独政府が東西両陣営の対立の象徴ともいうべき「ベルリンの壁」を構築したのは、この一九六一年の八月一三日のことであった。また、それよりまえの五月一日には、キューバのカストロ首相がキューバ革命は社会主義革命であると宣言し（ハバナ宣言）、そのため北米大陸における東西の緊張感が一気に高まった。こうしたなかで、九月一日にベオグラードにおいて二五ヵ国が参加した第一回の非同盟諸国首脳会議が開かれ、七日に平和共存、民族解放闘争支持、外国軍事基地一掃、新旧植民地主義反対を内容とする宣言（ベオグラード宣言）をしたのは一服の清涼剤といえよう。

さて、一九六〇年七月一九日の第一次池田内閣成立以来、経済面で確実にポイントをあげつつあった池田は（その成果は、一九六四年四月一日のIMF八条国移行、同年四月二八日のOECD加盟で具体化される）、一九六一年に入ると外交面にも力を入れ、六月下旬にはケネディ大統領との会談で、日米貿易経済合同・教育文化・科学の三委員会設置につき合意をみ、二二日、池田・ケネディ共同声明を出して、安保改定後の「日米協調」の関係を国内外に印象づけた。また、同年一一月一六日から三〇日にかけては東南アジア四ヵ国を訪問し、ビルマ、タイなどにたいする経済協力問題について話し合い、「アジアの一員」としての自覚をもつ日本の立場と姿勢を示した。その成果は、たとえば、一九六三年三月二九日の無償一億四〇〇〇万ドル、借款三〇〇〇万ドル供与を約した日本とビルマとの経済技術協力協定・借款にかんする交換公文調印などに明らかである。

また翌一九六二年一一月一二日には、金鍾泌《キムジョンピル》（韓国情報部長）と大平外相が会談し、韓国の「対日請求権」問題について無償三億ドル、有償二億ドルの供与を約し、事実上の決着をつけた。さらに当時国交のなかった中国にたいしても、いわゆる「政経分離方式」によって関係改善のためのレールを敷く努力をはかっている。このため一九六二年九月一九日に親中派の自民党議員松村謙三を中国に派遣して、周恩来首相と会談させ、「積み上げ方式」による日中関係正常化についての合意が成立した。その成果は、一一月九日の高碕達之助・廖承志とのあいだでの「日中総合貿易に関する覚書」の調印となって具体化された。この方式は、二人の頭文字をとって「LT貿易」方式と呼ばれた。

またその一週間ほどまえの一一月二日、大平外相は、米大使と会談、沖縄援助にかんする日米協議委員会を設置している。したがって池田内閣時代に、新しい日米関係のありかた、日中間の外交正常化、沖縄問題、西欧諸国への対応など（一一月四日、池田首相、ヨーロッパ七ヵ国訪問、二五日帰国）、池田以後の日本外交の最重要課題となる諸問題について手を染める準備が進められていたことは注目に値する。

自民・社会両党内の動き

ところで池田内閣の成立は、「戦前派」（幣原、吉田、鳩山、石橋、岸）と「戦後派」（池田、佐藤、田中、福田、大平、中曾根）の新旧世代交代を象徴するきわめて重要なできごとであったと考えられる。

しかし当時、それは「官僚派」と「党人派」の政権争いという図式でみられていた。官僚派のドンは吉田茂、党人派のドンは鳩山一郎であった。したがって、この官僚派（岸、池田、佐藤）と党人派（大野、河野、三木、石井）との争いは、当時、吉田派対鳩山派の対立という形でもみられていた。このため政権基盤を一刻もはやく安定化させる必要があり、池田は政権を掌握した一年後の一九六一年七月一八日に内閣を改造して、官僚派の佐藤栄作とともに、党人派の領袖であった河野一郎、三木武夫、藤山愛一郎、川島正次郎らを入閣させ、大野伴睦を党副総裁の地位につけた。「寛容と忍耐」をモットーとするいかにも池田らしいやり方であったが、これによっても本人の意図とは別に事実上、自民党はこれ以後しばらくのあいだ官僚出身優位の戦後派議員が政権を掌握することとなり、そこにまた新しい派閥「三角大福中」（唯一の戦前派で党近代化の旗手三木武夫、吉田派の申し子たる田中角栄、エリート官僚出身の大平正芳・福田赳夫・中曾根康弘）が生まれ、政党政治につきものの「数の力」と「権謀術数」を用いた新しい権力争いが展開されることになる。

したがって、一九六二年七月以降、福田赳夫が「党風刷新懇話会」をつくって「派閥解消」などの党近代化を唱え、また一九六三年一〇月一七日に自民党組織調査会会長三木武夫が「派閥解消」を答申しているのは、いかに当時の自民党内における派閥争いがすさまじいものであったかを物語る反面、「党近代化」の提言はほとんど不可能な提案として、国民の眼にはある種の皮肉としてしかみえない態のものであった。なぜなら、政権掌握を本命とする政党において、派閥、グループの発生は避けがたいからで、このことは一九九〇年代後半においても、「かくれ派閥」が厳然として存在しているのをみてもわかるであろう。したがって政党政治の根本問題は、こうした権力派閥をいかにして原理・原則に立つ政策集団へと転換させるかであるが、こんにちにいたるもそのようなタイプの集団形成はみられず、そのことが日本の政治をきわめてみえにくいものにしている。

他方、社会党はといえば、一九六〇年から一九六二年にかけて、党内左右の対立が、このときはいわゆる「構造改革路線」をめぐって展開されていた。

もともと構造改革論とは、一九五六年一二月、イタリア共産党第八回大会において提言された「社会主義へのイタリアの道」というイタリア共産党のトリアッティ書記長が唱えた理論で、高度に発展した資本主義国家においてはソ連や中国とは異なった社会主義実現の道があるはずだ、というものである。内容的には、一九六二年七月二七日、日光での社会党地方オルグ会議での江田三郎書記長のあいさつにあるように、「アメリカの高い生活水準、ソ連の徹底した社会保障、イギリスの議会制民主主義、日本の平和憲法」としてイメージされよう。「冷戦構造」が終結した一九九〇年代のこんにちからみれば、自由主義、民主主義、社会主義の最良の部分をミックスしようとしたものとしてさほど違和感がないが、東西対決がいまだきわめてきびしかった当時にあっては、「江田ビジョン」は「資本主義体制の是認につながる」危険思想として左派から激しく攻撃された。そして一九六二年一一月に開かれた社会党第二二回定期大会（二七日—二九日）では、初日に左派が提出した「(江田ビジョン) 批判決議案」を二三二票対二一一票で可決して「江田ビジョン」を否決。江田は書記長を辞任し、二九日、江田派の成田知巳が書記長に当選した。もっとも成田はその後、左派の支持を得るようになり、一九六四年一二月八日からはじまった社会党大会では河上（丈太郎）委員長・成田書記長が再選され、副委員長に左派の佐々木更三、和田博雄を選出して閉会（一一日）、これによって社会党内における構造改革論は最終的に退けられ、一九九一年に土井委員長から田辺委員長に交代するまで左派優位の体質が持続されることになる。

歴史にifという言葉はないといわれるが、当時、経済大国への道を歩みはじめていた日本において、もしも社会党がもっとはやく現実的な対応をしていれば事態は大きく変わっていたかもしれない。なぜなら、当時、西ドイツ社会民主党は、一九五九年一一月一五日の西ドイツ社会民主党臨時大会（一三日―）において「バート＝ゴーデスベルク綱領」を採択し、マルクス主義と決別し、経済的自由主義を是認する国民政党への転換をいちはやく宣言し、そのことが、一九六九年一〇月二一日の社民党中心の自由民主党との連立内閣、ブラント政権の成立へと結びついているからである。

こうした社会党の硬直した体質が、こんにちまで続く社会党の「長期低落化傾向」の一因となり、以後三〇年以上にわたって自民党の支配体制を許す結果となったといってもよいであろう。ちなみに一九六三年一一月二一日の第三〇回衆議院議員総選挙での当選者は、自民党二八三人、社会党一四四人、民社党二三人、共産党五人であった。

池田退陣

一九六四年（昭和三九年）九月九日、池田首相は突然、国立がんセンターに入院、喉頭ガンと診断され、長期療養が必要となったため一〇月二五日に辞意を表明。一一月九日、自民党両院議員総会は、池田首相の裁断で後継首班候補に佐藤栄作を決定、同日第四七臨時国会を召集、衆・参両院は佐藤を首相に指名、ここに、その後七年八ヵ月におよぶ佐藤長期政権が成立した（―一九七二年七月六日）。

池田が辞意を表明した二五日まえの一〇月一日には、東海道新幹線（東京・新大阪間四時間、翌一九六五年一月一日からは三時間一〇分に）が開通、また二週間まえの一〇月一〇日からは、第一八回オリンピック東京大会が開催され（―二四日）、日本は体操、重量あげ、ボクシング、女子バレーなど一六種目に金メダルを獲得して、日本国じゅうが沸きに沸いた。それらの成果は「経済大国」日本をめざしつつあった門出にたいする祝砲として、人びとの心に深く刻み込まれたのであった。

三　連続最長不倒内閣──佐藤内閣の時代

佐藤内閣の特色

佐藤内閣は、二七九七日、七年八ヵ月ほど続いたが、それは日本における近代国家の成立以来、日本政治史上、連続最長不倒を記録した政権であった（不連続であれば桂太郎内閣の二八八三日がある）。

しかしそのわりには、さしてブリリアントな事件もなく、また目立った成果も得られず──そうだから長期政権維持が可能であったのかもしれない──、だいたいにおいて静穏な政権であったといえよう。その理由は、吉田、鳩山、岸、池田とつづく戦後二〇年間における疾風怒濤の時代が終わり、日本の政治・経済がほぼ安定期に入ったためであったろう。佐藤は政権につくと矢つぎばやに、懸案であった「日韓基本条約」の締結、「ＩＬＯ（国際労働機関）八七号条約」の批准、「農地報償法」の制定などを、いずれも社共等野党の反対を押し切ってかなり強引に可決させた（強行採決）。そのため佐藤政権成立初期には、岸信介の実弟というイメージと前首相池田の低姿勢との対比で、タカ派の再現というイメージがもたれたが、それ以後はむしろ、戦後日本の急激な経済成長の生みだした構造汚職・公害問題などの諸問題の対応に直面した内閣という印象が強い。

さて、佐藤内閣の初期の「業績」についてみてみよう。日韓問題については、池田内閣時代から折衝がなされていた。たとえば、一九六一年（昭和三六年）一一月一二日、韓国最高会議議長朴正熙《パクチョンヒ》が訪米途中で来日し、池田首相との会談で日韓会談の早期妥結に合意しているし、一九六二年一二月二一日には、池田首相が来日中の韓国最高会議中央情報部長金鍾泌と会談し、日韓国交正常化の早期実現などで意見の一致をみている。また三月一二日、東京で日韓会談が開始され（一七日）、一一月一二日には金鍾泌と大平外相が会談、賠償請求権につき無償三億ドル、有償二億ドルで歩み寄りをみせている。こうしたステップをふまえて、佐藤内閣の最初の課題である「日韓基本条約」問題は、椎名（悦三郎）外相が一九六五年（昭和四〇年）二月一七日に韓国を訪問、二〇日に仮調印して帰国したことから正式にはじまった。そして仮調印後、六月二二日に佐藤内閣は、首相官邸において日韓基本条約、漁業請求権、在日韓国人の法的地位、文化協力の四協定などに調印している。

これにたいして社共両党は、この条約は日米韓軍事同盟に発展し、アジアの平和を脅かすものとして猛烈に反対（一〇月一二日、日韓条約批准阻止、社共両党統一行動、一〇万人国会請願デモ）、自民党は一一月五日に条約賛成に転じた民社党の協力を得て、一一月一二日未明、衆議院本会議ではこれまで前例のない議長発議の形で条約可決、一二月一一日には参議院本会議で自民・民社両党のみで可決、ここに「日韓基本条約」が成立し、一二月一八日、ソウルで批准書を交換し、発効した。

次の「ＩＬＯ八七号条約」批准問題とは、一九四八年六月一七日、サンフランシスコで開かれたＩＬＯ第三一回総会で「結社の自由と団結の擁護に関する条約」が採択されたが、日本もこれを批准するかどうかをめぐる問題であった。

日本の公共企業体等労働関係法では、解雇された職員は労働組合の役員または組合員になりえない（首を切られた者には交渉権がないということを意味する）と規定しているが、これは同条約の趣旨に反するところから、ＩＬＯ「結社の自由委員会」から一六回も勧告を受けていたにもかかわらず、批准にともなう公労法改正をしぶる政府・与党の反対で、なかなか批准が実現しなかった（一九六三年、池田内閣、ＩＬＯ八七号条約批准案件と国家公務員法改正など関係国内五法改正案を衆議院に提出。六月一四日、衆参両院、ＩＬＯ特別委員会を設置。しかしその後、審議未了に終わる。翌一九六四年二月一五日、ＩＬＯ理事会、八七号条約批准問題につき対日実情調査団派遣の提案を採択）。

しかしその後、国内世論の高まりやＩＬＯドライヤー調査団の来日（一九六五年一月一〇日―二六日）などもあってようやく批准することになった。このさい、社会党は、自民党が提出した関係国内法改正案は在籍専従制限、交渉規制、組合活動規制など八七号条約やドライヤー報告に反するとみられる内容が多かったため、批准によって同時に関係国内四法が改悪される危険性があるという理由で、最初批准承認に反対したが、自民党は一九六五年四月一五日、衆議院ＩＬＯ条約特別委員会で強行採択し、野党側は無効を主張して対立した。そこで四月二一日に、議長斡旋により自民・社会・民社共同修正案を衆議院で可決、五月一七日には参議院でも可決された。そして六月一四日にはＩＬＯに批准書を寄託した（一年後に発効）。ともあれＩＬＯ八七号条約の批准は、労働基本権の確立上重要な意味をもつものであったといえよう。

農地報償法とは、終戦直後、日本民主化の一環として強行された農地改革で土地を手放すことをよぎなくされた旧地主に国が報償金を出すという法律で、農村に基盤をもつ自民党のための法律策定という意図がミエミエであった。ここでも一九六五年五月一三日に自民党は衆議院内閣委員会で同法案を強行採択し、翌一四日に衆議院で可決した。そして五月二五日には議長職権で参議院本会議を開催し、社会党は「牛歩戦術」で抵抗したが二八日に同法案は可決された。このように成立当初の佐藤政権の議事運営は、強行採択の連続でタカ派的イメージが定着した。

八年近い佐藤内閣のなかでもっとも評価されるべきことは、種々の問題を残したままとはいえ、「沖縄返還」を実現したことであった。

沖縄がアメリカから施政権をとりもどし、沖縄県が発足したのは、佐藤長期政権の末期の一九七二年（昭和四七年）五月一五日であった。戦後から数えて二七年目、講和・独立から数えても二〇年という長い長い年月を要したのである。この間《かん》、日本は世界の奇跡とも呼ばれる高度経済成長をとげ、いわゆる本土（内地）では池田内閣の掲げた所得倍増計画がほぼ達成され、日本国民の多くが豊かな生活をエンジョイしていただけに、沖縄返還は主権国家日本にとって、あまりにも「遅すぎた春」であったといえよう。

沖縄返還がかくも遅れた最大の理由は、いうまでもなく第二次世界大戦後ただちにはじまった東西冷戦、とくにアジアにおける米・中の対立激化によるものであった。しかしこうした緊張状態に変化が生じたのは、皮肉なことに、東西対決が最高潮に達したと思われたベトナム戦争の推移からであった。

国際状勢の変化

ベトナム戦争は、アジアにおける共産主義勢力の拡大を恐れたアメリカが、南ベトナム政府を援助するために一九六一年に介入をはじめ、一九六五年二月七日に北ベトナムのドンホイを爆撃（北爆）してはじまったが、戦局はアメリカ側に有利に進まず、国際世論の批判の高まりもあって、一九六八年三月三一日には、ジョンソン大統領は大統領選不出馬と北爆停止を発表し、和平交渉を呼びかけざるをえない状況になり、五月一三日からパリにおいてベトナム和平会談がはじまった。

これは、全世界の人びとに戦後国際政治においてリーダーシップをとってきたアメリカの国力低下を強く印象づけた。さらにこれに追い討ちをかけたのは、一九七一年八月一五日のニクソン大統領による金とドルの交換一時的停止、一〇%の輸入課徴金実施、それにもとづく変動相場制への移行（八月二三日）といった一連のドル防衛措置の発表であった。この措置は「ドル・ショック」、「ニクソン・ショック」と呼ばれたが、これによりアメリカは、政治力だけでなく経済力においても、いちじるしい力の低下をきたしていたことが明らかになった。

このためアメリカは対中・対ソ関係の改善に着手せざるをえなくなり、沖縄返還の年、一九七二年二月二一日にニクソンが中国を訪問（—二七日）、毛沢東主席、周恩来首相などと会談し、二七日には「米中共同声明」を発表して、すべての中国人が台湾を中国の一部と考えていることをアメリカが確認する、これまでアメリカが認めてこなかった平和五原則（平和共存、主権平等など）を承認することなどに合意した。

また五月二二日（—二九日）には、ニクソンはソ連を訪問してブレジネフ書記長らと会談し、二九日に「米ソ共同声明」と「米ソ関係にかんする基本的原理」を発表した。ちなみに「共同声明」の内容についていえば、まず米・ソの相互関係については、戦略兵器の制限、通商および経済関係の発展、科学・技術の協力、宇宙開発の協力、保健分野と環境保護にかんする協力などに合意している。そしてこのなかで、弾道弾迎撃ミサイル（ＡＢＭ）の制限にかんする条約や大陸間弾道ミサイル（ＩＣＢＭ）などの攻撃用兵器にかんする暫定協定が結ばれた。また、戦略核兵器制限交渉（ＳＡＬＴ）がはじまった意義は大きい。さらに、この声明中の国際問題については、平和のための努力、中東問題の平和的解決の支持、ベトナム戦争の早期解決（ベトナム問題の解決はベトナム人にまかせる）、国連の平和と安全の機能の強化などについて合意している。

このように、ベトナム戦争を契機とする一九七二年の米・中、米・ソの関係改善は、「冷戦構造」に大きな変化をもたらしたきわめて重要な第二打（第一打は、一九五四年の「朝鮮戦争」と「インドシナ戦争」の処理にかかわる「ジュネーヴ極東平和会議」、一九五五年のウィーンにおける「四大国首脳会談」）であったといえよう。もっとも、この段階でも東西対立・冷戦構造は大前提であるが、にもかかわらずこの枠のなかで、東西超大国が新しい国際平和秩序をどのように確立していくかについての見取り図を模索している努力のあとがみられる。

そしてこのような国際政治における東西対決の終息の方向は、一九八〇年代後半の、ソ連のゴルバチョフ大統領の登場によるソ連社会の「自由化・民主化」の方向への努力、一九八九年秋からはじまる「東欧革命」、そして一九八九年一二月二―三日の「マルタ会談」（ブッシュ、ゴルバチョフ）における「冷戦終結宣言」へとつながっていくが、一九七二年段階では、わずか二〇年足らずでそこまで事態が急ピッチで進むとは、まだだれも考えていなかったであろう。それだけにベトナム戦争が本格化する三ヵ月まえに成立し、ニクソンの訪中・訪ソの数ヵ月後に退陣した佐藤政権は、じつは戦後国際政治史上におけるきわめて重要な時期に政権を担当していたということになる。そしていま主題としている沖縄返還問題も、まさにこの時期であったからこそ、さまざまな困難な政治問題を克服し、不十分ではあったが、わずか二ヵ年半で「沖縄返還」が実現したのは、やはり「天」が佐藤に味方したといえよう。では、次に沖縄返還のプロセスについて簡単に述べる。

沖縄返還と残された沖縄問題

一九七二年（昭和四七年）五月一五日に、戦後二七年たって沖縄返還が実現したことはすでに述べた。しかし、沖縄の本土復帰は達成されたとしても、「日米安保条約」（一九五一年）の基本的枠組の大前提はそのままであったから、その後こんにちまで、沖縄県は相変わらず極東における反共軍事基地の最重要拠点として位置づけられ、戦争の恐怖をはじめ、航空機・砲撃などの騒音、米兵による暴行・犯罪など、それによって派生するさまざまな問題に沖縄住民は苦しめられてきた。

ところが一九九五年（平成七年）九月四日の米兵による少女暴行事件を契機に沖縄県民の怒りが爆発し、大田昌秀知事を先頭に抗議行動が沸き起こったため、日米両政府のあいだで沖縄基地の見直しが本格的日程にのぼった。そして一九九六年四月一二日に、橋本龍太郎首相とモンデール駐日米大使による会談がおこなわれ、ついに普天間飛行場を今後五―七年以内に全面返還することが合意され、同月一六日のクリントン大統領の来日の翌一七日には、二一世紀に向けた新しい日米同盟関係のありかたについての話し合いがおこなわれ、「共同宣言」が発表された。これらについては本書の最終部分の橋本政権のところであらためて述べるが（第六章第四節）、普天間飛行場の移転によっても、ただちに沖縄問題が解決されるわけではない。なぜなら普天間のかわりに嘉手納基地を強化し、また普天間の機能を岩国に一部移転するということであるし、またこの問題とからんで、極東の安全保障、有事のさいの日米協力が、「ソ連脅威論」から日米軍事協力の強化と、グローバル化をめざしたものであったということからして、これまで以上に日本がアメリカの外交戦略、軍事行動に巻き込まれる危険性を孕んでいた。そしてこのときの推移は、ＰＫＯ問題以来、「普通の国」（小沢一郎）路線を追求していた自民党保守派の思う壺であり、社会党、公明党の抵抗力がすっかり凋落した当時の事態を象徴する、戦後史のなかでも特筆されるべき一大政治ドラマであったといえよう。

それはともかくとして、佐藤内閣時代に実現された沖縄の施政権返還問題のプロセスと性格についてふり返ってみる。

佐藤は一九六四年（昭和三九年）一一月九日に首相に就任したが、九ヵ月後の一九六五年八月一九日（一二一日）に沖縄を訪問し、「沖縄の祖国復帰が実現しないかぎり、わが国にとって戦後は終わっていない」と述べた。かれがなぜ沖縄問題に前向きの姿勢をみせたかは定かでないが、来たるべき一九七〇年の「日米安保条約」の自動延長をスムーズにおこなうためには、少しでも国民の感情を和らげておきたいという深謀遠慮があったためかもしれない。

佐藤の沖縄訪問は戦後初の首相訪問として評価される。しかしこのときかれは、祖国復帰実現要求のデモ隊に宿舎を囲まれ、米軍基地内に宿泊することを余儀なくされており、戦後、本土からまったく見殺し状態にされていた沖縄住民の怒りを身をもって体験したはずである。

その後しばらく、佐藤は沖縄問題について沈黙していたが、一九六七年に入ると、日米安保の重要拠点である沖縄の基地機能を維持する保障があれば、アメリカ側も沖縄施政権返還に応じてもよいという感触を得たとみて、一九六七年一一月一五日（一二—二〇日訪米）にワシントンで佐藤・ジョンソン（大統領）会談をおこない、沖縄の施政権を日本に返還するという方針のもとに、沖縄の地位について検討することの同意を得た。このさい、小笠原諸島の一年以内返還は明記されたが、沖縄返還の時期は明示されていなかった。しかし、佐藤は三年以内をめどにしたいと考えていたようである（一九六八年一月二七日の衆参両院本会議で表明）。

佐藤がアメリカに出発する一〇日まえの一一月二日に、那覇市では沖縄即時無条件返還要求県民大会が開催され、約一〇万人が参加し、同四日には琉球立法院が一九七〇年までの施政権返還要求を決議していた。佐藤にも、この沖縄住民の燃える思いは伝わっていたにちがいない。

しかし施政権返還の方向は定まったものの、沖縄基地に配備されている核兵器が撤去されるかどうかは依然として不明確のままであった。このため一九六八年一月一六日には、社会・公明・共産三党の書記長会談が開かれ、核持ち込み反対など五項目について合意、また一月一七・一八日には、ベトナム戦争作戦参加のため、米原子力空母エンタープライズが一九日、佐世保に寄港することにたいし、米原子力空母の寄港反対を共同で政府に申し入れ、野党共闘が拡大した（一七日公明党、一八日社共両党、佐世保で反対集会）。こうした政治状況のなか、佐藤首相は一月二七日の衆参両院本会議で、核の持ち込みに反対する、沖縄返還は三年以内にめどをつけると言明している。

佐藤は、本土では核をつくらない、もたない、持ち込まないという「非核三原則」を認めると言っていたが、一九六八年中は、返還後の沖縄について、「核抜きで、基地を使うさいには本土並み」と考えていたかどうかは必ずしも明言していなかった。この点が明確化されたのは、一九六九年一一月一九・二〇日（一七—二六日佐藤訪米）にワシントンで佐藤・ニクソン（大統領）会談がおこなわれ、二一日に、「核抜き、本土並みで一九七二年に沖縄施政権返還」を内容とする「共同声明」が発表されてからである。しかしこの声明では、日本の核政策（非核三原則）を尊重するとしながらも、韓国と台湾の安全重視のための共同の作戦行動にさいしては、核の持ち込みをもふくめてアメリカとの事前協議に日本が応ずるとされていた。そこで「共同声明」の翌二二日、野党各党は「本土の沖縄化」（緊急事態、事前協議という名目で日本全土に核兵器が持ち込まれるから）、有事における核持ち込みの道を開いたと批判し、また屋良琉球政府主席は形式的な基地の本土並みは不満であると表明したが、佐藤は一一月二六日の帰国記者会見で、非核三原則は堅持、有事の核持ち込み（これについては密約であったといわれている）は拒否と明言した。

このようにみると、一九九六年（平成八年）四月の橋本・クリントン（大統領）の沖縄・安保にかんする「共同声明」の内容は、先の沖縄施政権返還時にすでにその路線が盛り込まれており、それが明確化されたということがわかる。ただ沖縄返還時と異なるのは、日本のますますの軍事強化につながる一九九六年の共同声明について、それに反対する勢力や運動がほとんどなくなったということである。このことは佐藤内閣につづく田中内閣の成立以後、二〇年間にわたって総保守主流派が形成されてきた「成果」の総仕上げとみるべきであるか、また反対・対抗勢力のない日本の政治は今後どのようになるか、二〇世紀末の日本はいま重大な岐路に立たされているように思われるが、これらについてはのちほど述べることにする。

戦後日本の政治・経済・社会の矛盾の噴出

さて、佐藤内閣は七年八ヵ月（一九六四年一一月九日—一九七二年七月六日）という長期間続いたため、こんにちからみてかなりの仕事をした内閣であったといえる。もとより、在任期間が長ければそれでよいというものではなく、それぞれの内閣の政治にたいする問題意識が鮮明でなければならない。そしてそうした問題意識は、日本を取り巻く国内外のきびしい情勢によって喚起される。

当時、世界政治は、一九六五年（昭和四〇年）二月七日の北爆を契機に本格化したベトナム戦争（一九七五年四月三〇日終結）に象徴されるように、東西両陣営の対決がまさに最高潮に達した時期であった。また国内政治でいえば、一九六八年、GNPが西独を抜き、アメリカについで世界第二位となり、貿易収支も黒字になるというように、日本経済が高度成長を達成しつつあった時期でもあったから、戦後日本の政治・経済・社会の全般にわたってさまざまな矛盾（公害、構造汚職、大学闘争）がいっきょに噴出し、「戦後民主主義とは何だったのか」が問いなおされた時期であった。したがって、佐藤内閣の仕事は、そうした国内外の客観情勢によって生起した諸問題に対応していくなかで、こんにちにいたるその後の日本政治の基本路線をしいていったものと位置づけることができよう。

佐藤内閣の仕事についていえば、その第一は吉田内閣（講和条約、日米安保条約）、岸内閣（第一次日米安保条約改定）時代にしかれた「日米安保」の路線を確固たるものにしたことである。その手段としては、一九九六年四月一七日の橋本・クリントン「共同声明」と同じく、沖縄問題をたくみな手段として用い、日米軍事協力の範囲を朝鮮半島、台湾地域までもふくめた軍事協力へと発展させることになったことである。こんにちの極東範囲の拡大や有事における核兵器使用の問題は、じつは佐藤内閣の時代にすでに盛り込まれていたのである。

そしてこうした路線を確実ならしめるためにも佐藤は、一九六五年六月二二日の「日韓基本条約」締結、一九六七年七月二日の佐藤韓国訪問時における朴正熙韓国大統領、米副大統領、国府（台湾）副統領との四ヵ国首脳会議の開催等、アジア諸国との軍事協力の強化をはかり、また一九六七年八月八日にフィリピン、マレーシア、インドネシア、タイ、シンガポールにより東南アジア諸国連合（ASEAN）が結成されると、佐藤はすぐさま同年九月七日（—九日）に台湾、一〇月八日（—一二日）に東南アジア（南ベトナムをふくむ）、オセアニア諸国を訪問しているのである。

次に、佐藤内閣がかかえた厄介な問題は、こんにちまで続いている、貿易収支の不均衡がいちじるしくなることから生じる国際対立や、日米・日欧摩擦などのいわゆる貿易摩擦が、政権末期に起こったことである。

貿易摩擦の因は、戦後日本経済が高度成長したこと、また戦後世界経済をリードしてきたアメリカ経済に「ドル・ショック」や変動相場制への移行など、かげりがみえはじめたことと関連している。

ところで、日米貿易摩擦は「日米繊維問題」を通じて起こった。一九六〇年代末には、戦前日本における最大の輸出品であった繊維製品は急速に凋落（一九三〇年代五七％、一九六〇年代三〇％、一九七〇年代一二％、一九七〇年代には、機械・自動車・鉄鋼などの重化学工業製品の輸出が二五％と拡大）しつつあったが、一九六九年（昭和四四年）一一月二一日の沖縄返還をめぐる日米首脳会談で、ニクソン大統領は輸入繊維の四分の一強が日本製品であり、米国南部諸州の繊維業界が打撃を受けているとして、日本にたいして輸出規制を要望した。このため、世上これを「縄〔沖縄返還〕と糸〔繊維輸出規制〕の取引」と呼んだが、日米双方のあいだでなかなか話し合いがつかなかった。

結局この問題は、それから二年後の一九七一年一〇月一五日、ときの田中角栄通産相が米大統領特使ケネディとのあいだで日米繊維協定の了解覚書に仮調印してひとまず解決した（このため政府は、輸出自主規制の救済融資として、繊維業界に合わせて約二〇〇〇億円を支払った）。この事件は、一九六〇年代後半以降、順風満帆、経済の高度成長の花見酒に酔いしれ浮かれていた日本が、世界経済のなかにあってはじめて遭遇した、そしてその後ますます深刻化する貿易摩擦の苦いドラマの展開の幕開きであったといえよう。

一九六九年一一月、佐藤はニクソンと会談し、一九七二年五月に沖縄を返還するという手土産をさげて帰国すると、間髪を入れず一二月二日に衆議院を解散した（第三二回総選挙、一二月二七日投票）。結果は、自民党二八八人（当選後の無所属を入れて三〇〇議席）、社会党九〇、公明党四七、民社党三一、共産党一四で、自民党の大勝であった。この選挙では社会党が四〇議席を失ったが、これは社会党のその後の長期低落化傾向を暗示したものであった。そして公明、共産党が伸びたことにより、民社党と合わせて、日本の政界に多党化現象が現われたが、それは豊かな物資の産出にもとづく社会構造や社会意識の多様化の反映であったともいえよう。

ところで、一九四五年の敗戦から一九六〇年の安保闘争までの一五年間を「政治の季節」と規定すれば、つづく池田・佐藤内閣の約一〇年間は、国内・国際政治において、いよいよ日本が「経済の季節」に突入した時代と規定することができよう。国際政治においては、はやくも繊維問題をめぐっての日米貿易摩擦が起こったことはすでに述べた。そして国内政治においては、自由主義経済や市場原理に特有な諸矛盾が現われた。その一つが「黒い霧」事件といわれたさまざまな構造汚職であり、もう一つは公害問題である。

「浜の真砂は尽きるとも、世に汚職の種は尽きまじ」――人間が社会を形成するところ、個人利益を求めて必ずなんらかの金品の授受がおこなわれる。ましてや、利潤追求を至上目的とする資本主義国家においては、企業の発展のためにさまざまな巨額の金銭の提供が日常化し、それも政・財・官をひっくるめておこなわれることになる。そしてこのような政・財・官を巻き込んだ汚職は資本主義的構造に特有なものであるから、この時期から「構造汚職」と呼ばれるようになった。

「黒い霧」事件として当時世間を騒がせた一連の事件としては次のものがある。一九六六年（昭和四一年）八月五日、自民党の田中彰治が国有地払い下げをめぐって、田中角栄の盟友、国際興業社主小佐野賢治から一億円をだましとって逮捕された事件（九月一三日、議員辞職）、運輸相荒船清十郎が一九六六年一〇月一日の国鉄ダイヤ改正にさいして、高崎線の急行列車を自分の選挙区内の深谷駅に停車させるよう改めさせた事件（一〇月一一日、運輸相辞職）、九月二日に防衛庁長官上林山栄吉が郷里鹿児島で自衛隊音楽隊を先頭にパレードした事件などである。こうしてみると汚職の主役は政治家であることがわかるが、こののち、汚職疑惑のスケールはますます大規模化し、ロッキード事件の田中角栄、リクルート事件の中曾根康弘・竹下登、佐川急便事件の細川護熙など首相経験者をはじめとして、多数の大物政治家がかかわっていくことになるが、それについてはあとで述べる。

ところで資本主義の矛盾としては、恐慌・不景気などによる失業・貧困などの基本的矛盾のほかに、公害問題という重要な矛盾がある。公害とは、「事業活動その他の人の活動に伴って生ずる、相当範囲にわたる大気の汚染、水質の汚濁、土壌の汚染、騒音、振動、地盤の沈下、および悪臭によって、人の健康または生活環境にかかわる被害が生ずることをいう」（公害対策基本法、第二条〔定義〕、一九六七年）が、高度成長下の公害の特徴は、その大部分が重化学工業型公害＝産業公害であることである。

戦前にも、一八九〇年以来長年にわたって足尾銅山鉱毒事件が問題とされたが、戦後の営利原則の貫徹と産業優先行政のために公害が日本一円に広がり、「日本公害列島」と呼ばれるまでになった。このため、公害に反対する住民運動が各地でおこなわれ、先にも述べたように一九六七年から一九七三年にかけて、四大公害訴訟（富山イタイイタイ病、新潟水俣病、四日市ぜんそく、水俣病。被告はそれぞれ三井金属鉱業、昭和電工、四日市第一コンビナート六社、チッソ）が争われ、いずれも原告側が勝訴した。政府も全国的な住民運動に押され、一九七〇年一二月一八日に「公害対策基本法」（一九六七年八月三日、公布）を改正した。

全国的な大学闘争の展開

「黒い霧」事件に象徴される目にあまる政治的腐敗、公害問題に象徴される利潤追求至上主義にもとづく高度成長経済の弊害を目のあたりにして、戦後最大の「大学闘争」が起こった。いつの時代にも変革・改革の担い手は若者たちである。

この大学闘争の特徴は、一つは大学改革を旗印に街頭にも出かけ、「戦後民主主義とは何だったのか」というテーマで「日常性を打破する」ことを合い言葉に、高度成長のなかで安住しつつあった「大人社会」に警告を発したものであった。そしてもう一つの特徴は、この大学闘争は全世界的な広がりをもって闘われたという点であった。とくに一九六八年五月三日のフランス・パリ大学ナンテール分校における学生と警官隊の乱闘事件につづく、翌五月四日のカルチエ・ラタンのソルボンヌ校の閉鎖による学生デモの広がりは「五月危機」と呼ばれ、学生デモがフランス全土、ドイツ、アメリカなど欧米諸国に拡大した。日本の大学闘争もこうした全世界的な闘争と関連をもったものであった。

学生たちの目からみれば、大学社会も一般社会と同じように矛盾に満ちた閉塞的社会であった。大学闘争は、一九六八年一月二九日、東大医学部学生自治会が医師法改正（インターン制に代わる登録医師制）に反対し、無期限ストに突入したことにはじまった（東大紛争の発端）。そして五月に入ると、二〇億円の使途不明金をめぐって、日大で全学共闘会議（議長秋田明大）が結成され、大学闘争がはじまった。六月一五日には青医連七〇人が安田講堂を占拠、これを機動隊で排除したため（一七日）、二〇日、東大九学部が全学ストに突入、七月二日に安田講堂を再占拠した。また六月二六日には、東京教育大学で文学部学生が筑波移転に反対してストに突入、三〇日に大学本部を占拠し、全学に紛争が拡大した。そしてこの年、全国一一五大学で紛争が発生し、この大学闘争は一九六〇年（昭和三五年）の安保闘争以来の全国的な広がりをみせて展開された。

しかし、こうした大学闘争も、翌一九六九年の一月一八日（―一九日）、機動隊によって安田講堂を占拠した学生が排除され（六三一人逮捕）、二月一八日に日大が機動隊を導入して全学封鎖を解除、九月二二日には京大の封鎖が解除されるなかで、しだいに収束していった。

一方、こうした大学闘争の全国的広がりを「憂慮」した政府は、五月二四日、重大な大学紛争が発生したときには、学長の判断で自由に機動隊を構内に導入できるという「大学の運営に関する臨時措置法」を閣議で決定し、国会に提出した。「臨時措置法」として五年間の時限立法にしたのは、当時、国立大学教官、私学の教員たちの大半が、大学問題については大学と学生との話し合いで民主的に解決すべきであり、機動隊という国家権力を用いて解決すべきではないと考えていたからである（七月一四日、加藤一郎東大総長、衆議院文教委員会公聴会で大学臨時措置法案に反対し、自主解決の方法をとることを主張）。しかし自民党幹事長田中角栄は、「軍事と教育はゆずれない」として同法案の成立を推進し、七月二四日に衆議院文教委員会で全野党の反対のうちに強行採決した（七月二九日、衆議院本会議、八月三日、参議院本会議で可決）。

この「大学臨時措置法」の成立過程においては、全国大学の学生自治会が反対したことはいうまでもないが、強大な国家権力のまえには敗北せざるをえなかった。こうして、約一年八ヵ月におよぶ大学闘争は収束の方向に向かい、荒廃した大学の再建がはじまった。

では、この大学闘争とはいったい何だったのか。にわかにそれを評価することはむずかしい。大学にとっていえば、この時期、教師と学生がそれこそ真剣に討論を闘わせたことは、その後の大学の研究・教育・運営を考えるうえで大きな財産となったことはまちがいない。教授会の運営も民主化された。そしてそれにもまして大きな効果は、この時期に学生生活を送った者たちは、その後の日本の政治・経済・社会の中核メンバーとなり、それは安保世代と同じように、日本の民主主義を守ることがいかに重要であるかを知っている人たちであることである。

大学闘争の方法や手段は、人によりその立場や意見のちがいがあり、またこんにちからみるとまことに稚拙なものであったとはいえ、このエネルギーに満ちた大学闘争は、戦後日本政治の発展に大きなインパクトを与えたものといえよう。これ以後、日本は高度成長の波に乗って、「政治の時代」から本格的な「経済の時代」へと移る。しかし、ことしだいによっては、この「政治的休火山」はいつ爆発するかもしれないのである。

四 「今太閤」の功罪——田中内閣の時代

田中内閣誕生の背景

一九七二年（昭和四七年）五月一五日、沖縄返還を達成し、これで「戦後日本は終わった」とある種の満足感をいだいた首相佐藤は、六月一七日、引退を表明した。首相就任以来じつに七年八ヵ月。佐藤は最長不倒を誇ったが、そのわりには国民的人気は盛りあがらなかった。「栄ちゃんと呼ばれたい」という庶民感覚をアピールし、団十郎ばりのマスクで婦人層の歓心を買おうとしたかもしれないが、池田や田中とちがってかれには大衆の近寄りがたいなにかがあったように思える。

佐藤退陣の報を受けて、田中角栄、福田赳夫、大平正芳、三木武夫がいっせいに総裁選をめざしてダッシュした。人びとはこれを「三角大福戦争」と評して面白がったが、後先《あとさき》は別として、この四人はすべて首相の座についていることからみても、これ以後着せ替え人形のように次々に登場した宰相（中曾根は除く）と比べると、それぞれに存在感のある政治家たちであったといえよう。

結論からいえば、この総裁選では田中角栄が圧勝した（田中二八二票、福田一九〇票）。下馬評では、佐藤の嫡流と自任していた福田がやや有利とみられていた。しかし、世論はどちらかといえば、吉田、鳩山、（石橋）、岸、池田、佐藤とつづくいわば戦後二五年余、当時の状況ではある程度やむをえなかったが、アメリカベッタリといわれた保守本流の歩みに倦《う》み、なんらかの変化を期待して「暴れん坊将軍」田中に肩入れしていたように思われる。

そのころ、世界の政治も日本の政治も大きく変化しつつあった。一九七一年一〇月二五日には、長年にわたるアメリカの妨害——日本もこれに追随してきた——をはねのけ、第三世界諸国の圧倒的支持を受けてついに中国が国連加盟を達成し、国際政治の檜舞台に登場した。その三年まえの一九六八年三月三一日には、米大統領ジョンソンが北ベトナムの爆撃を停止すると発表し、泥沼化した無益なベトナム戦争に終止符を打つべく和平交渉を呼びかけている。そして翌一九六九年五月一四日には、米大統領ニクソンが、すべての外国軍隊を相互に段階的に撤退させるなどの内容を含んだ八項目の「ベトナム和平提案」を発表、一九七一年七月（九—一一日）には、大統領補佐官キッシンジャーがニクソンの密命を受けて、北ベトナムの最大のパートナー、中国との関係改善を模索すべく周恩来と会談し、一九七二年五月までに米大統領が訪中することについて打診している。こうして一九七二年二月二一日（―二七日）にはニクソンが中国を訪問し、二七日に平和五原則をアメリカが承認し、「米中共同声明」（上海コミュニケ）を発表している。この時期、米中・米ソ間で戦後二五年以上続いた東西対立・冷戦構造のありかたを修正する重要な動きがはじまっていた。知らぬは日本ばかりなり、である。そのいちおうの総仕上げは一九七二年五月二二日のニクソン訪ソ（―二九日）で、ここで「ベトナム戦争」後、こんにちにいたるまでの新しい国際平和・秩序についての基本路線が話し合われ、合意されたのである。

こうした国際情勢を背景に、対米一辺倒の保守本流の代表格佐藤の代替・亜流とみられた福田は、新しい国際政治の変化に対応できるかという危惧の念が、自民党内ハト派のあいだでもたれていたことは事実である。決戦投票において、大平、三木が田中支持に回ったのは、とくに対中国の姿勢において田中が促進派と思われたためであったといわれている。このとき、中曾根が田中からの金銭を授受し立候補を取りやめたのも、田中を有利にした決定打であったという噂が流れたが、真偽のほどは明らかにされないままである。ともかくこれ以後、中曾根が田中から優遇され、ついには田中派に推されて首相の座にまで登りつめたことだけをここでは指摘しておこう。

田中の首相在任期間を見ると、「金脈問題」により退陣するまでの二年五ヵ月ほど（一九七二年七月七日―一九七四年一二月九日）であったから、在任期間としては必ずしも長くない。にもかかわらず、退陣後二〇年たち、本人が故人になったいまでも、その強烈な個性とともに、戦後日本政治を語るばあいつねにかれの名が俎上にのせられるのはなぜだろうか。帝大卒という輝かしい学歴もなければ、華麗なエリート官僚の経歴もない尋常高等小学校卒の一介の男が、わずか五四歳という超スピードで総理大臣の座を射止めたとき、マスコミは「今太閤」、「庶民宰相」の出現をヤンヤヤンヤとはやしたて、また名声も地位もない大半の一般国民も、かれの「一本刀土俵入り」ともいうべき晴れ姿に自分の姿をだぶらせて溜飲を下げたであろうことは否定できない。

しかし田中政治を印象深くしているのは、政治の大舞台への田中の登場のしかたが、いかにも雄々しくみえ――福田が佐藤からの禅譲を期待して、あわてず騒がず「男の美学」を守ろうといかにも優等生的身の処し方をしたのにたいして、田中は「日本列島改造論」をはじめ、ありとあらゆるカードを切って断固権力を奪取した――、それが一般庶民の「英雄待望論」とマッチしたためばかりではない。それは、二年半の在任期間中、田中が立ち向かった政治問題のほとんど――それにはプラスに作用したものもあれば、マイナスに作用したものもある――が、いまにして思えば、こんにちにまでつながる日本政治の基本路線のレールをしいたものであったからである。以下、それについて検証してみよう。

田中内閣の功績

田中政治の最大の功績は、それまで鳩山を例外として日本の政治指導者たちが「タブー」として手をつけることをしなかった社会主義諸国との関係改善を、電光石火のごとくやりとげた点である。もっとも、田中の行動は、親分筋のアメリカが「ベトナム戦争」のにがい経験を通じて、平和共存路線の承認はもはや不可避なりとようやく観念し、政治的現実主義に立ってすばやく柔軟に外交政策を転換したことに追随したものにすぎないといってしまえばそれまでであるが、しかし、当時自民党内には、頑強な反共主義者や親台湾・反中国路線に固執していた保守派の面々が多数いたことを思えば、田中がこれらの党内勢力を押し切って日中国交回復への道をまっしぐらに突き進んだことは、「決断と実行」をモットーとする――これが国民をいらいらさせた佐藤の「待ちの政治」にたいして一種の田中ブームを呼び起こした背景でもあった――田中の英断であったといえよう（もっとも、日中国交回復直後の一九七二年一二月一日には、田中は日台国交断絶にそなえて日台交流協会を設立し、反対派議員に配慮している）。

さて、田中内閣が成立した一九七二年（昭和四七年）七月七日、間髪を入れず田中は、中華人民共和国との国交正常化を急ぎたいとの談話を発表し、これを受けて二二日には、大平外相が孫平化中日友好協会副秘書長と会談し、田中訪中の段取りを進めている。これを受けて八月三日、中国側は田中招請を正式に表明、一五日に田中がこれを正式に受諾し、一九日には中国問題についてアメリカの意向をたしかめるための田中・キッシンジャー会談がもたれている。

そして九月二五日、田中は、戦後日本の首相としてははじめて中国を訪問し、周恩来首相と国交正常化の基本方針について会談、二七日には毛沢東主席とも会談し、二九日に日中両国首相が「日中共同声明」に調印して国交を樹立。ここに一九三七年（昭和一二年）七月七日未明、蘆溝橋において勃発した「日中戦争」から数えてじつに三五年目、それまで戦争状態にあった日中両国の国交が正常化した。

こうした社会主義諸国との関係改善の姿勢は、翌一九七三年（昭和四八年）一〇月八日からのモスクワでの日ソ首脳会談にもみられる。この会談では、一〇日の「共同声明」において、未解決の領土問題をもふくむ平和条約交渉の継続を確認した。これは一九五六年（昭和三一年）一〇月一九日の鳩山訪ソのさいの日ソ国交回復にかんする「共同宣言」の発表以来、じつに一七年ぶりのことであった。また、九月二一日のベトナム民主共和国（北ベトナム）との国交樹立などにも社会主義国との関係改善にたいする田中の前向きな姿勢がみられる。ちなみに国内では、一九七三年一月一三日、田中は憲政史上はじめて共産党首脳と個別会談をしている。そしてこうした政権政党である自民党の外交政策の転換は、戦前・戦後の日本に根強くあった社会主義・共産主義にたいする過剰なまでのアレルギー反応と冷戦思考（社会主義「敵」論）を、少しずつ緩和させていくことになる。そして一九九四年（平成六年）の国民を仰天させた「自社大連合」も、当時の国内外における「平和共存」路線への転換という、政治状況の変化という事実を背景にしていたものといえよう。

日本列島改造論

次に、田中政治で忘れてならないのは、かれが総裁選出馬の目玉商品として国民のまえに高らかに提示した「日本列島改造論」である。これは、一九七二年（昭和四七年）六月二〇日、田中が総裁選に出馬する直前に『日本列島改造論』（日刊工業新聞社）という題名で出版され、当時、高度成長の波に乗って日の出の勢いで上昇しつつあった日本経済に、よりいっそうのはずみをつけるような気宇壮大な夢を国民に与えたものとして注目された。この列島改造論は、一九六七年（昭和四二年）三月につくられた自民党の都市政策調査会の会長に田中が就任したさい、官僚たちの協力を得て作成した自民党の「都市政策大綱」（一九六八年五月に決定）をベースにして田中流にアレンジしたものといわれている。

それによれば、「人口と産業の地方分散によって過密と過疎の同時解消をはかろうとするものであり、その処方箋を実行に移すための行動計画である」（同書、むすび）。具体的には、十数年後の一九八五年までに日本経済を年率一〇％の成長路線に乗せ、ＧＮＰで三〇四兆円——一九七〇年（昭和四五年）のＧＮＰは約七三兆円——の規模とすることを想定した、いわば日本列島をすべて工業化しようという開発計画であった。そのため全国各地に空前の「列島改造ブーム」が起こったが、実際には、改造計画はかれの思惑どおりに進行するはずがなく、すぐさまあらわれた事象は、開発拠点として名指された地方都市の地価の異常な高騰であり、それに連動して全国的に土地が高騰し、日本国中が金権体質にまみれ、インフレを促進した。そしてこうした土地投機ブームと金権体質の意識は、その後、日本経済が最高潮に達した「バブル経済」期に政・官・財界そして国民自身による国をあげての土地投機ブームを呼び起こし、一九九五年以来の「住専問題」に象徴される不幸な事態を生みだすことにつながった。

結局、田中の列島改造計画にたいする国民の期待は、一九七三年（昭和四八年）一〇月一七日の石油危機（ペルシャ湾岸六ヵ国が石油公示価格の二一％引き上げを宣言し、ＯＡＰＥＣ一〇ヵ国の石油担当相会議で、米国などイスラエル支持国向けの石油生産を九月比で月五％ずつ削減することを決定した）の発生により、急速にしぼんでしまった。

ちなみに、石油危機の影響で、一一月二日以降、関東、関西でトイレットペーパー買いだめのパニック状況が現出し、六日には大手電機会社が大都市でのネオン消灯、二〇日にはデパート、スーパーが開店を三〇分繰り下げ、二三日にはガソリンスタンドが休日を休業日とし、一二月には新聞が減頁を決定、大都市を中心に日本全体が火の消えたような状況になった。そして一二月一四日、女子高校生三人の車内雑談から派生したデマにより、愛知県豊川信用金庫で七三〇〇人、二〇億円の取り付け騒ぎ（一一五日）が起こるという笑えないおまけまでついた。

これまでかぎりない日本経済の成長を信じ、春爛漫の「花見酒」に酔いしれていた日本国民は、このときはじめて日本経済がいかに国際政治・経済の動向いかんによって左右されているものであるかを痛感したことであろう――そもそも戦後日本経済も「朝鮮特需」や「ベトナム特需」の恩恵によって立ちなおり、発展した側面がある。日本のことしか考えない列島改造による日本経済の大発展の夢――要するに一九八五年までにすべての経済が四倍になるという夢物語――は、田中内閣発足後わずか一年半で破れ、福田が「狂乱物価」として批判した異常な物価上昇によって国民は生活苦にあえぎ、一一月一一日には、総評・中立労連らが生活防衛国民総決起大会を開催し、全国一一四ヵ所で集会がもたれた。「狂乱物価」の一端を例に上げると、一九七三年（昭和四八年）一二月にはちり紙が一五〇％、砂糖五一％、牛肉が四二％も上昇し、翌年五月の土地公示価格の上昇率は平均で三二％、宅地では二倍にもなっている。

列島改造計画が派生的に生みだした異常な土地投機ブームは、結局、国民大衆にはなんのメリットも与えず、田中自身の「土地コロガシ」に象徴されるような、「田中派の田中派による田中派のための」「金権政治」の体質のモデルを生みだしてしまった。そしてその手法は、田中派の流れをくむ竹下登、金丸信、小沢一郎などに引きつがれて、それが自民党の分裂――じつは田中派の権力闘争――へとつながっていく。その意味で、ここで修得された田中式自己増殖の手法こそが、その後の知的退廃の象徴ともいうべき「住専問題」、「金こそわが命」という思想的・社会的問題を生みだした真の原因であったといえよう。

小選挙区比例代表並立制の提案

これまで述べたとおり、田中政治の前半を象徴する二本の柱としては、「日中国交回復」、「列島改造論」があまりにも印象深いが、田中政治でもう一つ忘れてならない重要事は、九六年（平成八年）、日本総保守化を基盤として自民党と新進党の「保・保連合」が策定され、保守の支配体制をより堅固にする契機をつくった点である。

もちろん当時は田中も、一九九六年一月一九日、日本社会党が社会民主党（党首村山富市）という党名変更によって、事実上、保守党支配にかくもみごとに呑み込まれてしまうような事態になるとは想像できなかったであろう。しかし、かれが自民党永久政権保持の足腰を強めるために、まずは党内の安定化を必須のものとして、その手段として党のなかに圧倒的に強力な「田中党」を形成し、派閥抗争を事実上不可能にしようとしたことが、九六年の自民・新進保守二大政党――どちらの党幹部も田中派出身者が占める――による政治支配のルーツとなったといってよいだろう。

水戸黄門の「助さん」、「格さん」をもじった「角さん」の愛称で国民の人気を得た田中は、日中国交回復の成功をひっさげ、自民党大勝を確信して一九七二年（昭和四七年）一一月一三日、衆議院を解散した。しかし一二月一〇日の総選挙の結果は、自民党は前回の選挙（一九六九年一二月二七日）時の二八八人（のち無所属が入って三〇〇人）を一七人も下回る二七一人（のち二八四人）にとどまった。社会党は前回の九〇人から一一八人と議席を回復し、共産党が一四人から三八人へと大躍進した。公明党と民社党はそれぞれ十数人ほど議席を減らした。

この結果をどう考えたらよいか。まず、田中個人の人気だけでは（田中内閣成立直後の「朝日新聞」の世論調査では六二％という高支持率を獲得）、戦後三〇年近くつくりあげられた政党地図はそう簡単に変えられないものであるということがわかった。まだ一九七〇年代初頭においては、国際的には東西対立、国内的には自民対社共という対立構図が厳然と生きており、それが国民の政治意識を規定していたということである。したがって日本における保守総支配体制は、一九八九年末の「冷戦終結宣言」、一九九四年の「自社」大連合という事態の変化が起こったときにはじめて完成することがわかる。しかしこれはこんにちからみての話であって、当時の田中はもとよりそこまでは思いおよばなかったであろう。

ともかく田中は、一九七二年総選挙の結果をみて、保守政権を不動のものにするために、国政選挙に小選挙区制を導入することをはかった。小選挙区制の効果は、国により時代によりさまざまである。英・米のように、政策においてほぼ同じ二大政党を形成し、政治が安定している国のばあいもある。しかし、戦後日本のように自・社の政策があまりにも異なり、しかも自民党が圧倒的に強く、長期に政権を担当している国においては、小選挙区制の適用は第一党には圧倒的に有利となり、第三党以下はほとんど壊滅状態になる。

戦後日本政治史上では、「五五年体制」成立後、保守党の力が一段と厚みをました鳩山内閣時の一九五六年（昭和三一年）四月（―五月）に、憲法改正に必要な両議院の三分の二以上の議席を獲得しようとして（一九五五年二月二七日の総選挙では、社会党を中心とする革新派は憲法改正阻止に必要な三分の一の議席を確保した。参議院も革新派は三分の一の議席を確保している）、小選挙区法案が衆議院に提出されたが、社共両党、労働団体、学生・市民団体などの猛反対にあって審議未了・廃案となった事例がある。

田中は、この一〇年ほどのあいだに自民党の得票率がじょじょに低下し、このときの選挙でついに五〇％を割った事態を重視し、異常な危機感をもった。一九六三年に五六・〇一％あった得票率が、一九七二年には四八・三九％へと低下していたのである。そこで、一九七二年、総選挙直後の一二月二五日の記者会見で、参議院選挙に小選挙区制を導入するむねのアドバルーンをあげ、それに追い討ちをかけるかのように、翌一九七三年五月一一日には、田中は衆議院定数を五一一人に増員、小選挙区制と都道府県単位の比例代表制を六対四とする公職選挙法改正案を国会に提出するよう指示した。当然なことに社・共・公・民の野党四党はただちにこれに反対し、国会審議を全面拒否、五月一五日には、社・共・公三党や総評などは、全国五六五ヵ所で小選挙区制粉砕全国統一行動を起こし、三党書記長が倒閣を訴えた。この状況をみて、同日、三木副総理が田中に法案の提出見あわせを進言、一六日、政府は衆参両院議長の要請を受けて、国会に公職選挙法改正法案を提出することを断念し、事態が収拾された。

政権獲得後約一年にして、田中がはじめて味わったにがい挫折であった。これ以後、田中は、当時の選挙法のもとで、自民党とくに自派閥の拡大化を至上目的としてなりふりかまわず、「金権選挙」と批判されるシステムの形成に奔走する。ともあれ、この「幻」に終わった小選挙区比例代表並立制は、それから二〇年余たった一九九四年、細川内閣のときに、政界浄化の名目のもとに――実態は田中派の末裔である竹下派（経世会）内の権力争いに小選挙区制が利用されて――、かつてあれほど反対しつづけてきた社会・公明・民社も今度は協調して、あっというまに成立してしまう。この田中内閣から細川内閣までの約二〇年間に、日本政治にいったい何が起こったのか。これを検討することこそが、二一世紀に向けての日本政治の将来を占うキー・ポイントとなるであろう。

田中角栄の落日

「オイル・ショック」と「狂乱物価」のダブル・パンチを受けて、田中内閣の支持率はわずか一年余のあいだに成立時の六二％から二二％（一九七三年一二月）に落ちた。この退勢を挽回しようとする田中は、一九七四年（昭和四九年）七月七日の参院選挙にかけた。この選挙では、田中の亜流の竹下、金丸、小沢がその後ずっとその手法を踏襲してきた「企業ぐるみ選挙」のネットワークを組織して、莫大な資金を投入し（二〇〇億円ぐらい使ったといわれる）、ヒトラーばりの宣伝戦による金権選挙を展開した。またこの選挙で、田中は新企画としてタレントを立候補させ、各企業に票を割りあて当選させている。

このため、田中の政治姿勢を批判して三木副総理が辞任し（七月一二日）、福田蔵相、保利（茂）行政管理庁長官もあいついで辞任し（七月一六日）、大平外相が蔵相に就任した。こうして自民党の挙党体制が崩壊し、田中の権力基盤は弱体化した。田中が辞任する四ヵ月ほどまえのことであった。

結局、金権政治家の異名をとる田中は、金の魔力のまえに自滅することになる。ちょうどそのころ、アメリカ大統領ニクソンが民主党本部における電話盗聴事件、すなわちウォーターゲート事件にかんし、米下院司法委員会において追及され（七月二七日）、八月八日に辞任を発表、翌九日副大統領フォードが第三八代大統領に就任するという前代未聞の政治事件が起こった。これにたいして一〇月八日、前首相佐藤栄作の一九七四年度ノーベル平和賞受賞の決定が発表され――これには人びとが首をかしげた――、日米政治指導者の明暗がくっきりとわかれた。

その直後の一〇月一〇日、立花隆「田中角栄研究――その金脈と人脈」が「文藝春秋」一一月号に発表され、日本国じゅうが騒然となった。そして同月二二日には、社会党寺田熊雄が参議院大蔵委員会で金脈問題を取りあげ、国会において田中追及が本格化した（同日、閣議は、空前の三二・四八％の国家公務員の給与引上げ実施を決定しているが、異常な物価高騰からみて当然のことであった）。しかし田中は劣勢をはね返すべく、一一月一一日には、田中・大平・中曾根の主流三派による自民党役員人事（幹事長二階堂進〔田中派〕、総務会長鈴木善幸〔大平派〕、政調会長山中貞則〔中曾根派〕）と内閣改造を強行したが、社共両党、総評など一九団体が全国統一行動を展開し（一七日）、田中退陣を要求して、田中は絶体絶命の窮地に陥った。

そして一八日に戦後アメリカ大統領としてはじめて来日したフォードと、二〇日、「共同コミュニケ」を発表したが、六日後の二六日についに田中は閣議で辞意を表明、一二月九日、おおかたの予想を裏切って小派閥の領袖《りょうしゅう》三木武夫が内閣を組閣した。

しかし、田中型政治はこれで終わったわけではなかった。それどころか、一九九六年一月一一日の橋本龍太郎内閣の成立まで――一一月七日の第二次橋本内閣をみても、田中派→竹下派→小渕派の勢力は依然として衰えていない――、じつに二〇年以上にわたって、田中派の亡霊が永田町を徘徊することになるが、これについてはのちに述べる。

第四章　新たな保守政党支配の時代——三木内閣から中曾根内閣まで

一　田中支配を軸にする総保守体制への準備段階

「一九九六年体制」の意味するもの

一九九六年（平成八年）一月、自民党総裁橋本龍太郎が政権の座につき（社会民主党〔旧社会党〕、さきがけと連立）、同じく田中派・竹下派の流れをくむ橋本のライバル小沢一郎を党首とする新進党（公明、民社をふくむ）と、いわゆる自社対立を基軸とする「五五年体制」とは異なる新しいタイプの「保保連合」の可能性もふくむ二大政党制を形成したとき、戦後五一年目にして、ようやく保守党が一貫して追求してきた、欧米型資本主義体制の安定を第一義的なものとする総保守体制がほぼ成立したものといってよい。

もとより、社会民主党、さきがけ、民主党（鳩山由紀夫、菅直人）などの第二極あるいは第三極づくりによって、なお政治の世界において一波瀾、二波瀾はあるだろう。しかし、小選挙区制を基調とする選挙制度が採用された現在、保守二党による二大政党化の流れは、よほどの事変が起こらないかぎり、長期にわたって永続化するものと思われる。日本新党、社会党、公明党、民社党はまんまとこの策略に乗せられたのであり、選挙を重ねるたびに、どちらかの保守党に協力・吸収されるか、最悪のばあいは解体・自滅する以外ないであろう。したがって、細川政権から羽田政権、村山政権へと目まぐるしくつづいたはての橋本政権成立劇は、戦後五〇年間の流れのなかで、日本政治の大転換を刻印する決定的に重要な政治史的事件であったといえよう。そして日本におけるこうした政治再編の一連の動きは、一九八九年（昭和六四・平成元年）末の「冷戦終結宣言」とそれに連動した「東欧革命」、一九九一年末の「ソ連邦の崩壊」という国際政治上の大変貌に対応していたことはまちがいない。

ではこうした総保守体制への道は、いつごろからはじまったのであろうか。それは「ベトナム戦争」が終結期に入り、アメリカが政治的現実主義の立場から、すばやく社会主義二大国である中国・ソ連と関係改善をはかり、「平和共存」にもとづく新国際平和秩序の再建を模索していたころに登場した田中内閣後の三木内閣から、一九八五年のゴルバチョフの登場により、ソ連邦でもいよいよ「ペレストロイカ〔たてなおし〕」、「グラスノスチ〔情報公開〕」が実施される時点に終わった中曾根内閣（この内閣は、新保守主義を掲げる英首相サッチャー〔一九七九年五月四日―一九九〇年一一月二八日〕や米大統領レーガン〔一九八一年一月二〇日―一九八九年一月二〇日〕の政策と連動していた）にいたる約一三年間の保守政治時代が、こんにちの総保守体制を準備したものと思われる。

もとより、三木内閣から中曾根内閣の時期にはまだ「五五年体制」が継続していたが、この体制は、自・社「二大政党」の形成というよりは、国際政治における東西対立＝冷戦構造の解体に対応した日本版ミニチュアとみたほうがよい。なぜなら「冷戦終結宣言」後、社会党は急速にその勢力を失っていくからである（たとえば一九九三年七月の総選挙では七〇人）。しかし、野党勢力もまだまだかなりのものではあった。ちなみに野党四党（社・公・民・共）の衆院議席数の合計数は、一九七二年・二〇七人、一九七六年・二二八人、一九七九年・二四四人（社民連二人をふくむ）、一九八〇年・二〇六人、一九八三年・二四一人、一九八六年・二〇〇人である。しかしこうした状況のなかで、自民党および自民党を核とする「総保守」勢力はつねに過半数を確保し長期政権を担当してきた（一九七二年・二八四人、一九七六年・二八一人、一九七九年・二六七人、一九八〇年・三〇五人、一九八三年・二六九人、一九八六年・三一二人）。

これまで、日本における総保守支配体制の確立過程において、国際政治上の状況の変化がいかに重要であったかを述べてきたが、しかしこれだけでは、一九九六年（平成八年）にようやくその形をあらわしてくる保守総支配体制は確立されなかったであろう。保守総支配体制が確立されるためには、自民党内においても、絶対君主（将軍）が、封建諸侯（諸派閥）を整理統合しながらヘゲモニーを握るというプロセスにも似た総合化が必要であった。それが、田中内閣の成立から橋本内閣の成立にいたる約二五年間の自民党内における田中派支配形成の増殖過程であった。そしてこうした自民党内の解体・再編作業は、野党である社会、公明、民社にも大きな影響を与え、こんにちの保守支配体制の確立を可能にしたものといえる。

田中はロッキード事件後、自己保全をはかるという主観的意図から、自民党内における最大派閥の形成につとめ、「キング・メーカー」としての地位を確立しようとしたものであろうが、その結果が、じつはこんにちの保守二大政党制への確立の道を無意識のうちに準備していたのである。

田中内閣辞任後、三木、福田、大平、鈴木、中曽根内閣とつづいたが、三木、福田は別として、大平、鈴木は田中派に近く、またその成立時に「角影内閣」とさえ陰口をたたかれた中曽根も、田中支配から自立しようともがいたが、しょせん田中およびその派閥の呪縛から脱することはできなかった。そのことは、政界の表舞台に立てず、いらだっていた田中からその権力を非情にももぎとった竹下を（一九八五年二月七日、中曽根内閣の蔵相竹下を中心とする勉強会「創政会」が発足、金丸、小沢がバックアップ。田中の恫喝により衆院二九人、参院一一人の少数参加にとどまったが、この挙兵はあきらかに竹下派の独立宣言であった。その二〇日後の二七日、田中は脳梗塞で東京逓信病院に入院、これを運命のいたずらとみるかどうかは別として、これ以後、目白御殿における田中個人支配の時代が終わる）、中曽根が一九八七年（昭和六二年）一〇月二〇日深夜に、安倍晋太郎、宮沢喜一両首相候補をおさえて次期後継総裁に指名したことからもわかる。

そしてその三ヵ月ほどまえの七月四日には、中曾根退陣近しとみた竹下は、再起不能の病床にあった田中を尻目に「経世会」を結成して、正式に竹下派の旗揚げを天下に周知せしめ、田中派一四一人中一一三人がそれに参加した。田中派の第一次分裂である（第二次分裂は、一九九二年一二月二八日、羽田・小沢グループによる政策集団「改革フォーラム21」の結成、竹下派分裂）。そして田中は、一九八九年一〇月一四日、政界引退を表明、それから四年後の一九九三年一二月一六日、「今太閤」、「庶民宰相」ともてはやされたさしもの田中も、数人の忠臣が忠誠を誓うなかで静かに息を引きとった。末路哀れ、というべしである。

各内閣の特色とこんにちへの遺産

ところで、三木内閣から中曾根内閣にいたる時期には、田中派およびその末裔がリーダーシップをとる総保守支配体制（橋本自民党と小沢新進党）が二〇年後に形成されるとはだれも考えていなかったであろう。

しかし、派閥抗争を繰り返しながらも、しょせん、保守党は保守体制死守の論理によって大きな保守の流れを形成していった。そのことは、三木内閣から中曾根内閣にいたる各内閣の政策的目玉商品が、一九九〇年代に入って保守党の基本政策として浮上し、次々に決定されていったことにあらわれている。この時期を総保守体制の準備段階と位置づけたのはそのためである。

三木内閣の特色は、自民党の金権体質を改め、党の近代化をはかろうと努力した点にある。この提言は、のちの海部内閣、宮沢内閣、細川内閣にかけて、「政治改革」の大きなうねりとなっていく。

福田内閣時代には、田中の積み残した「日中平和友好条約」の締結（一九七八年八月一二日調印、一〇月二三日発効）が記憶に残るが、福田内閣末期に「有事立法」問題が起こったことは重要である。この問題は、沖縄普天間基地返還と引きかえに、極東有事にさいしての自衛隊の出動のありかたをめぐって、橋本政権の最重要な政治問題となりつつある。

つづく大平内閣時代には、公債依存率を引き下げる手段として、大型間接税である「一般消費税」の導入を提起していることに注目すべきである。この方向は、中曾根内閣時代には「売上税」という名称で、そして竹下内閣時代には税率三%とする消費税導入が全野党および国民の猛反対のなかで、ついに強行採択された（一九八八年一一月一六日、衆院本会議で可決、社共両党欠席、公民両党反対。一二月二四日、参院本会議でも同様の形で可決成立）。そしてこうした国民の不満は、次の参院選挙で（一九八九年七月二三日）、社会党の大勝、自民党の惨敗という結果をもたらした。またこの消費税問題はこれにとどまらず、細川政権時代に税率三%を七%に引き上げる「国民福祉税」の提案がなされており（与党社会党・さきがけの反対で翌日撤回）、二一世紀をひかえての高齢化社会、少子化の到来とも合わせて、七%から一五%への消費税率引き上げをめぐる問題が再浮上してくることは必至であろう〔二〇一四年一二月現在、少子高齢化にともなう社会保障費の増大は大きな政治課題として浮上しており、税収増を目的とする消費税増税計画が立てられている。一四年四月より八%に引き上げられているが、現与党の自民党は一〇%に引き上げることも視野に入れている〕。

大平につづく鈴木内閣の登場は、まさに三木内閣の成立よりももっとハプニングの要素が強かった。佐藤以後のますます激化する派閥抗争を鎮静化するために、「和の人」鈴木善幸（大平派）が推されたと考えるほかない。鈴木の業績としては記憶に残るものはほとんどないが、一九八一年（昭和五六年）三月一六日に、行財政改革のための「臨時行政調査会」（池田内閣のときに同名の調査会があったので「第二臨調」と呼ばれる。元経団連会長土光敏夫が会長）を設け——歴代内閣のスローガンとして細川内閣から橋本内閣にまでつづく「行政改革」問題にはずみをつけたテーマ——、それを中曾根内閣に引きついだ点は評価できよう。

中曾根は、現在でも政界の重要問題が起こると時折テレビや新聞紙上に顔をみせているが、世代交替の進んだこんにち、もはや昔日のおもかげはない。しかし、その強烈な個性と政権担当の期間が長かったこともあって、こんにちにいたる保守党の基本戦略に道をしいたことはまちがいない。いま二、三の例をあげれば、行財政改革と三公社の民営化を進めたこと、防衛費のＧＮＰ一％枠（三木内閣時代の一九七六年一一月五日の閣議決定）の撤廃、売上税の提案（一九八七年四月二三日廃案）などで、これらの仕事はこんにちの福祉国家、安保・防衛問題を考えるさいの根本にかかわる重要問題であった。

このようにみると、三木政権の成立は吉田、鳩山、（石橋）、岸、池田、佐藤、田中とつづく前期保守政党支配三〇年の流れとは異なる新しい時代の幕開きであったといえよう。

二　「ロッキード事件」と政治改革――三木内閣の時代

「クリーン三木」の登場

さて、「今太閤」とはやしたてられた田中も、その金脈問題や金権政治体質にたいする国民的批判の大合唱には抗しきれず、ついに一九七四年（昭和四九年）一一月二六日、首相の座からおりる意志を表明した。すぐさま大平、福田、三木が後継総裁の椅子をめぐって立候補したが、三者とも一歩もひかず、当時ますますはげしさをましていた自民党特有の醜い派閥抗争が展開され、党分裂をもひき起こしかねないほどのすさまじい泥沼状況を現出した。

そこで、党副総裁椎名悦三郎にこの問題の裁定がゆだねられた。このときの総裁選びにあたっては、自民党のダーティ・イメージを払拭することがなによりも肝要であった。そのため、椎名は、清廉潔白な人、党の金権・派閥体質を改善するために党近代化に取り組むことのできる人物を次期総裁の基準としたとして、だれしも予想だにしなかった（椎名自身がなるのではないかといううわさも流れた）、つまりもっとも可能性が少ないと思われていた小派閥の領袖、三木武夫を次期総裁に推薦した（一二月一日）。そして当時の状況としては、大平、福田はもとより、次の次の総裁の座を虎視眈々《こしたんたん》とねらっていた中曽根も椎名裁定に従わざるをえなかった。このとき三木は、神妙な顔つきで「青天の霹靂《へきれき》」と驚いてみせたが、じつは事前に裁定の内容を知っていたようである。これと同じような例は、それから約一五年後、竹下首相が「リクルート事件」で退陣したあとを継いだ宇野内閣が（宇野宗佑の指名にさいして、竹下が金丸、小沢に相談しなかったことが、金・竹・小トリオの不仲の原因になったといわれている）、首相自身の女性問題によりわずか二ヵ月ほどで倒壊したとき、再度、三木派の後身である河本（敏夫）派の若きプリンス海部俊樹が、「クリーン海部」として登場したケースである（一九八九年八月九日）。「苦しいときの三木派頼み」というところだが、ここに自民党という妖怪の層の厚さと強さの秘密があるように思える。

それはともかくとして、ネバリ腰の三木と呼ばれたように、三木政権はおおかたの予想を裏切って二年ほども続いた。以下、党内基盤のきわめて弱いバルカン政治家（東欧小国のリーダーたちが、サバイバルのためにあちこち飛びまわるさまをいう）三木武夫とその内閣の事績について簡単に述べる。

三木内閣で記憶に残る動きとしては、①金権体質を改革するための、金のかかる総裁選（田中のときの総裁選では札束が乱れ飛んだといわれている）にかえて、党員による予備選挙の導入を提言したこと、②企業献金をなくすための政治資金規正法の改正、③選挙公営を広げる公職選挙法の改正、④独占企業の分割を求める独占禁止法の改正、⑤公共企業体の職員にスト権を認めようとする努力などがあったが、小派閥のためいずれも党内の反対にあってつぶされたり、骨抜きにされたりした。

まず総裁選の改革であるが、これは自民党内における派閥抗争をなくし、それをめぐって巨額の金品が飛び交うのをやめさせようとしたものであった。しかし一九七四年一二月九日に成立した三木内閣自体は、あいもかわらず各派閥の均衡を配慮した派閥内閣そのものであった（大平派・田中派各四、福田派三、三木派・石井派各二、中曾根派・水田派・船田派・椎名派各一）。すなわちかれは、幹事長に中曾根をすえ、副総理・経済企画庁長官に福田、大蔵大臣に大平、通産大臣に河本（三木派）という実力者を配置し、またのちにニューリーダーとなる大平派の宮沢を外務大臣に、福田派の安倍晋太郎を農林大臣に登用しているからである。わずかに新味を出したといえば、元東京工業大学教授の教育学者であり、朝日新聞論説委員で、戦前の大物政治家であった永井柳太郎の長男、永井道雄を文部大臣に起用したくらいである。田中派の金丸信は伴食大臣である国土庁長官に就任しているが、竹下、安倍、金丸が本格的に力をつけはじめるのはこれから約一〇年後のことである。このころ竹下は自分で「一〇年たったら竹下さん〔総理〕」という歌をつくって世論づくりをはじめていたが、まだまだかれらは大将・師団長格である「三角大福中」にくらべれば大隊長レベルであった。それはともかくとして、一二月二七日に、三木は総裁選にかんする試案を提示したが、これが実際に決定されたのは次の福田内閣のときであり、適用されたのは三木のあとをついだ福田が続投しようとしたとき、大平が予備選挙によって福田に挑戦し、総裁の地位をもぎとったときである。このとき、すなわち一九七八年一一月二六日、福田は予備選挙に勝てると楽観視していたようだが、田中派の絶大の支持を受けた大平が大勝した。どうも福田は、「明治三八歳」、「昭和の水戸黄門」などと洒落《しゃれ》のめし、飄々乎としたポーズをとることを好み、永田町にはなじまないところがあったように思われる。また一九九五年一二月、新進党の党首選において、小沢一郎がこれに似た手法で相手候補の羽田前首相を叩き落とした例があるが、いずれにせよ全党員あるいは支持者による（このばあいは、党員のほかに一八歳以上で一〇〇〇円の参加費を払えば投票できたが）選挙といっても、しょせんは金と組織の力がなければ選挙には勝てないことを立証したものといえよう。

さて、一九七五年（昭和五〇年）四月八日、政府は政治資金規正法改正案と公職選挙法改正案を国会に提出した。この五日後の四月一三日、都道府県知事と地方議員の統一選挙がおこなわれ、美濃部都知事三選（次点石原慎太郎）、大阪府知事に共産党単独推薦の黒田了一再選、神奈川県知事に長洲一二が初当選し、革新陣営がおおいに気勢をあげたが、基本的には保守系現職知事が圧勝し、保守の牙城は依然として堅固なものであることを実証した。

ところで、政治資金規正法改正案は七月四日に成立したが、企業・団体献金に規模別限度額を設定、政治団体への献金を最高一億円とし（個人、派閥には半分）、また政治献金収支の公開を義務づけたものである。しかし、政治団体の実体が明らかではない、政治家個人の政治資金規正があいまいであることなどから、「ざる法」との批判があり、規正の効果はいまにいたるも十分に機能しているとはいえない。

改正公職選挙法も七月四日に成立したが、ここでは議員定数の是正をはかるために衆議院定数を二〇人増やし、また文書図画の提示・配布の大幅制限によって、当時、紙吹雪といわれたナチスばりの大量の宣伝文書のバラマキ合戦を抑制し、新聞広告費、自動車代などの選挙公営の拡充をはかった。いずれにせよ、金のかからない公正な選挙を実現するためには、公職選挙法の改正と政治資金規正法の改正はワンセットのものとして取りあつかわれ、その後しばしば改正されるが、一九八九年の第八次選挙制度審議会発足以来の懸案であった政治改革の実現をめざす政治改革関連四法（小選挙区選出議員の選挙区の改定をはかった小選挙区画定審議会設置法、改正公職選挙法、改正政治資金規正法、政党助成法の四法）が、細川内閣のときに可決成立したことによって（一九九四年一月二九日）、三木首相が二〇年まえにめざした金権・腐敗政治の排除に向かっての政界浄化は一歩前進したものと思われる。

ところで、三木が独占禁止法を改正しようとしたねらいは、田中内閣時代の「列島改造ブーム」にあおられた「狂乱物価」（福田の命名）期や、「オイル・ショック」期に企業が「価格カルテル」などの反社会的行動をとったことにたいして、これらをきびしく規制し制裁するという趣旨であった。しかし、その提案は巨大産業や独占企業を基盤とする自民党の体質に合うはずがなく、一九七五年六月二四日の衆議院本会議で独占禁止法改正与野党修正案を可決したものの、参議院で廃案となった。

またこの年の暮には、国鉄など公共企業体の職員にスト権回復を認めるかどうかでもめ、政府は一時期認める方向に傾いたが、これもまた党内の反対で否認する方向となった。これに反対して、一一月二六日―一二月四日にかけて公労協、国労、動労、全逓、全電通など三公社五現業がストに突入した（国鉄全線、史上最長の八日間運休）。そしてこのころから、成立後わずか半年で三木内閣のリーダーシップは失速していくことになる（核拡散防止条約早期批准、総裁公選案、持ち家・生涯計画・社会保障・老後生活を四本柱とする生涯設計〔ライフサイクル〕計画構想などが党内の抵抗で挫折）。ちなみにこの年の六月三日、佐藤栄作元首相が死去（七四歳）、六月一六日の日本武道館での国民葬出席のさい、三木は大日本愛国党員に襲われ、転倒するというハプニングがあった。

こうしたきびしい党内事情をおもんぱかって、三木は一九七五年八月一五日の敗戦記念日に、私人の資格ではあったが、戦後現職の首相としてははじめて靖国神社に参拝して党内右派への歩み寄りをみせ、また七月二三日には、これまで日韓のあいだで一年近くもめていた「金大中《キムデジュン》事件」（一九七三年八月八日、金大中韓国新民党元大統領候補が東京のホテル・グランドパレスから五人の韓国人により誘拐される。これにかんして日本政府は、九月五日、帰国中の韓国大使館一等書記官金東雲《キムドンウン》の出頭を要請、韓国側拒否）に最終決着をつけるため、宮沢外相を訪韓させ、日韓関係の修復につとめている。

また三木は東南アジア諸国との親交にも意を用い、八月一八日には、バングラデシュのアーメド新政権を承認（一九七五年八月一五日、軍部クーデター、ラーマン大統領殺害。アーメド商務相、大統領就任）、一〇月一一日には、ベトナム民主共和国のハノイに日本大使館を開設し（四月三〇日、ベトナム戦争終結）、戦時賠償的性格をもつ八五億円無償援助に調印している。さらに一一月一五日（―一七日）には、三木はフランスのランブイエ城で開催された第一回の先進国首脳会議（サミット）に出席し（英・米・仏・西独・伊・日）、不況克服の国際協調に合意（ランブイエ宣言）してきた。この会議は、「ベトナム戦争」後の意気あがる社会主義陣営に対抗し、新しい国際経済秩序を構築するため、資本主義陣営の団結と建てなおしをはかったという性格をもったものといえよう。

ロッキード事件と「三木おろし」

自民党内の小派閥を軸とする三木内閣が二年間もその政権を維持できたのは、奇蹟に近いといってよい。「デカンショ節」ふうに言えば「クリーン、クリーンで一年過ごす。あとの一年はロッキードで暮らす」である。つまり「ロッキード事件」が表面化しなければ、とうてい三木はあと一年ももたなかったであろう。なぜなら三木内閣は、成立後一年ほどたった一九七五年（昭和五〇年）の一二月ごろまでには、相撲でいえばすでに「死に体」になりかかっていたからである。そこに一九七六年二月四日、海の向こうのアメリカから、三木にとってはまるで降ってわいたような朗報が飛び込んできた。しかしそれはまたしても、明治維新や戦後民主改革同様、「外圧」による日本政治の構造改革（こんどは汚職構造の改善）を求めた一撃であった。

この日、米上院外交委多国籍企業委員会公聴会は、ロッキード社が航空機売り込みで、工作資金を日本、オランダ、イタリア、トルコなどへ流したことを公表した（日本へは一〇〇〇万ドルを児玉誉士夫、丸紅などに）。そして二月六日には同公聴会で、ロッキード社副会長コーチャンが（これには田中の刎頸《ふんけい》の友、小佐野賢治が工作に介在）、丸紅をつうじて二〇〇万ドルを日本の政府高官たちに流したと証言した。これを受けて、二月六日、野党四党は衆議院予算委員会で、ロッキード社が全日空への航空機売り込みのため日本政界に巨額の「工作献金」をおこなった事実につき追及を開始した。そして三木首相も、「日本の政治の名誉にかけても真相を究明」すると言明した。

こうして衆院予算委は、二月一六日に国際興業社主小佐野賢治、全日空の正・副社長の若狭得治、渡辺尚次を証人喚問したが、このとき小佐野が人を喰ったような態度で「記憶にございません」を連発して、これがちょっとした流行語になった。そして翌一七日には、ロッキード社の日本代理店である丸紅の檜山広会長、大久保利春など四幹部を証人喚問したが、児玉誉士夫は病欠している。さらに二月二三日、衆参両院本会議は米政府・上院にたいし、ロッキード事件にかんする資料の提供を要請する決議を採択。翌二四日には、三木首相が米大統領フォード宛に親書を送った。田中の身辺はいよいよ風雲急を告げる。

こうした、義理人情の永田町の論理に反するいかにもアメリカ式のドライな三木首相の対応は、当然、自民党幹部のなかで三木にたいする不快感を増大させ、三木を推薦した椎名も、いまでは三木の行動は「はしゃぎすぎ」ときめつけた。

田中自身は、吉田内閣時代の「造船疑獄」にさいしてとられた法相の「指揮権発動」（一九五四年四月二一日、法相犬養健、吉田首相の命により指揮権発動。自由党幹事長佐藤栄作の逮捕許諾を請求しないよう検事総長に指示。世論のごうごうたる非難を浴びて翌二二日、犬養辞職）を期待していたが、「非情にも（?・）」三木と中曾根派の法相稲葉修は、世論をバックに指揮権発動の措置をとらなかった。

こうした不穏な党内状況に自民党＝保守党の重大な危機を感じとった椎名は、五月七日、田中、九日、大平、一〇日、福田と次々に党首脳と会談し、三木首相退陣問題で三派の合意形成をはかった。ここに、その後七ヵ月間におよぶ「三木おろし」をめぐる党内抗争が発生する。しかし「ロッキード事件」で世論が沸騰しているときに、ただちにそれを実行するのは躊躇された。

他方、そうした優柔不断を嘲笑するかのように事態はどんどん進行していった。すなわち七月二七日、東京地方検察庁は前首相田中角栄を「外為法および外国貿易管理法違反」容疑でついに逮捕（田中、自民党離党）、八月一六日、受託収賄罪と外為法違反（五億円受領の疑い）で起訴した（一七日、保釈金二億円で保釈）。また、八月二〇日には、東京地検は中曾根派の佐藤孝行元運輸政務次官を受託収賄容疑で、さらに翌日、田中派の橋本登美三郎元運輸相を同容疑で逮捕した。そのほか、田中派の二階堂進、福田派の加藤六月など四人は、権限をもったポストにいなかったなどの理由で起訴されなかったが、いわゆる「灰色高官」として指弾された。

さてここにいたるまでの約半年弱（二月四日―七月二七日）、党内の非道理ともいえるごうごうたる批判のなかで、よくぞ三木は耐え抜いたものだと思わざるをえない。首相経験者といえども、「悪は悪として処断すべし」という断固たる態度こそ、日本の政界においてもっとも欠けていた、また現在にいたるも欠けている弱点ではないのか。この意味で、三木政治の民主政治にたいする最大の功績は、保守党内の重圧をはねのけて田中前首相を裁判にもちこんだことにあったといってよい。「クリーン三木」は、「クリーン三木」の立場を貫き通したことによって、今後ともその名を戦後日本政治のなかで語り継がれるであろう。

三木内閣の終焉

田中逮捕後の一九七六年（昭和五一年）八月一九日、三木首相退陣を要求する福田・大平・田中・椎名・船田・水田の六派は、一九九六年になって鳩・船新党問題をめぐってなにかと世間を騒がせた船田元の祖父で、元衆議院議長だった船田中を代表世話人とする「挙党体制確立協議会」を結成し、二七七名の議員の署名を集めて両院議員総会開催を執行部に要求した。

これにたいし、三木は強靭な「ネバリ腰」をみせて党内の圧力とわたりあい、一二月までは解散をしないという条件で九月に臨時国会を召集することを認めさせ、九月一五日に内閣を改造し、福田（このときは副総理）、大平も留任した。しかし「挙党協」の「三木おろし」の勢いはますます強まり、一〇月二一日には三木総裁退陣要求を宣言して後継者に福田赳夫を推薦、これを受けて一一月五日、福田は副総理を辞任した。同日、三木内閣が毎年度の防衛費を国民総生産（GNP）の一％以内と決定しているのは、「ハト派」三木の面目躍如たるものとして注目されよう。

「三木おろしの嵐」のなかで、三木は総選挙をおこなって一発逆転をねらったが、一二月五日の衆議院総選挙では、二五六の過半数を大きく割りこむ二四九議席（前回は二七一）にとどまり、保守系無所属八人を追加公認してようやく過半数に達した。ちなみに野党各党の当選者数は、社会一二三、公明五五、民社二九、共産一七、新自由クラブ一七であった。「ロッキード事件」にたいする国民の自民党批判が影響したことはまずまちがいない。そのぶん、新自由クラブの一七議席に票がまわったものと思われる。

総選挙の二日後、三木首相は敗北の責任をとって退陣を決意、二三日、自民党衆参両院議員総会は新総裁に福田を選出、幹事長は大平に決まった。そして翌二四日、衆参両院本会議において福田を首相に指名した。

ところで「ロッキード事件」進行中の六月一三日に、自民党の汚職体質に反対して、河野洋平（前自民党総裁）、西岡武夫（新進党幹事長）、田川誠一、山口敏夫（山口が一九九五年末、汚職容疑でお騒がせしているのはなんとも珍妙なことである）ら六人の代議士が離党を表明、二五日に河野洋平を代表とする「新自由クラブ」を結成し、一二月選挙では一七名を当選させ、一時期大ブームをまき起こしたが、その後一〇年ほどで先細りとなり、中曾根内閣時代の一九八六年（昭和六一年）八月一五日に解党した。「寄らば大樹の蔭」というか、少数政党は、その後の「日本新党」や「さきがけ」などをみても、結局は期待はずれのままに自民・新進二大保守党に寄りそっている。日本はもとより、どこの国でも第三極をめざす集団は、それを支えるかなりの国民的組織がなければ定着することはできないのである。

三　狂乱物価の沈静化と後世にのこる火種――福田内閣の時代

福田内閣の功績とその時代

福田内閣の二年間（一九七六年一二月二四日―一九七八年一二月六日）は、田中・三木内閣時代にくらべて、比較的平穏無事な内閣であったといえる。もっとも大きな事績としては、日中平和友好条約の締結（一九七八年一〇月二三日、発効）が記憶に残るくらいだが、これさえも田中時代に基本レールがしかれていたものである。しかしここで見落としてならないことは、福田時代に、のちの内閣になってしだいにその姿をあらわしてくる有事立法や一般消費税問題などの火種が用意されていたということである。自民党は、焦らず、急がず、ほぼ二〇年ほどかけて、一九九六年一月の橋本政権の成立までにゆっくりと最大野党である社会党の牙を抜いていったということができよう。

ともあれ福田は、一九七四年（昭和四九年）七月一二日、田中金権選挙に反対して当時の三木副総理が辞任したのにつづき、一六日に蔵相を辞任したクリーン派のひとりであったという誇りの証明として、三木が退陣にさいして発表した「党改革の提言」（「私の所信」）を受け継ぎ、一九七七年一月二六日の自民党大会でさっそく、党の体質改善、派閥解消、総裁公選などの方針を決定、四月二五日の臨時党大会で、総裁候補二名選出（したがって予備選をおこなうためには三名以上の立候補者が必要である）、選挙（予備選挙）に全党員・党友参加、総裁任期二年を決定した。そしてこれらの決定にそって、三月九日には福田派（八日会）、一〇日には大平派（宏池会）、一六日には田中派（七日会）、三一日には三木派も解散した。しかしこれもパフォーマンスにすぎず、わずか一年もたたないうちに旧田中派が「政治同友会」という政治団体を結成したため、ふたたび党内に派閥が復活した。権力闘争を旨とする「政治の世界」において、派閥解消の提言は「絵に描いた餅」にすぎない。

さて福田内閣の事績としては、田中内閣時代の「狂乱物価」を沈静化させた功績があるが（一九七五年に一一・八％だった物価上昇率を一九七八年には三・八％に）、なんといっても大きいのは、一九七八年（昭和五三年）一〇月二三日に「日中平和友好条約」の発効にこぎつけたことである。前日の二二日には、中国副首相の鄧小平が来日し、二三日に福田首相と会談、席上、鄧は「日米安保維持や自衛力の増強は当然」と述べて安保反対の立場をとる社会党を驚かせた。翌二四日には、ロッキード事件のため鬱々たる思いで逼塞していた田中元首相を「中国人民の恩人」として目白の私邸に訪問し、日本国民を二度驚かせている。しかし、「日中平和友好条約」発効にいたるまでのプロセスは、なかなかの難産であった。なぜなら、党内にはまだまだ親台派が多かったし、中国の要求した「覇権国反対」とは明らかにソ連を名指ししており、その解釈を覇権国一般に譲歩させるまでに手間どったからである。

また福田内閣で記憶に残るのは、一九七七年九月二八日に起こった日本赤軍による日航機ハイジャック事件、いわゆるダッカ事件である。このとき福田は、「人命は地球より重い」といって超法規的措置をとり——その半月後に起こった西独赤軍派によるルフトハンザ機乗っ取り事件では、西独政府は要求に屈せずテロリスト全員を射殺、その翌年イタリアでの「赤い旅団」によるモロ与党総裁の誘拐事件では、首相アンドレオッチはモロを見殺しにした。テロリストにたいしては死守すべき一線がある、という考え方との対比として興味深い——、当時、服役・拘留中の赤軍派九人の釈放（うち三人は残留）と六〇〇万ドルの身代金支払いの要求を受諾した。いまの若者たちにとっては、日本赤軍の存在はほとんど知られない昔々の話であろうが、一九九六年三月に、日本赤軍の田中義三《よしみ》がタイにおいて「ニセ・ドル偽造事件」で逮捕されたり（一九七〇年三月三一日、赤軍派学生九人、富士山南方で日航機「よど号」をハイジャックし、北朝鮮へ脱出。田中は九人のうちの一人）、一九九六年五月二五日、吉村和江がペルーで身柄を拘束され、六月八日に成田空港で逮捕されたりする事件が発生し、あらためて日本赤軍の活動が健在であることを思い知らされたところである。

有事立法問題と消費税問題

ところで、三木を「ハト派」とすれば、福田は「タカ派」に属する。その証拠は、有事立法に積極的姿勢を示した点にみられる。

一九七八年（昭和五三年）七月一九日、栗栖弘臣統合幕僚会議議長が記者会見で、緊急時には自衛隊の超法規的行動もありうると「週刊ポスト」誌に発言したことを認めて問題が起こった。二八日、金丸防衛庁長官は文民統制に反するとして栗栖を更迭したが、この事件により、はしなくも「奇襲対処につき」、文民である防衛庁内局と制服との対立があらわになった。そもそも有事立法について最初に問題になったのは、福田の親分である佐藤内閣時代の一九六五年（昭和四〇年）二月一〇日、社会党の岡田春夫が衆院予算委で、いわゆる三矢研究とよばれる防衛庁統幕会議の極秘文書「（昭和）三八年度総合防衛図上研究実施計画」について政府を追及したときである。

この文書は、朝鮮半島に武力紛争が生起したばあいを例題に「自衛隊としてとるべき措置」を内々に検討したもので、日米共同作戦を根底においた有事立法として、当時、憲法第九条を堅持すべきことをよしとしていたおおかたの国民を驚かせた。そしてこの有事立法は、一九九六年四月の橋本首相とクリントン大統領との会談により、いまや集団的自衛権にもとづいてアジア全域に自衛隊の出動を認める内容を盛ったものとして制定されようとしているが、そのルーツはこの「三矢研究」であり、栗栖の発言もそうした秘密研究の延長線上にあったものと思われる（のち、九六年四月の日米安保共同宣言にもとづき、九七年九月に新ガイドライン、九九年五月に五月に周辺事態法などガイドライン関連法が成立した）。

ところで、栗栖の更迭はおそらく国民の「目くらまし」のためのパフォーマンス、「とかげの尻尾《しっぽ》切り」であったと思われる。なぜならその前日の七月二七日に、福田は防衛庁に有事立法と有事の防衛研究の促進を指示しているからである。このため、九月九日、社会党・総評ブロック六二団体が有事立法粉砕全国共闘会議を結成、また一一月一日には、日本婦人団体連合会が有事立法反対の行動アピールを出している（櫛田ふき、市川房枝、中山千夏、池田理代子、淡谷のり子ら三九名）。

さらに、一一月二七日に開かれた第一七回日米安保協議委員会において、有事のさいに自衛隊と米軍がおこなう共同対処行動、すなわち日米防衛協力のための指針が決定され、社共両党がそれぞれ抗議声明を出している。このようにみると有事立法の秘密研究は、一九六五年、佐藤内閣のときに発覚し（三矢研究）、約二〇年後の福田内閣時代に本格化したといえる。日米安保体制の緊密化と協力体制の強化は、一九五一年の講和条約の締結以来、約四五年間にわたり、戦後日本政治の主旋律となってこんにちにいたっているのである。

さて福田内閣の後半一年間には、のちの日本政治につながるさまざまな問題が起こっている。たとえば、一九七八年五月二三日には、衆院本会議において第一回国連軍縮特別総会（五月二三日―七月一日）を支持する決議をしたかと思えば、一方では六月一四日の元号法制化促進国会議員連盟設立総会（衆参両院議員四一一人）を受けて、一〇月一七日に閣議で元号法制化を決定したり、また八月一五日には、福田は三木とはちがい内閣総理大臣の肩書で堂々と靖国参拝をするなど、「逆コース」、「タカ派」的行動をとっている。

しかしなんといっても、福田内閣末期の一九七八年九月一二日に、税制調査会が「一般消費税」の試案を公表していることは見逃せない。以後、この問題は、福田につづく大平、中曾根、竹下内閣における最重要な政治問題としてもめにもめ、竹下内閣においてようやく消費税率三％でおさまり、村山政権（自民・社会・さきがけ）のときに、一九九七年四月からは税率を五％にアップすることが決定されているからである。ちなみに、税制調査会は、成立直後の大平内閣にたいして、一九八〇年（昭和五五年）をめどに税率五％の消費税を答申しているのである。このようにみると、なんとそれから一七年後に五％消費税が実現することになる。防衛問題と税制問題については自民党は一歩も譲歩せず、国際・国内政治の状況の変化をまちつつ（冷戦終結とその支持基盤である労働組合の弱体化による社会党の凋落）、こんにちの総保守体制をつくりあげていったことがわかる。そして税制調査会の答申がだされると、すぐさま一一月一〇日に、総評・主婦連・生協連・日消連などによる第一七回全国消費者大会が一般消費税反対の運動方針を決定し、これ以後、一般消費税反対の国民運動が起こることになる。

以上のことからもわかるように、福田内閣時代に、その後の日本政治の根幹にかかわる重要問題が現出していることがわかる。福田はこれらの問題を自分の手で解決したかったと思われるが、次の総裁選で大平に敗れたため大平内閣にバトンタッチすることになる。

四　印象希薄な四年間――大平内閣・鈴木内閣の時代

田中派支配の強まり

ここでは、福田内閣以後の大平（一九七八年一二月七日―一九八〇年七月一六日）・鈴木（一九八〇年七月一七日―一九八二年一一月二六日）内閣時代についてまとめて述べる。その理由は、両者合わせて政権担当期間は四年間ほどであったが、両内閣の戦後日本政治に与えたインパクトはそれほど強烈なものであったとは思えないからである。

しかし重要なことは、このころ「ハト派」（三木、大平、鈴木）と「タカ派」（福田、中曽根）が交替で政権についているが、保守党の基本姿勢は「ハト派」、「タカ派」を問わず日米安保体制の堅持という点では同じであって、ただ政治姿勢の強弱がみられるにすぎないということである。

そして大平内閣以降、鈴木、中曾根、竹下、宇野、海部、宮沢にいたる約一五年間の日本の政治は、基本的には田中派あるいはその系列である竹下派によってとりしきられ、それが結果的には総保守支配体制を確固たるものにしたと同時に、自然界の細胞分裂に似て自民党と新生党という保守二党を出現させることになった。したがって「政治改革」を掲げる「細川新党」ブームによって、それに竹下派の内部分裂も手伝って、一九九三年六月選挙で自民党が大敗したとはいえ、自民党・新生党両保守党のリーダーたちは依然として自民党、とくに田中・竹下派幹部の面々にすぎず、それゆえに戦後日本政治の主旋律であった日米安保体制の堅持と、資本主義陣営の重要メンバーとしてのスタンスはなおいっそう強められたのである。このように考えると、大平内閣から宮沢内閣までの自民党政権は、二〇世紀末における総保守体制の思想と行動を方向づけ、定着化させるための重要な役割を演じた内閣であったといってよいだろう。

大平内閣の「仕事」

大平内閣は、大平自身が一九八〇年（昭和五五年）六月一二日に突然に死去（総理代理伊東正義）したため、短命内閣であったといえる（約一ヵ月後の七月一七日、鈴木善幸内閣成立）。それゆえ内閣成立直後の一九七九年一月一日、福田のあとを継ぎ、「一般消費税」導入を示唆して世論の大不興をかい（三月一八日、撤回）、それが一〇月七日の秋の総選挙で公認候補当選者二四八人、三木時代末期の一九七六年総選挙より一議席減という自民党の大敗をまねいたことが記憶に残る程度である。

かといって、この選挙で社会党の議席が伸びたわけでもなく、一二三人から一〇七人に減少している。これは、公明・民社との連合をめざす江田三郎（江田五月の父）副委員長が左派系の社会主義協会派との争いにより、一九七七年二月八日（一一〇日）からの第四〇回定期大会で解任されるという、一九七六年（昭和五一年）以来の社会党の内紛に国民が嫌気がさしたためかもしれない。江田の解任から三ヵ月後の五月二二日、社会市民連合（社民連）代表委員になっていた江田が急死する。他方、公明党は二人増の五七人、共産党は二二人増の三九人、民社党は六人増の三五人であったが、新自由クラブは一七人から四人と大幅に減少した。結局、保守系は二六二人、これにたいして野党系が全体的には増進したため保革伯仲の状態となり、このころより社・公・民による野党「連合政権」の可能性が叫ばれだした。

このように、公債依存率を引き下げるために大平が打ち出した「一般消費税」はあっけなく「頓死」したが、福田、大平、中曾根とつづく消費税導入にたいする自民党の執念は消えることなく、その後竹下時代になって、一九八八年（昭和六三年）一二月二四日、ついに消費税三％導入が決定される。そして一九九六年（平成八年）六月には、かつて反対のイニシアティヴをとってきた社会党（同年一月、社会民主党に改称）がなんの抵抗もみせず、すんなりと一九九七年四月からの五％への税率アップが決定され、実施されることになる。このことは、一九九六年四月の橋本・クリントン会談において、有事にさいしての日米安保協力体制の強化が、これまたなんの抵抗もなく推進されようとしていることと連動しているものといってよい［のち、日米安保体制の強化は実現した］。したがって社会党が一九九三年八月に細川連立政権に参加して以来、村山政権、橋本政権の一翼を担ってきたこの三年間における日本の政治状況や国民の政治意識の変化がいかに大きなものであったかがわかるであろう。これについてはのちに述べる。

さて次に大平内閣で記憶に残るものがあるとすれば、いわゆる「四〇日抗争」と「ハプニング解散」である。これ自体は戦後政治史上さしてたいしたこととは思えないが、自民党の「タガがゆるんできた」ことを暗示するものとしては興味深い。前述したように、一九七九年（昭和五四年）一〇月七日の総選挙において自民党は大敗した。これを受けて、自民党の「お家芸」である派閥抗争がまたぞろはじまり、三木おろしへの怨念をもつ三木、前回の総裁選敗北のお返しをしたい福田、さらに三木内閣時代の幹事長であった中曾根までが大平の退陣を迫った。しかし党内最大派閥の田中派は、大平を支持した。大平自身も続投の意志を表明し、ここに自民党内の主流・反主流派とのあいだで、いわゆる「四〇日抗争」がはじまった。そしてこの決着は、一九七九年一一月六日の衆参両院本会議でつけられることになり――ふつうは自民党の衆参両院議員総会でつけられるが、このときは反主流派が議員総会で決着をつけるのを不利とみて、本会議での決着という異例の方法に持ち込んだ――、決選投票において、大平一三五、福田一二五の僅差で大平が首相に指名された（新自由クラブと福田派の園田外相が大平を支持）。

しかし第二次大平内閣成立（一一月九日）後も抗争は続き、一一月一六日にようやく決着がついた。副総裁は田中派の西村英一の留任、幹事長は中曾根派の桜内義雄、政調会長は福田派の安倍晋太郎、官房長官は大平派（大平死後、鈴木派）の伊東正義、大蔵大臣は田中派の竹下登、自治大臣は田中派の後藤田正晴、総務長官は田中派の小渕恵三、行政管理庁長官は中曾根派の宇野宗佑といった陣容で、西村、桜内、伊東などのベテランと並んで将来のニューリーダーと呼ばれる総理・総裁候補が雁首を並べている。この意味では、第二次大平内閣は自民党の世代交替を予示した編成であったといえるかもしれない（第一世代＝吉田、鳩山、岸、第二世代＝池田、佐藤、第三世代＝田中、福田、三木、大平、中曾根、第四世代＝竹下、宮沢、安倍、第五世代＝海部〔新進〕、細川〔新進〕、小沢〔新進〕、羽田〔新進から無所属へ〕、橋本、第六世代＝加藤、小泉、山﨑。〔　〕内は一九九六年一一月現在）。

総選挙の日から数えて四〇日目に抗争がおさまったので、世人はこれを「四〇日抗争」と呼び、面白がった。

ハプニング解散と大平の死

しかし、これで自民党内の紛争がおさまったわけではなく、「四〇日抗争」の余燼がまだくすぶっていた翌一九八〇年（昭和五五年）五月一六日、社会党が内閣不信任案を提出したときにそれを証明するハプニングが起こった。このとき、今回も風見鶏をきめこんだ反主流派の中曾根派を除いて、福田・三木派の六九人が本会議を欠席したため不信任案が二四三対一八七で可決された。

五五年体制の成立以来、自民党は連戦連勝していた。したがって社会党が不信任案を提出したのも、「ゆさぶり」をかけることをねらったたんなるパフォーマンスにすぎなかったと思われるが、自民党内反主流派の分派行動によって思いもかけず不信任案が可決されてしまった。「社会党もビックリ」というところで、「ハプニング解散」と呼ばれる。

内閣不信任案が可決されると、大平は五月一九日、すかさず解散を決定した。ところが折しも参議院選挙が六月二二日に予定されていたので、史上初の衆・参同日選挙（ダブル選挙）をすることになった。これは「闇将軍」といわれた田中の発案といわれ、同日選挙にすれば自民党に有利であるとの判断によるものであった。事実、のちに述べるように衆議院選で大勝したことに加えて、参議院の議席数でも一九七一年（昭和四六年）時には一三七人であったのに、一九七四年の一二七人、一九七七年の一二五人と議席数を減らしつづけていた自民党が議席数を一三六人へと回復している。

総選挙はおおかたの予想を裏切って自民党が大勝した。その理由としては二つ考えられた。一つは大平の急死、すなわち参院選公示の翌五月三一日、大平が突然東京虎の門病院に入院、わずか二週間後の六月一二日に心筋梗塞により七〇歳で死去したことである。生前の大平は鈍牛のような風貌で「アーウー」とうめきながら答弁する独特の「大平節」によって、庶民のあいだではなかなか人気があった。このため大平の死は日本特有の「判官びいき」の心情によって、自民党を蘇生させたものと思われる。公認候補二八四名が当選し（追加公認をふくめて二八七名）、新自由クラブなどをふくめると総保守は三〇五議席となった。ちなみに社会党は、衆議院で議席増なく一〇七議席のままにとどまり、参議院では五六議席から四七議席に減少している。

そして自民党大勝のもう一つの因は、前回、一九七九年（昭和五四年）一〇月七日の総選挙で、共産党の三九名をふくめ、野党が二四四議席と自民党の二五八議席に肉迫し、保革伯仲の状況が生まれ、野党による「連合政権論」が現実のものとしてとりざたされたことに関連していたことはまちがいない。国民は本能的に、先ゆきのわからない社会党政権の現出によって、高度成長のもたらした国民生活安定性の神話――それが虚構であったことは、それから約一五年後のバブル経済の崩壊まではわからなかった――が崩されるのを恐れて、三〇％近い棄権層が投票所にあわててかけ込んだことによったものと思われる。一般庶民は、生活がそれなりのものであれば、本質的には大きな変化は好まないものである。「イデオロギー」よりも「メシ」、この鉄則は今後とも変わらないであろう。

社会党がこの単純な事実を見落とし、過剰イデオロギーによる政治への対応が党の長期低落化傾向につながったのであり、とすると、日本政治において社会党が政権の一端を担うチャンスを得るためには、戦後日本をほとんど独占的に支配し、高度成長経済体制を実現してきたと思われていた自民党を中核とする保守政党に吸収されていくほかなかったであろう。そのことはその後、細川政権、村山政権、橋本政権に参加した社会党が、無原則ともいえる表看板の放擲《ほうてき》（護憲の放棄）と、苦渋に満ちたスタンスの変更――この状況は、要するに社会党のイデオロギー過剰のなんでも反対式のやりかたが、新しい時代に対応できなくなった結果といえる――をせざるをえなかったことをみれば明らかであろう。

「和の人」鈴木善幸総裁の登場

さて、大平の後継者としては中曾根、河本、宮沢の名前があがった。中曾根と河本は、すでに一九七八年（昭和五三年）一一月の福田内閣時代の総裁選予備選挙に福田・大平とともに立候補していた（大平当選）。宮沢は鈴木派のホープで、吉田・池田・大平の流れをくむ保守本流を自任していた東京高師（旧東京教育大学、現筑波大学）付属小学校、武蔵中学・高校、東大法学部出身の大蔵エリート官僚上がりの「絵に描いたような」俊才だったが、そのエリートくささが嫌われていたようである。

結論から先にいえば、自民党は大平によく似たタイプという印象の強い、大平派の鈴木善幸を総裁に選んだ。「ひょうたんから駒」とはこのことで、佐藤以後、一九七二年から一〇年近くつづいた派閥抗争にうみ疲れた自民党は、性温厚な「和の人」と呼ばれる鈴木をよしとして選択したのであろう。

鈴木は、通例、総裁コースのキャリアといわれる幹事長、大蔵大臣、外務大臣などの要職を歴任した経験はなかったが、総務会長を七回もつとめ、党内のとりまとめ役＝肝入りどんとして人望があり、またのちの金丸信同様に野党とも関係がよかった。このため大平、田中、福田の三大派閥が鈴木を推し、一九八〇年（昭和五五年）七月一五日、鈴木は自民党の衆参両院議員総会で総裁に選出された。

鈴木は、大平死後鈴木派の宮沢を官房長官、政調会長に福田の後継者で岸の娘婿である安倍晋太郎、幹事長に中曾根派の桜内義雄をすえ、大平を支持して中曾根派を離脱した無派閥の渡辺美智雄を大蔵大臣に、中曾根を行政管理庁長官に、三木の後継者の河本敏夫を経済企画庁長官に、中川派の中川一郎を科学技術庁長官に配置し、鈴木派五、田中派・福田派各四、中曾根派・河本派各二という典型的な派閥均衡内閣をつくった。

鈴木内閣で特筆すべきは、一九八一年三月一六日に元経団連会長土光敏夫を会長とする「臨時行政調査会」（第二臨調）を設立したことである。そしてこの第二臨調は二年間審議したのち、一九八三年三月一四日、「増税なき財政再建」、「超緊縮財政の堅持」などを掲げた最終答申を中曾根首相に提出して解散した。のちに、中曾根内閣の目玉商品となった行財政改革は、かれが鈴木内閣のもとで行政管理庁長官を買ってでた深謀遠慮にはじまったものといえる。

鈴木退陣の舞台裏

ところで鈴木は、一九八二年（昭和五七年）一〇月一二日に突然、次期総裁選不出馬の意志を表明した。その理由としては、一九八一年五月四日に訪米した鈴木がレーガン大統領と会談し、そこで発表された「共同声明」(五月八日)の内容をめぐって、アメリカ側は日本が同盟関係にあること、それによって今後日本がよりいっそう軍事協力を前進させることに合意したと受けとっていたのにたいし、鈴木がそれを帰国後否定したため(五月一二日、一五日)、外相伊東正義が一六日に引責辞任したことにかねがね責任を感じていたというが、たしかに鈴木がアメリカの信任を失ったことが辞任の主因の一つであったろう。と同時に、一九八二年一〇月六日、福田元首相が「鈴木首相は国民の信頼がない」と批判(河本派、中川派同調)したことに、「望んで総理になったのではない」という思いと、もともと権力にたいする執着心がさほど強くなかった鈴木首相の淡泊な性格とが重なって、やる気をなくしてしまったというのが真相に近いのではないかと思われる。

一〇月一六日、自民党は一一月二四日の総裁選挙を告示した。そのさい、福田は復権をはかり、総裁と総理を分ける総・総分離論を唱え、福田総裁、中曾根総理という「群馬県コンビ」を提案したが、中曾根がこれを蹴ったため(田中が反対したといわれている)、総裁選が実施されることになった。いまにして思えば、一見、権力にたいして恬淡としていると思われた、自称「昭和の黄門様」の権力にたいする執着心もなかなかなものだったことがわかる。

総裁選には、中曾根康弘行政管理庁長官、中川一郎科学技術庁長官、河本敏夫経済企画庁長官の各派閥の長と福田の代貸しとしての安倍晋太郎通産相がはじめて立候補し、一一月二四日に予備選挙の開票がおこなわれ、田中派・鈴木派(旧大平派)の支持を受けた中曾根が五七％強の票数を獲得して圧勝した。ちなみに二位は河本、三位は安倍であった。そして翌二五日の臨時党大会で中曾根が総裁に就任、二六日に第九七臨時国会の衆参両院本会議で中曾根が首相に指名され、二七日、第一次中曾根内閣が成立した。幹事長に田中派の二階堂進がついたほか、閣僚は官房長官後藤田正晴、法相秦野章、蔵相竹下登ら六名の田中派議員が占め、鈴木派四名、福田派三名、中曾根派・河本派各二名であったため、人びとは「角影内閣」と陰口を叩いた。事実、第一次中曾根内閣から、第二次、改造、第三次にいたる約五年間において、田中派閣僚はつねに、六、六、六、八と他派閥を圧倒し、つづく竹下内閣から宇野、海部、宮沢とつづく五年間においても、竹下派（旧田中派）閣僚が五、六、六、六と閣僚の座を占めている。

合わせて一〇年間、これに大平、鈴木時代の四年間を加えれば、じつに一四年間近く（ヴァイマル共和国、一五年戦争時代とほぼ同年数）、田中・竹下とつづく田中派が政権の帰趨を左右してきたことがわかる。

五　日本における新保守主義の体現者――中曾根内閣の時代

大型・長命の仕事師内閣出現

一九八二年（昭和五七年）一一月二七日から一九八七年一一月六日まで約五年間続いた中曾根内閣は、戦後派政治家の代表的人物である池田、佐藤、田中らの内閣に比肩できる、久方ぶりの大型かつ長命内閣であった。ちなみに吉田内閣は通算七年間、佐藤内閣は七年八ヵ月である。それだけに中曾根内閣は、「直角内閣」、「角影内閣」、「田中曾根内閣」などとさんざん悪口をいわれたが、しかし中曾根自身はのちに述べるように、一種の確固たる政治哲学をもち、その信念に従ってしっかり仕事をし、かなり思いどおりに政策を実現していき、それゆえに「仕事師内閣」を自任することができた。

田中、福田、三木、大平なきあと、二一世紀を間近に展望する現在において、鈴木、竹下、宮沢などの総理経験者を尻目に、政局の転換期になるとテレビ、新聞紙上に顔をだしては大御所的地位を誇示できるのも、そうした中曾根自身の実績によるものといえよう（中曾根は二〇〇三年に政界を引退しているものの、二〇一四年現在でもメディアにしばしば登場し、活動を続けている」。

ところで中曾根は、一九四六年（昭和二一年）一一月三日の日本国憲法成立後、国民主権下の第一回総選挙である一九四七年四月二五日の第二三回衆議院議員選挙において、官僚中の官僚である内務省役人のポストを惜しげもなく投げ捨て、というより総理の地位をねらうためには政治家になるしかなかったから、政界入りをめざして立候補し、みごと当選を果たしている。戦前の一九三七年（昭和一二年）、一九四二年（昭和一七年）に非軍閥的立場を貫いて当選し、戦後の一九四六年四月一〇日の戦後初の総選挙に当選した三木は別格として、田中とは同期当選、池田、佐藤は一九四九年一月二三日の総選挙で当選しているから、中曾根のほうが池田、佐藤よりも先輩であるという思いがあったにちがいない。

中曾根は、「ロン〔レーガン〕・ヤス」関係などという造語でパフォーマンスを演出する「目立ちたがり屋」のところがあり、また初出馬の総選挙においても自転車をペンキで白く塗って選挙区めぐりをして話題になったし、登院早々のころ、「ウィッグ党に若きバークあり」ともてはやされたひそみにならって、「民主党に緋縅《ひおどし》鎧《よろい》をつけた若武者」が登場したとの評判を博した。また岸内閣当時には、「首相公選論」を唱えて（派閥力学では中曾根は当選の可能性がないので）、アメリカ大統領を模した「強い首相」――岸は首相公選論に飛びついたが、岸のような男に強い権力を与えては危険だという政治学者たちの反対にあって、この構想はつぶれた――の登場をアピールするなど、若くして「ただ者ではない」という印象が国民のあいだに広まっていた。

にもかかわらず、中曾根の中央政界トップへの登場が池田、佐藤、田中などより遅かったのは、三木同様、吉田、鳩山などの民自党、自民党などのいわゆる保守本流に属さず、最初は民主党、ついで改進党に所属し、保守合同によってはじめて自民党に入り、そのさいにも、吉田派ではなく党人派の河野派に身を寄せたためである（一九六五年の河野一郎死去後、中曾根派を名乗る）。中曾根は、他とはひと味ちがう「へそ曲がり」、よくいえば個性派の「誇り高き男」なのである。

この点、田中は当選時は民主党に属したが、同年、炭鉱国家管理法案に反対してすばやく脱党し、一九四八年（昭和二三年）、吉田の率いる民自党に属して「殿一筋」に吉田に仕えたことが、中曾根よりも一〇年近くもはやくに総理・総裁の地位にのぼりつめた理由であったと思われる。ちなみに田中が郵政大臣になったのは三九歳のとき、すなわち一九五七年（昭和三二年）七月一〇日の第一次岸改造内閣成立時であり、中曾根が科学技術庁長官になったのはそれから二年後の一九五九年の第二次岸改造内閣のときである。

したがって中曾根は、三木が小派閥をひきいて生き抜いた「バルカン政治家」とすれば、徳川家康のように戦国乱世の風雪にじっとたえながら「風見鶏」という悪評――これは裏を返せば、周囲の状況を冷静にみつめ、バランスをとりつつも自己の信念を堅持するというほめことばでもある――を受けながらも、首相の座がころがり込むのをひたすら待ち受けていた「忍の人」であったといえる。とすれば、時節到来、中曾根が権力の座を掌握するや、満を持して「流鏑馬《やぶさめ》」よろしく中曾根流の鏑矢《かぶらや》をひょうとばかりに放ったのは当然といえば当然のことであったろう。

中曾根政治の五年間は、ちょうど前半と後半とに分けて考えることができよう。前半はかれが外交問題に力を入れた時期で、まずは鈴木前内閣のときにぎくしゃくした日米安保協調関係を修復・強化するとともに、他方では東南アジア諸国との友好関係の進展によりいっそう努力する姿勢をみせた側面である。

後半はいわゆる内政問題についてかなり憎まれ役的な役割をあえてひき受け、日本の産業構造に大胆なメスを入れた時期である。これについては、一九八三年（昭和五八年）一月二四日、中曾根の国会における初の施政方針演説における「日本はいま、戦後史の大きな転換点」にあり、それゆえに「従来の基本的な制度や仕組みをタブーなくみなおす必要がある」という発言が伏線になっており、そこにかれの並々ならぬ決意のほどがうかがわれる。そしてこのことが可能であったのは、一月二六日に、田中がロッキード裁判において懲役五年を求刑されてダメージを受けたこと、二月九日、全野党が田中の議員辞職勧告決議案を国会に提出したこと、また一九八五年二月七日に、田中派の大番頭竹下登が派内に竹下派をつくる動きをみせて（勉強会と称する創政会の設立。その二〇日後、田中が脳梗塞で入院）、田中支配が事実上終わったことなどが、福田、大平、鈴木内閣とは異なる独特の中曾根流政治の実現にとって追い風になったことは否定できない。

すなわち、中曾根は「審議会」方式を編みだしてこれを多用し、いわゆる従来の派閥の温存策ともなっていた「族議員」の跳梁を封じ込め、また「戦後政治の総決算」なるあやしげな造語を創出して、いまは日本政治が転換期にあること――それは事実であったが――を強調して大型間接税の導入をはかり、そのほかレーガン、サッチャーばりの「新保守主義」による国家財政の負担の軽減化を示唆し、そのため国鉄をはじめ、たばこ、塩などの専売事業の民営化を提案した。

大型間接税の導入は、野党をはじめ世論の猛反対にあって最終的には実現できなかったが、こうした地ならしがあったからこそ、この課題は次の竹下内閣のときに実現した。また国鉄、電電公社、専売公社の民営化はこれを断行し、その結果これまで社会党の有力支持基盤であった公労協系組合の力をそぎ、それが社会党の長期低落化傾向に拍車をかけた。この意味で、中曾根内閣は一九八〇年代の世界的傾向であった「新保守主義」の日本における体現者であったといえよう。

中曾根内閣の対外政策

一九八二年（昭和五七年）一一月二七日、中曾根内閣が成立すると、中曾根は間髪を入れず翌年一月一一日（―一二日）に韓国を訪問して全斗煥《チョンドゥファン》大統領と会談し、四〇億ドルの対韓経済協力を約し、一二日には新時代（次元）における日韓関係を確認して、金大中事件以来悪化していた日韓関係の修復につとめた。それから五日後の一月一七日には、休むまもなくワシントンに飛び、一八日、レーガン大統領と会談、「日米は太平洋をはさむ運命共同体」であるとの認識を表明している。そして一九日の「ワシントン・ポスト」が同紙幹部と中曾根首相との懇談を設定し、そのさい、中曾根がソ連爆撃機の侵入阻止に言及して「日本列島を不沈空母」とし、一旦《いったん》緩急あれば「四海峡」(のち三海峡と訂正)を封鎖するという「タカ派的」発言をしたことを報道したため、国民は戦後以来の国民的悲願ともいうべき「平和憲法」護持の基盤が大きくゆるぎはじめたことに不安の念を抱いた。

そのことは、三月一二日の第九回日米防衛協力小委員会において、シーレーン防衛の共同研究に着手することに日本が同意したこと、さらに一九八三年一一月九日にレーガンが来日し、西側の結束と日本の防衛努力の強化を再確認したことによって実証された。このさい、一一日に東京、西多摩郡日の出町の首相の別荘「日の出山荘」に中曾根がレーガンを招き、日本伝統の茶の湯の会を開き、そのさまを「ロン・ヤス関係」と呼称して自己の存在感を顕示したことは記憶に新しい。

一方、中曾根は一九八三年四月三〇日に東南アジア五ヵ国訪問の旅に出発し、インドネシア大統領スハルトと会談し、日本の防衛協力整備は自衛の枠内を超えないと表明して、アジア諸国の日本の軍国主義化にたいする疑念を打ちはらう努力もしている。

またこの年の一一月二三日には中国共産党総書記胡耀邦が来日し、二四日、中曾根首相と会談、「日中友好二一世紀委員会」を設置することで合意している(一九八四年、第一回発会式、東京)。

こうしたなかで、一九八四年になって日米経済摩擦という難関がにわかに大きくとりざたされはじめた。すなわち、三月二三日に米財務長官リーガンが来日、日本の金融・資本市場の自由化が遅れていることに強い不満を表明した。そして四月七日には日米間で牛肉・オレンジ輸入割当交渉が妥結し、これにたいしては八日、全国農協中央会が抗議声明を出している。そして同月二七日には、「経済対策閣僚会議」が「包括的対外経済対策」、すなわち食料品、たばこなど一一八品目の関税引き下げ・撤廃による輸入促進、先端技術分野・金融資本市場の開放、投資交流、弁護士受け入れなどを決定した。

また翌一九八五年四月九日には、「経済対策閣僚会議」が、深刻化する日米通商摩擦に対処する市場開放のアクションプログラムを決定している（通信機器など四分野を中心として、関税引き下げや輸入促進を三年以内に実現する）。そしてこの日、中曾根首相は記者会見のテレビ中継で、国民に輸入促進のため「一人一〇〇ドルの外国製品購入を」という異例の呼びかけをおこなっている。しかしその後も日米経済摩擦はいっこうに解決されず、アメリカ側は対日貿易収支の赤字が縮小しないことに強い不満をいだいていた。

これにたいして、首相の私的諮問機関である前川春雄前日銀総裁を座長とする「国際協調のための経済構造調整研究会」は、一九八六年四月七日にいわゆる「前川リポート」を提出、そこでは危機的な日米貿易摩擦解消のため経済構造を輸出指向型から内需拡大・国際協調型へ転換することが提言されていた。そして四月一三日、キャンプ・デービットでの日米首脳会談において、中曾根は日本の経済構造を輸入指向型に転換する決意を表明している。

しかしその実行がさっぱり進まないために、アメリカ側はついに一九八七年四月一七日に日米半導体協定を日本が守っていないとして、「伝家の宝刀」（通商法三〇一条）を抜き放ち、日本製パソコン、カラーテレビなどに一〇〇％関税をかける経済的制裁措置をとった（一一月一〇日、カラーテレビ、電動工具の課税は解除）。このため、四月三〇日に中曾根はワシントンに飛び、減税と五兆円補正予算による内需拡大策を表明して半導体対日制裁解除を要望し、このさい、レーガン大統領は米をふくむ農産物の自由化を求めた。こうして、中曾根内閣時代全般にわたって日米経済摩擦が大きな政治課題となったが、この問題は国際社会が国民国家から成り立っている以上、いつの時代、いずれの国家とのあいだにおいても完全に解決されるものとはいえず、日本にとって、現在においても依然として経済分野での最重要問題であることだけはまちがいない。

中曾根内閣の国内政策と事績

中曾根内閣が成立直後の一九八三年（昭和五八年）初頭は、戦後最長不況期（一九八〇年三月―一九八三年二月）がようやく「長いトンネル」を抜け出そうとしていた時期であった。

この年、四月四日からNHK朝の連続ドラマで「おしん」が放送され、半年後の九月二四日の調査では六五％という驚異的な視聴率を獲得したのも、ここ数年来の国民生活における「忍耐」、「辛抱」の名残りを反映していたのかもしれない。そしてこの三年後の一九八六年のはじめごろより（八五年のプラザ合意以降の人為的な円高によって景気が過熱）、都心のビル需要、大型民活プロジェクト、金余りなどを要因として地価が急騰し、東京の世田谷区、目黒区では平均六〇％も上昇、これ以後、業者の投機的土地あさりにより狂乱地価を現出した。いわゆる「バブル経済」によって一億総国民が「金銭亡者」になり、億万長者を夢みて日本列島全体が狂いはじめるが、これも先行きの生活不安からきた弱い立場にある国民大衆の生活防衛の裏返し的行動であったとも考えられる。

ちなみに五月一九日には、今村昌平監督の「楢山節考」が第三六回カンヌ国際映画祭でグランプリを受賞しているが、これまた世界的にいよいよ本格化する高齢化社会問題への対応を考えざるをえない作品として評価されたと考えるのはこじつけであろうか。

たしかに中曾根がいうとおり、時代はまさに「転換期」、「曲がり角」にきていたのである。そのため、「忍の人」中曾根も、ついに「関ヶ原」の決戦に騎馬を進め、エンジン全開でダッシュした。その第一着手が、レーガン、サッチャー流の「小さな政府」への構造転換のための民活導入、すなわち国鉄、専売公社（たばこ、塩）、電電公社などの民営化への挑戦であった。

三公社（国鉄、電電公社、専売公社）などの民営化の方針は、すでに鈴木内閣のとき、一九八二年七月三〇日の臨時行政調査会（以下、臨調という）の第三次答申のなかに盛り込まれていた。そして中曾根内閣になった四ヵ月後の一九八三年三月一四日に、臨調は最終となる第五次答申を中曾根首相に提出し（翌一五日、臨調解散）、それを受けて中曾根は、一九八四年八月三日に専売公社を日本たばこ産業会社（JT）に名称変更する法律を成立させ、八月一〇日、関連諸法を公布した。さらに一二月二〇日には電電公社を日本電信電話会社（NTT）に名称変更する法律を成立させ、同月二五日に関連法を公布し、これによって二つの公社が民営化された。まことにすばやい対応であったといえよう。

しかし、民営化の最大の難物は国鉄の民営化であった。当時国鉄は三七兆三〇〇〇億円の長期債務と九万三〇〇〇人の余剰人員をかかえていたので、この民営化作業ははげしい抵抗にあった。ところでこの問題については、一九八四年八月一〇日、国鉄再建監理委員会が、国鉄の公社制度を廃止し、分割・民営化をはかるべきことを中曾根首相に提言したことによってはじまった。そして同委員会は、一九八五年七月二六日に、最終答申「国鉄改革に関する意見」を中曾根に提出し（JR東日本、JR西日本などの六民間会社に分割、余剰人員九万三〇〇〇人の整理、配置がえ）、同年一〇月一一日に政府は「国鉄改革のための基本方針」を決定、翌一九八六年一〇月二八日に関連八法を成立させ、一二月四日には同法を公布した。

こうした政府の動きにたいして、国労は一九八五年七月二九日の四八回大会において、国鉄の分割・民営化阻止の五〇〇〇万人署名運動、指名解雇には反復ストで対抗する闘争方針を決定し、また同年一一月二八日には国鉄千葉動労（動力車労働組合）が国鉄分割・民営化に反対して総武線で二四時間ストに突入、二九日には中核派など過激派が首都圏と関西など八都府県で同時多発的ゲリラ行動により通信・信号ケーブルを三四ヵ所で切断したが、これについては国労、動労が過激派非難の共同声明を出している。

そして翌一九八六年七月五日には、国鉄当局は職員の「人材活用センター」への配属を開始して、一一月までに一〇一〇ヵ所、五万五〇〇〇人の配属をめざし、人員選別をめぐって労使紛争が激化した。他方、動労は七月二三日に総評脱退を決定して労使協調路線に転じ、また国労は一〇月一〇日の臨時全国大会において闘争継続を表明したが、その過程で国労は事実上分裂した。そしてこのような国労、動労自体の分裂、方針転換などにより国民的支持がほとんど得られない状況は中曽根内閣の「思うつぼ」となり、国鉄の分割・民営化が断行された。

この結果はその後の労働運動に、ひいては社会党に大きな打撃を与えた。なぜなら、民営化によって総評のなかでの最強組織であった公労協（公共企業体等労働組合協議会）が消滅したからである。

そして一九八九年（平成元年）一一月二一日の総評第八二回臨時大会において組織解散が確認され、新たに七八単産、七九八万人からなる日本労働組合総連合会（連合）が生まれた（会長にNTT労組・全電通委員長の山岸章）。「昔陸軍、今総評」と恐れられた「闘う総評」（ニワトリからアヒルへ）が解体し、労使協調の立場をとる牙を抜かれた労働組合団体に変質したことは、自民党ひいては保守諸政党にとっては民営化作業過程から生まれたたいへんな収穫であった。

一〇日後の一二月二日（―三日）、マルタ会談において、ブッシュ、ゴルバチョフによる「冷戦終結宣言」が発表されているが、国内外の「政治世界」において「敵・味方」思想が消滅したことは、時勢の変化とはいえまことに感慨深いものがある。中曽根が断行した公社民営化は、本人自身がそこまで考えていたかどうかは別として、労働団体と社会党の変質に強烈なインパクトを与えたことになり、その意味で、中曽根が「戦後政治の総決算」の遂行者を自任したのは、あながちまちがいではない。

ところで、中曽根にはもう一つなすべき仕事があった。それが、大型間接税の導入による日本経済の構造転換であった。

三公社の民営化に成功した中曽根は、首相就任後三年半たった一九八六年（昭和六一年）七月六日の衆・参同日選挙に大勝した。衆院では自民党公認だけで三〇〇人が当選し、追加公認を入れて三〇四人、前回の総選挙よりも四六人増加。中曽根はこのときの大勝を、一九八六年八月三〇日、軽井沢で開かれた自民党主催のセミナーにおいて「五五年体制」にかわる新しい「八六年体制」がはじまったと位置づけ、社会党が八五人で前回より二七議席減と大敗したのをみて、自民党がウイングを左のほうに伸ばし（社会党の票を喰った）、新自由クラブ、民社党（二六人、前回より一二議席減）、社会党右派をふくむ中道右派までカバーしたと得意満面になって講演している。その二日まえに中曽根は、自民党基本問題運営委員会で、大勝を理由に総裁任期の一年延長をかちとり（九月一一日、正式決定）、おそらく気分がハイになっていたのであろう。このような状況を背景に、中曽根はいよいよ福田、大平時代に不発に終わった「一般消費税」の導入に立ち向かうことになる。

一方、当面の敵、社会党はマルクス・レーニン主義的階級闘争論から平和革命をめざす社会民主主義路線への変更をめぐってもたつき、ようやく路線変更にこぎつけたものの、今度は総選挙に大敗して七月二八日に執行部（委員長石橋政嗣）が総辞職するという「お家騒動」が起こり、九月六日には社会党委員長に土井たか子が当選し（対立候補上田哲）、八日に女性初の委員長が誕生した（書記長山口鶴男）ばかりであり、足腰が弱っていることはみえみえであった。中曽根にとってはまさに絶好のチャンス到来であった。そればかりか八月一五日には新自由クラブが解党し、河野洋平代表が中曽根に復党を申し入れ（六人）、自民党はますます盤石のかまえを確立しつつあった。中曽根がセミナーで「八六年体制」を高言し、「売上税」の実現に邁進する動きをみせたのは当然といえば当然のことであった。

中曽根は、就任二年後の一九八五年一月二五日の国会における施政演説で、戦後税制の全般的な見なおし作業の開始を表明した。戦後日本経済は、産業構造の変動にともなう費用や景気対策、社会保障制度の確立に政府が責任を負い、税収不足をおぎなうための「赤字国債」を増発して、財政危機に陥っていた。元首相大平が「一般消費税」導入をはかったのは、公債依存率を引き下げるためであった。

こうした状況のなかで一九八五年一〇月八日、村山達雄を座長とする自民党税制調査会は、ＥＣ型付加価値方式による大型間接税の導入についての中間報告をまとめた。そして翌一九八六年一二月二三日に、山中貞則を会長とする自民党税制調査会は、「税制の抜本的改革と〔昭和〕六二年度税制改正大綱」を決定、一九八七年四月に所得・法人・住民税減税を実施し、一年後の一九八八年一月に新型間接税（売上税）を導入する案を決定した。これを受けて、政府は売上税を盛り込んだ税制改革法案を一九八七年一月一六日の閣議において決定した。

これにたいして、閣議決定のその日、社会党はただちに国会内共闘組織「売上税等粉砕闘争協議会」を結成、一九日、四党首、総評・全民労協ら五労働団体首脳と会談して共闘宣言を採択、二六日、四党書記長が、日本百貨店協会・日本チェーンストア協会・日本小売業協会ら流通一一団体で構成する大型間接税反対中央連絡会議と懇談、初の共闘を組んだ。自民党は、支援団体である流通業界の反旗に苦慮した。しかし二月四日、政府は売上税法案・所得税等改正法案（所得税・法人税減税、マル優廃止）を衆議院に提出した。

ところが、反撃は野党、労働・流通団体ばかりでなく、身内からも起こった。二月一三日には、竹下自民党幹事長が売上税導入反対の地元集会（文京区）に出席した深谷隆司、鳩山邦夫に党議を守るよう厳重注意している。そして二月二四日には、日本百貨店協会・日本繊維産業連盟・全日本商店街連合会・主婦連・ゼンセン同盟など二〇〇団体が参加する税制国民会議が結成され、三月一日に税制改悪・売上税粉砕、三・一国民集会を開くことを決定した（二〇都府県で二三万人参加）。しかし売上税導入を断念せしめるうえで決定的だったのは、三月八日の参議院岩手選挙区の補欠選挙において、売上税を争点に社会党の小川仁一が自民党の金城湯池といわれた岩手県で圧勝して、二五年ぶりに議席を獲得したことである。この補欠選にみられた売上税にたいする農村の強い拒絶反応に自民党は衝撃を受けた。

これを受けて四月一七日、原田憲を会長とする自民党財政再建議員研究会が総会において売上税撤回を求める決議を採択（一五〇人）し、中曾根首相、竹下幹事長に提出した。こうして、五月一二日に、与野党国会対策委員長会談（共産党除外）で、売上税の廃案、与野党による「直間比率」の見なおしのための税制改革協議会設置（五月二五日、座長伊東正義、自民七、共産党を除く野党六）で合意、五月二七日に売上税法案が廃案とされた。

中曾根後をねらう三人

売上税の断念は、中曾根の神通力がようやくかげりをみせはじめたことを印象づけた。これをみて、中曾根以後をねらうニューリーダーたちも準備おさおさ怠りなく行動を開始している。

一九八六年（昭和六一年）七月一四日に、福田元首相は自民党福田派の清和会会長に安倍外相を指名し、九月四日には、鈴木元首相は鈴木派の宏池会会長に宮沢蔵相を推挙した。そして翌一九八七年七月四日に、ついに竹下幹事長が自力で竹下派（経世会）を結成（田中派議員一一三人）、これで総裁・総理レースの役者が出そろった。ちなみに当時の自民党勢力分野は、竹下派一一三、宮沢派八九、安倍派八五、中曾根派八一、河本派三二、旧田中派二階堂系一五、等々であった。

一九八七年一〇月二日、安倍、宮沢、竹下が次々に総裁選への立候補を宣言した（七日、二階堂断念）。しかし次期総裁をめぐっては三者のあいだで調整がつかず、中曾根に調整が白紙委任された。二〇日深夜、中曾根は竹下を指名し、三一日の自民党大会において竹下が総裁に選出された。同日、幹事長に安倍晋太郎、総務会長に伊東正義、政調会長に中曾根派の渡辺美智雄の党三役が決定された。そして一一月六日、第一一〇臨時国会（—一一日）において、竹下内閣が成立した。

竹下は「一〇年たったら竹下さん」という歌詞をつくって、はやくから総理・総裁の道をめざし、一九七四年（昭和四九年）一一月一一日に田中第二次改造内閣のとき官房長官の要職についた。一九七九年一一月九日の第二次大平内閣のときには大蔵大臣となり、さらに一九八二年一一月二七日の第一次中曾根内閣のときに再度大蔵大臣となり、第二次中曾根内閣（一九八三年一二月二七日）、中曾根改造内閣（一九八四年一一月一日）、中曾根第二次改造内閣（一九八五年一二月二八日）と通算四年の長期にわたって大蔵大臣をつとめた。そして一九八六年七月二二日の第三次中曾根内閣においては、ついに幹事長にまで登りつめる。切った張ったの実力世界とはいえ、失意の親分田中を尻目に出世街道を突っ走る竹下に不快感をもった国民は少なくなかった。

第五章　「五五年体制」崩壊への道――竹下内閣から宮沢内閣の時代

一　竹下派支配＝「総主流派」体制の確立

自民党「一党支配」の崩壊過程

竹下内閣の成立から宮沢内閣の辞任までの時期は、みかたを変えていえば「五五年体制」以来、三八年間におよぶ自民党「一党支配」の崩壊過程であったといえる。それを引き継いだ細川内閣以後、日本も北欧・ベネルクス型の「連合政治」の時代に入ったが、日本では社会民主主義政党の力が弱いので、「総保守体制」になる傾向が強いという点で北欧・ベネルクス型とは異なる。したがって細川内閣の成立は、日本における新しいタイプの保守的二党を中軸とする連合政治の可能性もふくむものと言える。

これら諸内閣に先行した中曾根内閣の在任期間が約五年間であったのにたいし、その後の約五年九ヵ月のあいだに竹下、宇野、海部、宮沢とショート・リリーフのように引き継がれた自民党政権は、中曾根「仕事師」内閣やそれ以前の歴代内閣とくらべて、いかにも「軽量短小」内閣であるという感はいなめない。

しかし、これから述べる四内閣――宇野内閣をのぞけば三内閣――は、かれらが自民党の分裂過程をどこまで意識していたかどうかはわからないが、それにつづく「非自民連合政権」を標榜した細川内閣成立（一九九三年八月九日）への道を準備し、結果的には日本の政治にさまざまな衝撃と新しい思考の登場をもたらしたという点で、それぞれにきわめてダイナミックかつ重要な役割を演じた内閣であったといえる。

敗戦直後の片山社会党内閣時代（一九四七年五月二四日―一九四八年三月一〇日）約一〇ヵ月間を例外として、戦後五〇年間、日本の政治は世界にその類をみないほど保守党の独占的支配体制が続き、そのスキームは基本的にはほとんど変わっていないし、「一九九六年段階（体制）」においても、その保守支配体制はますます拡大強化されつつあった。とくに、戦後一〇年たってようやく整備確立された「五五年体制」以来、自民党は総選挙のたびにひとり勝ちをおさめ、反対勢力とくに社会党を「健全な野党に育てたい」とからかいながら適度に押え込みつつ、中曾根内閣時代末期の一九八六年（昭和六一年）七月六日の総選挙では、ついに三〇〇の大台を超える三〇四の議席を確保し、中曾根をして「八六年体制の到来」、「戦後政治の総決算」、すなわち自民党政治の路線の正しさを証明するできごととまでいわしめたのである。

しかし、「驕れる自民党久しからず」。これが自民党一党支配の頂点であった。なぜなら「五五年体制」以来の三〇年間におよぶ長い長い自民党支配のあいだに、さしもの自民党もその一党支配的政治手法の硬直化・固定化のゆえに、じょじょに党運営上の「制度疲労」をひき起こしつつあったからである。

ところでそうした自民党自体による自浄作用は、社・公・民・共などの反対勢力から加えられた圧力をもってしてもほとんどききめがなかった。結局のところ、その作業は自民党の内部矛盾にもとづく分解（分裂）作用においてはじめて可能となる。その「キーワード」となったのが、海部・宮沢内閣において本格的に活発化し、その後「非自民政権」という旗印を掲げて成立した細川内閣において実現された、いわゆる「政治改革」なる合言葉であった。

したがって国民のなかには、細川政権の成立をこれまでとはかなり異なる新しいタイプの政治勢力が出現したものと一時期錯覚し興奮したむきもあったが、細川政権もまた保守党の一変種にすぎなかった。その基本的性格は、一九八九年一二月三日の「冷戦終結宣言」にもとづいて積極的な「平和共存」路線に移行した新国際秩序にたくみに対応しながら、戦後五〇年近く、護憲・反日米安保を標榜してきた最大野党で、「ソ・中のまわし者」と悪態をつかれた日本社会党を、きわめてスマートなかたちであれよあれよという間《ま》に保守陣営の側に呑みこんでしまった自民党の別動隊（細川政権は、旧竹下派の分裂によって生まれた「新生党」主導のもとに運営されていたから）であったといえよう。

このように考えると、一九九三年の細川政権成立から羽田内閣までわずか一〇ヵ月余で、たとえ社会党委員長村山富市を首相の座にすえ、「自・社・さきがけ」政権を構成するというウルトラC戦術をとったとはいえ、事実上は一九九四年六月三〇日自民党の本隊たる自民党残留組が政権を奪回し、さらにその一年半後の一九九六年一月一一日には、旧田中派・旧竹下派直系のホープでかつて小沢・羽田と並び称された田中派若手サンフレッチェの一人、橋本龍太郎が細川政権のお株を奪って「自・社・さきがけ」連合政権のシャッポにちゃっかりおさまったこと、またその後のひとゆれもふたゆれもした政界再編成の選択肢の一つとして、社会党を切り捨てた「保保連合」の可能性などが政界雀のあいだでささやかれていたことなどもさほど不思議なこととはいえないであろう。

「九六年体制」の成立

では、細川政権成立から村山政権をへて橋本政権成立までの約二年五ヵ月の政界「狂躁」曲は、戦後日本政治にとっていったい何だったのか。これを保守勢力全体の側からみれば、この「政治改革」は、結果的には「政治改革」という名のデーモンによって「社会党つぶし」に成功し、保守勢力の確固たる基盤を確立したということである。かつて竹下内閣が成立したとき、「総主流派体制」が確立し、保守党が一枚岩となったといわれたが、これはあくまでも自民党一党内部の問題であった。しかし一九九六年の橋本内閣成立はもともと自民党政治支配の矛盾から発生したものとはいえ、国民世論の批判の的となった「ウミ」をある程度切開してみせながら、保守勢力が「総保守体制」を確立し、そのサバイバル作戦に成功したということである。そしてこれこそが、小沢一郎がもくろんでいた作戦そのものではなかったか（唯一の誤算は、かれが保守大連合の中心的リーダーになれなかったこと）。

その意味で、細川内閣から橋本内閣にいたるプロセスは、基本的には国民生活とはほとんど無縁の、保守党内部の権力闘争劇を通じての保守党再編による再結集と、その最大の副産物としての「社会党つぶし」成功劇であり、これは少々きついことばかもしれないが、細川、羽田、海部、村山たちはしょせん小沢のあやつり人形であった。しかし、次の点は重要である。細川政権成立後から橋本政権への復古にいたる政治過程は、もはやかつてのたんなる自民党王国への「王政復古」ではないという点である。なぜなら「新生」自民党は新しい連合政権の時代に直面して、これまでの自民党支配とは異なるさまざまな新しい思考によって問題の解決にあたらなくてはいけなくなったからである。

しかしそうはいっても、このとき展開されたさまざまな「政治改革」劇には問題が残る。その最大のものは、この時期の事態はとかく竹下派内部の権力闘争の綱引合戦に偏重しすぎ、真に国民の側に立つ「経済改革」、「社会改革」の深部にまで踏み込んだ、将来の日本のあるべき国家・社会像の変革について論じられることがほとんどなかったということである。それればかりか、保守支配層は総体として（自民も新生も）、見た目は派手なこの改変劇をたくみに利用しつつ、保守体制支配の恒久化をはかる政治指導の一環として、将来において国民生活を大きく圧迫するであろう消費税システムを着々と導入し、また「国際貢献」、「普通の国」（小沢一郎）をキャッチフレーズとして振りかざしながら、日米安保体制の強化をいっきょに推進したことである。そしていまや日清戦争後の自由党の転落にも比せられる社会党のみるも無惨な凋落によって、そもそも民主政治の基本原則である「合意と抵抗」の構図すら崩壊の危機にさらされつつあることも、将来の日本政治にとっての大きな不安材料である。一九九六年一月一九日に日本社会党を改名した社会民主党は、懸命になって鳩《きゅう》・菅《かん》主導の民主党にすり寄り、自民・新進保守二党に対抗できる「第三極」勢力の方向を模索しているようだが、それがどの程度有効な批判勢力となりうるかは、いまのところ予測できない〔結局、さほど有効な批判勢力とはならなかった〕。

ところでこのような小沢流「総保守」体制、つまり社会党左派をはずした保守二大政党による「安定した」日本政治の再編としての「九六年体制」を生みだしていったのが、竹下政権から宮沢政権にいたるまでの自民党政治の経緯であった。以下、このプロセスについて述べる。

二　消費税導入とリクルート事件――竹下内閣・宇野内閣の時代

竹下派による総主流派体制の確立

竹下内閣（一九八七年一一月六日―一九八九年六月二日）といえば、一九八七年（昭和六二年）一一月二七日に表明した「ふるさと創生」という聞きなれないことばと、かれ以前の福田、大平、中曾根内閣をもってしても実現できなかった「消費税導入」（一九八八年一一月一六日、一二月二四日、衆・参本会議で可決）、一九八八年六月一八日に発覚したのが端緒となり、それが結局、竹下内閣の命取りとなった「リクルート事件」ぐらいしか思い浮かばない。そしてこのなかではとくに「消費税導入」と「リクルート事件」が重要である。

前者の実現は、すでにこれより一〇年ほど以前から、日本経済の安定化をはかり、それによって保守支配体制を確固たらしめようとした政権政党を自任する自民党の悲願であった。ところで、「消費税導入」が社・共および国民の強力な反対があったにもかかわらず強行突破できたのは、一つには、竹下が政権獲得の時点で自民党内における「総主流派」体制、いいかえれば田中派支配の完成を形成・確立しえていたからである。しかしこの「総主流派」体制の成立は、皮肉なことにその後の自民党内における内部分裂、実際には竹下派内部の権力闘争をひき起こすことにつながっていき、あげくのはてに自民党一党支配の終焉と細川政権という「鬼子」を生みだすこととなるのである。

後者の「リクルート事件」は、戦後、長期的に政権を維持しまた維持しつづけようとする政権与党にとっては、いわば宿命的ともいえる造船疑獄、グラマン、ロッキードなど、度重なる汚職事件の総決算ともいえる事件であったといえる。こうした事態のなかで、ついに「金のかかる選挙」をやめ、「政財界の癒着」の構造を改善する一環としての「政治改革」を求める声が——実際には、それは竹下派内部の権力闘争に利用され、ほとんど選挙制度改革に矮小化されたが——、汚職贈賄疑惑の最前線にいた一部の竹下派のメンバーもふくめて全党的にわきあがった。したがって、竹下式「総主流派」党運営とそこから必然的に発生する「金権政治」の否定こそが、一九九三年（平成五年）の自民党一党支配の崩壊と細川政権の成立へとつながっていったのである。

ちなみに、「ふるさと創生」論というのは全国自治体の活性化に一億円ずつ「ばらまく」という話で、一方では当時、消費税問題で反対運動が盛りあがっていた空気を沈静化し、他方では折からの「村おこし」、「町おこし」運動に便乗しようという、人気取り政策の一つであったといえよう。

竹下登の出世街道

さて、先ほど、竹下時代になってついに「総主流派体制」が完成したこと、それが同時に六年後の一九九三年七月一八日の総選挙において、自民党のやや大げさにいえば歴史的敗北へとつながっていった要因となったことを指摘しておいた。この意味で竹下は、弁証法的にいえば自民党を止揚する役割を果たした第一の功労者といえよう。

竹下は、一九五八年（昭和三三年）の国政選挙で当選し、佐藤派に属した。この佐藤との出会いが、それから約三〇年後についに総理・総裁の地位へ登りつめる出世街道のはじまりである。それから六年後、かれは第一次佐藤内閣（一九六四年）の官房副長官に登用され、一九七一年の佐藤改造内閣ではついに総理の事実上の女房役、また内閣全体の調整役でもある官房長官となり、約一年間、佐藤内閣の最後を飾る。それまでの佐藤内閣の歴代官房長官は、橋本登美三郎（佐藤派）、愛知揆一（佐藤派）、福永健司（池田派—前尾派）、保利茂（佐藤派）など大物長老ばかりであったから大抜擢といえる。

一方、かれの兄貴分である田中が表舞台にでたのは竹下より七年ほどはやく、岸改造内閣（一九五七年）では郵政大臣、第二次池田改造内閣（一九六一年）では政調会長、池田第二次改造内閣（一九六二年）から第一次佐藤内閣までの約三年間は大蔵大臣、佐藤改造内閣（一九六五年）以後約一年間、佐藤第二次改造内閣、第二次佐藤第二次改造内閣、第三次佐藤内閣では約二年有余、幹事長をつとめている。そして一九七一年の佐藤改造内閣では約一年間、通産大臣をつとめている。なんともはや、堂々たるキャリアである。

さてそれはともかくとして、その後竹下は、一九七四年（昭和四九年）の第二次田中改造内閣において、田中派の城代家老を自任し「趣味は田中角栄」とまで高言していた二階堂進のあとを継ぎ、ようやく田中内閣での官房長官となる。もっとも、田中が「金脈問題」で退陣したためわずか一ヵ月足らずのことであったが、田中も危機に追い込まれてやむなく派内の実力者竹下を任命したとしか思えない。

竹下は、田中角栄全盛期にはとかく田中から目下《めした》扱いされて、「県議あがり（一九五一年）の国会議員は総理・総裁にはなれない」と小馬鹿にされていたが、どうしてどうしてなかなかの業師であり、田中内閣末期ごろまでにはひとかどの実力者となっていたものと思われ、田中からはいずれ自分の存在を脅かす「恐ろしい奴」とみられ警戒されていたのかもしれない。

田中退陣後竹下の芽がいっきに吹きだし、三木内閣のときには建設大臣（改造によりわずか八ヵ月）、第二次大平内閣、中曾根内閣のときには三年有余の長きにわたって内閣の最重要閣僚の座である大蔵大臣をつとめ、この中曾根内閣時代に、政官両界にわたって確固たる基盤を築いたものと思われる。とくに知恵者中曾根は、田中から自立し「田中離れ」を実現するためにも、田中派のNo.2、気配りの人竹下を重用したことはまちがいない。

ところで、田中派の強力な支持による大平内閣誕生にさいして、大平と福田前首相とのあいだで激しい主導権争いが起こった。これは「大福中」が「どんぐりの背比べ」で、田中のような強力なリーダーシップを欠いていたためである。このとき、自民党内に地殻変動のきざしがあらわれた。すなわち大平、田中、福田派それぞれの次代をになう宮沢、竹下、安倍らいわゆるのちのニューリーダーたちの活躍が目立ちはじめているからである。ちなみに竹下が第二次田中第二次改造内閣で官房長官になった一ヵ月後の三木内閣成立時、宮沢が外務大臣に、安倍が農林大臣にはじめて登用され、それから一年後に竹下も三木内閣において仮谷忠男にかわって建設大臣のポストについている。田中院政に少しでもストップをかけようとしたクリーン三木のたくみな分断作戦ともいえ、ここで「新三役そろい踏み」の図式ができあがった。退陣後も「目白の闇将軍」と呼ばれて自民党内で絶大な権力をふるっていた田中がこのころ、「竹下にはこれからしばらく雑巾がけをさせる」と語ったのは有名な話であるが、もはや竹下の勢いを押しとどめることは田中とてもできない状況にあった。もしこのとき、田中が、人には必ず終わりがくるものだという認識をもち、長期的展望に立って、竹下の力を過小評価せず自分の後継者として気持ちよく遇しておれば、その後の田中の生涯はよほど華やいだものとなったであろう。猪突猛進型・自信過剰型にままみられる器量の狭さが、みずからの晩年を淋しいものにしてしまったことが惜しまれる。

さて一〇年ほど遅れてではあるが、田中同様に内閣のかなめとなる重要ポストを十分に経験したのち、一九八六年(昭和六一年)第三次中曾根内閣において、竹下はついに党の最重要ポスト、総理・総裁への最短距離といわれる幹事長の座を射止める(その前年の一九八五年二月二七日に田中が脳梗塞で倒れ、半身不随の身になっていた)。これによって、竹下は政府・与党の最重要ポストを総なめにする。事実、その一年ほどのちに竹下は、ベーブ・ルース流のホームラン予告にならって、一〇年まえから予告していた内閣総理大臣の地位に登りつめるのである。ちなみに竹下内閣では、第三次中曾根内閣のとき総務会長をつとめた安倍晋太郎が幹事長となり、宮沢喜一が副総理格として遇されている。一〇年まえからニューリーダーと目されていた他の二人も、いまや押しも押されもせぬ自民党の実力者となっていた。人びとは、新しい時代のはじまりをそこにみた。

しかし竹下がここにいたるまでの道のりは必ずしも平坦無事なものではなく、長くて遠い道のりであった。なぜなら竹下の権力獲得にさいしては、田中角栄との激しい確執と闘争を避けては通れなかったからである。竹下にしてみれば、たしかに先輩である田中に恩義があったことは認めるが、気持ちのうえでは、自分は小沢、羽田、橋本などと同じ子飼いの弟子ではなく、田中のやや斜めうしろに位置する最強の弟分であり、それゆえに後継者として認知されてしかるべきであると思っていたにちがいない。また田中がキング・メーカーとしての力を行使しつづけているかぎり、さらには田中自身が復権の野心を捨て去らないかぎり、田中派の面々は自民党最大派閥に属しながらも自民党内では「影の実力者」としての地位に満足せざるをえず、陽の当たる場所に身をおくことができないという、鬱々たる思いが派内にしだいに蔓延しつつあった。

その田中派内の不平不満をたくみに糾合しつつ、田中の個人支配を排除しつつ——そのことはまた、大平派をのぞいてほとんどの派閥も望んでいた——、新しい派閥形成を試み、田中派の若手の権力欲を満足させようというのが竹下の戦略であった。

このため、竹下はついに一九八五年（昭和六〇年）二月七日に蹶起し、勉強会と称してかれ自身を中心とする「創政会」を発足させた。これに危機感をつのらせた田中は懸命になって不参加を要請する圧力をかけたが、もはや「田中離れ」の流れを押しとどめることはできず、いまや竹下の腹心となった金丸、小沢、羽田などの田中派の青年将校たち衆議院議員二九人、参議院議員一一人、計四〇人、田中派の約三分の一の者が断固として竹下のもとに馳せ参じた。これによって、自民党内最大派閥である田中派内に亀裂が生じた。そしてそれから二〇日後の二七日に、田中にとってはまことに「不運」というか、竹下にとっては「天佑」というか、田中角栄が突然脳梗塞で倒れた。口さがない連中のあいだでは、「竹下の叛乱」に激怒し興奮したあまりに高血圧が高進して発病したといううわさが飛んだ。これで「勝負あった」である。政界における田中支配の時代が終わった。

そしてその後、「叛逆者竹下」、明智光秀にも比すべき「裏切り者」などという世間の不評にたえながらも、竹下は「勝てば官軍」、着々とその勢力を拡大し、一九八七年（昭和六二年）七月四日、約二年間の冷却期間をおいて中曾根退陣が間近に迫る四ヵ月まえ、次期総裁選に立候補するため竹下派＝「経世会」を結成した。ここには、いまやだれはばかることなく田中派議員一四〇余人中、田中の忠臣二階堂グループを除く一一三人の議員が「経世会」になだれを打って参集した。

ちなみに当時の自民党内の勢力分野をみると、宮沢派八九人、安倍派八五人、中曾根派八一人、河本派三二人、旧田中派二階堂系一五人、同中立系一三人、無派閥一七人となっている。そして竹下派は安倍派、河本派との関係はよいとされていたから、いまや竹下派は自民党内での絶対安定多数を確保し、以後、竹下派の意向を無視してはもはやなにごともなしえないというほどの力を誇示することになった。

そしてこのことが竹下以後の宇野、海部、宮沢内閣における竹下派支配となり、人びとはこれを「二重権力構造」と呼んで、田中にかわる竹下の新しいキング・メーカーぶりに不快感をもった。そのことがもっとも露骨にあらわれた例は、宮沢政権成立時の経緯にみられる。このとき、小沢が、総裁候補宮沢喜一、渡辺美智雄、三塚博をひとりずつよびつけて面接試験よろしく政見を聞き、これをもとに総裁を竹下派で決定するという、およそ民主主義の原則からみても信じられないような傲岸不遜な決定方式がとられ、「金《こん》・竹《ちく》・小《しょう》」トリオのうちのひとり金丸信がその決定を宮沢に伝えるという行動に出て、世間のひんしゅくをかった。しかし竹下内閣成立以来五、六年間続いた「金・竹・小」トリオの全盛時代も、やがて終わりをつげる。なぜなら、東京佐川急便事件の責任をとって金丸が竹下派会長を辞任し、その跡目相続争い（小渕グループと羽田・小沢グループ）をめぐって、一九九三年（平成五年）六月二三日、羽田、小沢が竹下派を分裂させて新生党を結成するにいたるからである。「歴史は繰り返す」。田中を蹴落とした竹下が、こんどは子飼いの小沢とその後見人を自称した金丸連合軍に反逆されたのである。「政界は一寸先は闇」といわれるが、げに恐ろしきは権力闘争という魔物である。これらの経緯についてはあとで述べるとして、ここでは自民党内における「総主流派体制」の完成が、消費税三％の導入を可能にしたと同時に、自民党それ自体の分裂へと導く「政治改革」問題の発生を準備したという点だけを指摘しておこう。

消費税をめぐる歴史的経緯

ではいよいよ、戦後日本の政治史上、「講和」、「安保」について、今後の日本国家・社会の命運を決するものといっても過言ではない財政再建にかかわる「消費税」導入問題について述べる。

敗戦によって日本経済は壊滅的打撃をこうむった。しかしその後の日本国民全体（政党、官僚、財界、一般庶民）の懸命の努力によって、日本経済はわずか二〇年から二五年ほどで、「世界の奇跡」と呼ばれるような高度成長を遂げた。そしてその成功の秘密はひとえに日本が「平和憲法」の原則を守り抜き――この点で、社・共、自民党内ハト派の功績は大きい――、ともかく軍事費をＧＮＰの一％枠に抑え込み――湾岸戦争後、国際貢献、集団的自衛権、北朝鮮・中国脅威論などを理由に、「経済大国」から「軍事大国」への方向へと誘導する動きが出てきたことに注意しなければならない――、海外貿易で得た莫大な利潤を資本蓄積と資本投資にまわし、経済成長を第一義的なものとして励んだからである。

竹下の兄貴分田中角栄の「日本列島改造論」も、そうした日本経済の繁栄を背景にしてこそはじめて可能であったといえよう。しかし、この方向はやがて戦後の日本経済の急速な発展と成功にすっかり酔いしれ、自己中心型「ミーイズム」に走った日本国民にとって決してよい結果を生まなかった。一九八〇年代中葉から、日本は、上は政権与党・巨大企業から、下は一般庶民までをもふくめてすっかり金権体質に汚染され、全国的にみられた「土地買いあさり」は「狂乱物価」状態をまねき、これ以後一九九〇年代初頭まで、世界にも類をみない「バブル経済」と呼ばれる異常現象が生じた。バブル崩壊後の「住専問題」をはじめとするさまざまな経済問題は、そうしたツケがまわってきたものである。

しかも日本経済の成長と好況は、一九八〇年代からようやく本格化してきた「経済摩擦」の激化との関連でこのまいつまでも続くとは思われず、今後の健全な国家経営と国民生活の安定をはかるためには、自力で財政的基盤を確固たるものにしなければならないことはいうまでもない。もともとこのような危機状況にいたらしめたのは、「五五年体制」以来三〇年間以上にわたり、絶対多数による政治運営に安住してきた政権与党である自民党の政治指導に第一の責任があったことはもちろんである。しかしそうした政治運営を有効に阻止できなかった野党各党、ジャーナリズム、そしてなによりも一九七〇年代以降、ほんらい主権者であるべき国民が国家のありかたについて「風まかせ人まかせ」といった態度で真剣に考えようとしてこなかったこと、すなわち「哲学なき」日本国民全体にも重大な責任があったことはまちがいない。こうした戦後日本政治の安穏と堕落を象徴的にあらわしたのが「ロッキード事件」であり、そうした政治のありかたにたいして体制批判の刃を突きつけたのが、一九六八年から六九年にかけて二年間ほど全国各大学で吹き荒れたいわゆる「大学闘争」であった。

したがって田中内閣倒壊後、「政治の世界」における「金権体質」を修正すべきであるとし、再構築をはかろうとしたのが三木、福田、大平、中曾根内閣であった。そしてこれらの内閣時代に党近代化、派閥の解消、政治改革、行政改革、財政改革などが日程にのぼったが、「財政改革」による日本経済再建の一手段として登場してきたのがいわゆる「消費税」導入問題であった。したがって消費税導入のねらいは、積もり積もった、また今後もそのままにしておけば果てしなく膨張しつづけるであろう天文学的数字の赤字財政――このようにした責任は自民党にあるが――を解消して財政の健全化をはかり、さらには二一世紀にむけていよいよ本格化すると思われる、福祉国家・福祉社会の構築に対応できるような財政基盤を確保しようというものであった。そのためには国民にも、この「曲り角にきた」国家運営にさいしてそれなりの応分の負担をしてもらおうとしたのが「消費税」の導入策であったといえる。

しかしこれまでの度重なる構造汚職の発覚、党利党略のために用いられる補助金バラマキ政治などに怒りを覚えていた国民が、国民生活に直接にひびく消費税導入に拒否反応を示したのは当然である。まず政治における「金権体質」を清算し、「経済大国志向」を「国民生活の充実」に向かう政治に変えよ、という国民大半の思いが、いかなる形のものであれ、福田、大平、中曾根内閣が提案した消費税導入に反対した最大の原因であったと思われる。

そもそも、戦後の日本国民は、戦前の国家主義的・軍国主義的政治にたいする悪いイメージがあって、長いこと政府や権力を信用しないという考え方が基本的にあった。社・共などの野党勢力が支持されてきた基盤は、一つにはここにあったと思われる。

これにくわえて、国際的な東西対決思想、つまりすべての政治事象を「敵・味方」関係で捉える思想が、国内における自社対決の姿勢をことさらに増幅させた。もっとも日本のように戦前においてきわめて封建的・絶対主義的な体質をもった国においては、これを民主国家に転換させるためには、「敵・味方」思想によって断固権力と対決することは必要であった。材料は山ほどあった。そしてなにかにつけて国家主義・軍国主義への復権をはかろうとし、そのために反社会（反共）主義を政治支配に利用し喧伝する保守党にみられる政治姿勢は、戦後日本における民主主義の確立を妨害する最大の敵であった。しかしこうした保守反動的な力の政治をもってしても、もはや戦前的なるものへの復帰は不可能であると保守勢力に思わせるようになったのは、一九六〇年の「安保闘争」を経験してからではないかと思われる。

ここまでくるのに、第二次世界大戦の敗戦後、約三〇年もかかった。東西冷戦の最終戦争といってもいい「ベトナム戦争」の末期に、アメリカ大統領ニクソンの平和共存への世界戦略転換にならって、田中角栄がいちはやく一九七二年（昭和四七年）には「中」（九月）、一九七三年に「ソ」（一〇月）、両社会主義大国との関係改善を実現して以後、日本においても自社対決の主要な国際的要因は事実上消滅した。これは、ある意味では戦後民主主義の勝利を告げるできごとであったといえよう。

したがって田中以後を引き継いだ三木内閣は、戦後三〇年間、ひたすら高度成長をめざしてわき目もふらず走りつづけてきた日本が、ここでひと息入れて、これまでの積もり積もった戦後日本政治の「アカ」を洗い落とし、「ウミ」を押し出す新時代に入ることを画する出発点に立った内閣であるといえる。この意味で、「ロッキード事件」およびそれに先立つ「大学闘争」や「日中・日ソ関係改善」は、戦後日本政治の転換点を象徴する政治的事件であった。

しかし長年にわたって「敵・味方」思想に馴れ親しみ、また不幸なことに、これまでまったくといってよいほど政権与党として日本政治の舵取りの経験をもたなかった野党第一党の社会党（片山内閣を除き）は、急激に変化しつつある新しい事態に直面して有効な政策提言によって国民をリードすることができず、そのことがそれ以後の同党の長期低落化傾向へとつながっていったのである。

それにくわえて、日本国民全体にも問題があった。一九七〇年代後半以降、たしかに日本国民の生活は高度成長の余禄によって、目にみえて生活水準が上昇したことはまちがいないが、その結果ほどほどのぬるま湯的生活に満足し、「バブル経済」時にみられたような公共心を欠く自己中心型の新人類が簇生《そうせい》した。そして戦後一五年間ほど日本再建にむけて日本国民のあいだにみられた（たとえば一九六〇年の第一次安保闘争期をみよ）、日本の将来についてどう考えたらよいかを熱っぽく語り合ったあの健康な雰囲気がすっかり忘れさられてしまった。それが、いわゆる「無党派層」――ジャーナリズムの世界では、これらの層はしばしば既成政党にたいする批判層としてもちあげられているが、問題はそれほど簡単なものではなく、今後の日本政治を占ううえできわめて深刻な政治・社会現象である――といわれる大量の「政治的無関心層」というか「政治的無責任層」を生みだしたのである。

とはいえ、戦後日本の民主主義にたいする国民の政治的経験は、それなりの政治的力量を蓄積してきたこともまた事実である。それは、福田、大平、中曾根内閣から竹下内閣にかけてのいわゆる「新型間接税」導入、海部、宮沢内閣時代の「PKO協力法」制定、細川政権下の「政治改革」運動期においてさまざまな形をつうじて発揮された。以下、これらの問題の決定プロセスにおける国民の反応をとりあげながら、戦後日本政治における民主主義の到達度について一つずつ検証していくことにしよう。

九年目の消費税導入作戦

さて、これまで繰り返し述べてきたように、三木内閣にはじまり細川、村山、橋本内閣にいたるまでの約二〇年間の日本政治は、三木内閣以前の約三〇年間の日本政治が冷戦構造のもとで日本のサバイバル策を懸命になって模索してきたのに比して、いまや日本の主体的判断で二一世紀にむけての日本の民主主義を確立していこうと奮闘努力していった時代であると断ずることができよう。第一走者三木は、なによりもまず政権与党たる自民党の党近代化をおのれの政策の第一に掲げ、その実現に向けて努力した。この党近代化はみせかけの「派閥の解消」、きわめて不十分な「政治資金規正法」の改正程度で終わり、必ずしも成功したとはいえなかったが、しかしこれはその後、歴代内閣のもとでの「政治改革」への動きとなってつながっていった。その関連で前首相である田中角栄を起訴したことは三木の勇断であったし、それはのちの「リクルート事件」における竹下首相の、また「佐川急便事件」による細川首相の退陣をうながした。田中の起訴は、首相経験者であろうと法を犯せば裁かれるという民主政治の原則をあらためて国民のまえに知らしめたのである。

つづく福田内閣においては「狂乱物価」の沈静化に努め、それはある程度成功したが、戦後三〇年以上にもわたってつながってきた「政・官・財」の癒着の根源は断ち切れず、そのことが、のちの「バブル経済」と呼ばれる「狂気」と「らんちき騒ぎ」へとつながることになった。こうしたなかで福田はその政権末期に、はじめて国家財政の立てなおしのために、自民党税制調査会による一般消費税導入の試案の公表（一九七八年九月一二日）を受けて、一般消費税導入に向かって始動する姿勢をみせた。そしてその導入実現の方向はつづく大平、中曾根内閣に引き継がれていったが、野党の反対が強く、また国民の支持を得られなかったため、自民党の消費税導入策はことごとく失敗に終わった。十分な説明を欠く政策決定には、国民は納得しなかったのである。

しかし消費税導入問題は国家財政の健全化をはかり、日本経済を再建するためにも、また将来の福祉国家への道を実現するためにも避けては通れない問題であった。もともと日本経済をこのような危機に陥れ、国民生活の安全を危うくしたのは自民党の責任であったが、財政破綻によって日本経済ひいては日本の国家的安定が危機に陥れば、元も子もなくなるのは必定である。だれかが「憎まれ役」になって、「消費税」問題を提起しなければならなかった。そしてこの役を引き受けたのが竹下内閣であった。

一九八七年（昭和六二年）一一月六日、竹下内閣が成立し、二七日に臨時国会が召集され（一二月一二日閉会）、竹下は首相としての初の所信表明演説をおこなっている。ここで注目すべきは、そのなかで安定的な税制構築（新型間接税導入）に意欲を示していることである。大平首相が、就任直後の一九七九年一月一日の年頭記者会見で、一般消費税の一九八〇年四月導入を示唆してから約九年目のことである。これをもってしても、消費税導入が野党・国民の強い反対によっていかに困難であったか、他方、恒久的政権与党を自任する自民党がいかに執念深く、いいかえればまことにねばり強く消費税導入を自己の存立をかけた最重要課題としてとらえていたかがわかる。

竹下の所信表明演説を受けて一九八八年六月一四日に、自民党税制調査会は、「税制抜本改革大綱」を決定している。それによると、①本年度より所得税を減税し（税率を五段階にし、サラリーマンの大部分は税率一〇％）、②住民税、法人税を下げる、③財源には帳簿方式による消費税三％を導入し、物品税を廃止、株式売却益への原則課税などがもり込まれていた。そして六月二八日には、閣議において税制改革要綱を決定した（減税九兆円、消費税を柱に増税六兆六〇〇〇億円）。

ついで七月二七日の衆議院本会議において、一九八八年度の「所得税臨時特例法案」を提出し（減税分離を先行させる）、全会一致で可決、与野党ともに翌年以降も減税を継続することを確認した（二九日、参議院でも可決）。

その二日後の二九日、政府はこんどは、所得税・住民税減税、法人税減税、相続税減税、既存の間接税減税、消費税導入による増税などを内容とする「税制改革関連六法案」を国会に提出し、竹下首相は、衆・参議院本会議において、高齢化社会に向け消費税がその重要な財源となることを訴えて理解を求めた。

しかし前述したように、減税については与野党間の合意が成立したものの、消費税については野党の反対がはげしく、「六法案」国会提出後三ヵ月余たった一一月一〇日に、ついに自民党は衆議院税制特別委員会で「税制改革関連六法案」を単独で強行採決し、全野党が採決の撤回を要求した。そして同月一六日、衆議院本会議において同法案が修正可決された。このとき公明・民社党は反対し、社共両党は欠席している。

それから五日後の一一月二一日、この法案は参議院に回され、翌月の一二月二一日、またもや自民党は参議院税制特別委員会で同法案の審議打ち切りを強行し、同案をその日、参議院本会議に回した。これにたいして社共両党は竹下首相の問責決議案などを提出し、徹底した牛歩戦術で抵抗し、十数年ぶりの徹夜国会となった。しかし「衆寡敵せず」、二四日の参議院本会議において消費税導入を柱とする「税制改革関連六法案」が可決された（公明・民社反対、社共両党欠席)。

「六法案」可決は、大平の消費税導入の表明以来、じつに九年目のことであった。そしておのおの対応は異なるが、全野党が国会内外で反対行動の姿勢をみせたのはこれが最後であった。したがってこの「消費税」導入の政治過程は、いまにして思えば天下分け目の「関ヶ原の合戦」ともいうべき、戦後政治史上きわめて重大な新時代の到来を画する攻防戦であり、その後の経過は、「九六年体制」にみられるように、自民党による「半永久政権」成立への道をたどっていくものといえよう。

もっとも、これ以後にも、一九八九年(平成元年)七月二三日の参議院議員選挙で、消費税廃止をキャッチフレーズに掲げた土井たか子社会党委員長の獅子奮迅の活躍によって、「マドンナ旋風」が吹き荒れ、社会党が大勝し(自民三六人、社会党は四六人、連合の会一一人を合わせれば五七人)、彼女に「山が動いた」といわしめたことがあった。しかしそれもその場かぎりで、その後、野党各党は自民党の設けた土俵にずるずると引き込まれて、宮沢内閣のときの一九九二年六月一五日には、公・民は憲法第九条の政府見解さえも突き破る内容へとつながる危険性をはらんだPKO法案の成立に協力し(社共反対)、翌一九九三年には、ついに社・公・民が「かぎりなく保守色の強い」細川内閣の成立に参画し、さらに一九九四年には、社会党は「本家保守党」の看板を掲げる自民党と組んで村山政権を誕生せしめるにいたり、やがて自滅状態に陥る。そうした事態の推移は、急激に変化しつつあった世界情勢に対応したものでもあった。「消費税」導入決定の一九八八年ごろは、「ベトナム戦争」中の一九七二年ごろから、「米中」、「米ソ」の関係改善で「平和共存」の気運が高まり、その後「米ソ」の協調が(七九年のソ連のアフガン侵攻から八五年の米ソ首脳会談ごろまで東西関係は緊張したものの)本格的になりつつあった時代であった。それゆえいまや資本主義国も社会主義国も、軍拡よりも自国の経済の成長・繁栄とそれを保障する民主政治のさらなる発展をめざして国家的安定をはかる方向をとりはじめ、いわゆる「競争的共存」の時代に入りつつあった。先進資本主義国家にとっては、戦後、民主主義国家の重要な指標とされた福祉国家のありかたをどのようにして再構築するか、すなわち北欧・ベネルクス型の国民全体が高額負担をすることによってより充実した高福祉国家でいくのか、それともレーガン、サッチャーの唱える自由主義経済を基調とする「小さい政府」論にたつ個人的自助努力型福祉社会を重視するのかが最重要な政治課題であった。そして日本はといえば、両タイプの中間型を目標にしていたように思われる。しかし、それにしても到来する高齢化社会を乗り切るためには財源不足であることは明らかであった。

他方、社会主義国ソ連においても、一九八六年（昭和六一年）から経済のたち遅れとそれによる国民生活の困窮を改善し、体制の安定化をはかるために、経済の分野で市場原理を導入し、それを保障するための「ペレストロイカ（たてなおし、改革）」、「グラスノスチ（情報公開）」という斬新な政策がゴルバチョフにより提唱された。そして社会主義国の盟主ソ連のこうした「自由化」、「民主化」への動きはただちに他の社会主義諸国にも伝播し、一九八九年六月四日、中国では政治の民主化を求める「天安門事件」、またポーランドではワレサ委員長のひきいる「連帯」が国政選挙において共産党に圧勝するという事態が生じ、それは秋以降、東欧諸国においていわゆる「自由化」「民主化」を求める「東欧革命」へと連動し、東欧社会主義諸国が消滅するという歴史的大転換へと発展していった。

消費税導入反対運動の歴史

日本においても、消費税導入問題は当面焦眉の急であった赤字財政の解消、健全なる国民経済の建てなおしといった短期的問題の解決をめざしたものだけではなく、二〇年以内に確実に到来し、それが今後の日本政治の命運にかかわってくるような高齢化社会に対応するにはどうしたらよいかという、長期的視野にたつ財源の確保と深くかかわっていたのである。

しかし当時の国民にとっては、政府の十分な啓蒙活動や説明もないままに強引に消費税を導入しようとしていた動きは、ただちに増税感と結びつき、導入強行が「悪代官」による無理無体な搾取ととられたのはこれまた当然のなりゆきであった。

大平の年頭演説（一九七九年一月一日）直後の一月二五日、「一般消費税新設に反対する東京連絡会」（九七団体）が第一次国会要請行動を呼びかけ、一一〇万人の署名を国会に提出したが、これがそれからはじまる九年以上におよぶ消費税反対国民運動の最初の「のろし」となった。

そしてこうした反対運動は、年を追うごとにより大きな国民運動へと発展していった。まず消費税導入によって直接生活にひびく、サラリーマンや年金生活者などの消費者大群が立ち上がった。つづいて、ほんらい自民党の支持基盤であるべき小売商など自営業者の団体からも反対の火の手が上がった（一九七九年四月一四日、全商連など商工九団体の一般消費税反対全国小売商団体連盟主催、三五〇〇人が総決起集会を開催、日比谷公園）。こうした動きをみて、大平は九月二六日に一般消費税の八〇年度導入断念を表明している。小売商団体が反対したのは売上高を帳簿式にして報告することにより売買がすべて明らかになることにたいする不安が大きな要因であったと思われる。

大平が八〇年度導入断念を表明したとはいえ、いずれ新型間接税が導入されることは必至であった。表明後も利害にもとづく思惑にはさまざまなものがあったが、結果的には利害の一致するサラリーマン・自営業者層が合体して、一九八〇年（昭和五五年）三月一三日に全国五三〇ヵ所で二三万人が一般消費税に反対する全国統一行動を展開している。こうして消費税反対運動はしだいに全国レベルに拡大されていくが、六月二二日に予定されていた衆参ダブル選挙の二〇日ほどまえの五月三一日に突然、大平首相が東京虎の門病院に入院し、六月一二日に死去したため休戦となり、ひとまず両陣営ともほこをおさめた。

ところで、大平首相死去直後の一九八〇年六月一六日、当時、民社党の委員長をつとめていた佐々木良作が、総選挙後に自・社・公・民の四党で国民的大連合政権をと提唱している。かれの本意は、近年の野党の躍進状況をみて、野党にも日本国家の経営に参加する意志と資格のあることをアピール（連合政権論）しようとしていたのかもしれないが、この時期あたりから与野党のあいだにそう大きな政策上のちがいがなくなってきていた状況を反映していたのではないかと思われる。あるいはまた佐々木の発言が、国対政治（各党の国会対策委員長による事前の協議、竹下、金丸、梶山などは、長年にわたって野党とくに自社間のなれあい政治をアレンジしてきたベテランであった）の進展による与党の野党への、野党の与党への歩み寄りを象徴したものとみるべきかどうかは別として、それから一三年後の一九九三年（平成五年）夏の細川政権成立時にはじまった「九六年体制」を思わせる事象を予知したものと考えれば、納得がいく発言である。

これでは、一般消費税導入の「勝敗の帰趨は、はやみえたり」というものではなかったか。しかもこれだけの一般消費税反対運動の全国的高揚がみられたにもかかわらず――たとえ大平首相の非運な死があったにせよ――、一九八〇年六月二二日のダブル選挙においてはおおかたの予想を裏切って自民党が大勝（衆議院のばあい、自民二八四人で三六人増、社会現状維持、民社三人減、公明二四人減、共産一〇人減）したのは、これまた不思議な現象といえよう。

政党のみならず、いまやそこそこではあれ「楽しいわが家」を維持できるようになった国民もまた全体的には安定志向を選択し、ときどき無謀運転はするが三〇年間のキャリアをもつ、その意味ではある程度安心して先行きのみえる「自民党タクシー」に乗車するのをよしと考えていたように思われる。したがって「消費税」導入の成否は、いまやいかにして国民に「御理解をたまわるか」という政治技術にかかっていたといえよう。そしてこのことをもっともよく理解していたのは、当時その衝にあたっていた竹下大蔵大臣であったろう。かれはその後、鈴木、中曾根内閣のもとで「消費税」突破の秘策をねりにねっていたにちがいない。

さてつづく鈴木内閣時代には、国民的不評をかった消費税導入問題は「パンドラの箱」に封印され無事ことなきをえた。

しかし、それから六年後の中曾根内閣末期の一九八六年（昭和六一年）一〇月二八日、衆議院本会議で国鉄分割・民営化関連法八法案が可決されるという大仕事を果たし終えると、中曾根はまちかねたように名称を売上税と変えてその導入を打ちあげた。八六年七月のダブル選挙での圧勝を口実に任期延長をはかった中曾根が、おそらく「中曾根政治」の有終の美を飾る心意気に燃えて、福田、大平などの先人がなしえなかったこの大難問に取りくむ決意を固めたものと思われる。

しかし、これは明らかに公約違反であった。なぜなら中曾根は、つい三ヵ月ほどまえ大勝利をおさめたダブル選挙直前の六月一四日、自民党の選挙決起大会において、「国民や党員が反対する大型間接税をやる考えはない」と明言していたからである。ここから、「風見鶏中曾根」に「ウソつき中曾根」という、中曾根にとってはまことにもってありがたくない代名詞が加わった。

「細工は隆々」、中曾根はひそかに、売上税という名の花火をドンと勢いよく打ち上げる準備を数年前から命じていたのではないかと思われる。それは、自民党が大勝した総選挙後から五ヵ月半ほどたった一九八六年一二月二三日に、自民党税制調査会（会長山中貞則）が「税制の抜本的改革と昭和六二年度税制改正大綱」を決定し、政府に答申したことによって明らかとなった。その内容は、所得・法人・住民税減税を一九八七年四月から実施し、新型間接税（売上税）を一九八八年一月から導入するというものであった。

これを受けて一九八七年（昭和六二年）一月一六日、閣議は「八七年度税制改正要綱」を決定し、ここに自民党側からする消費税導入問題にかんする攻撃の火ぶたがふたたび切って落とされた。このとき、中曾根は選挙において圧倒的な国民的支持を受けたことから、大難問の「消費税」導入の成功をある程度確信していたのではないか。そしてその背後には竹下登が幹事長としてひかえていた。かれが第二次大平、そして第一次、第二次、改造、第二次改造中曾根内閣で約三年間大蔵大臣として在任していたことは、とくに銘記されるべきである。なぜならこの時期、竹下は消費税導入実現のノウハウを十分に学習したと思われるからである。しかし結論的には、この打ち上げ花火は空砲に終わった。

それはともかく、閣議決定の一月一六日、社会党をはじめとする野党四党は国会内共闘組織として「売上税粉砕闘争協議会」を結成、一九日には四党首が総評、全民労協ら五労働団体首脳と会談し共闘宣言を採択している。また二六日には四党書記長らが、日本百貨店協会、日本チェーンストア協会、日本小売業協会など流通一一団体による「大型間接税反対中央連絡会議」と懇談、ほんらい自民党の支持基盤であった流通団体と初の共闘態勢が成立したため、自民党はこれに苦慮した。

一方、中曾根は、閣議決定後の一月二六日の施政方針演説ではひとことも売上税についてふれず「おとぼけ」を決め込んでいたが、ついに二月二日の衆議院代表質問のまえに異例の補足発言を求めて、間接税改正には売上税創設をふくむと述べて「ペロリ」とその本心を披瀝した。

その二日後の二月四日、ついに政府は所得税・法人税減税、マル優廃止を内容とする「売上税法案・所得税等改正法案」を衆議院に提出した。これにたいしては、地方組織の代表から選挙公約違反という批判が続出した。また二月一三日には売上税導入反対の地元集会に出席した深谷隆司（渡辺派）、鳩山邦夫（竹下派）代議士にたいして、竹下幹事長が党議を守るように厳重注意するという事態も生じた。

結局、このときの「駆け込み売上税導入」問題は、三月八日の参議院岩手選挙区補欠選挙で社会党の小川仁一が二五年ぶりに議席を奪回し、農村でも売上税に強い反対があることが明らかとなり、また党内でも一五〇人の議員の連名で売上税撤回を求める決議が中曾根首相、竹下幹事長に提出されたこともあって、四月二三日、原衆議院議長の売上税を事実上廃案とする調停案が出されて決着した。

しかしこれで売上税問題が終わったわけではない。十《トー》・五《ゴー》・三《サン》・一《ピン》といわれるように、所得の補足率はサラリーマンと自営業者や農民とのあいだに大きな不公平感が存在したため、与野党による「直間比率」の見なおしのための「税制改革協議機関」設置が合意をみ（五月一二日）、五月二五日に自民七人、野党六人（共産党除外）からなる伊東正義を座長とする「税制改革協議会」が発足し、二七日に売上税法案が廃案となった。

だれの発案かは知らないが、じつにうまいやり方である。これにより野党側は自民党の設定した土俵にのぼることになり、つづく竹下内閣でその導入が実現する下準備がほぼととのったといえよう。自民党は執念深く、また「消費税」導入問題を次につないだのである。そして売上税導入が国会に提出された一月一六日から五月二七日に廃案となるまで、ここでいちいちあげないが、売上税導入阻止、マル優廃止反対などの国民運動が全国各地で展開されたことはいうまでもない。

消費税導入成立の理由

では、消費税導入はなぜ竹下内閣で成立したのか。

竹下は組閣後ほとんど間をおかず、半年ほどたった一九八八年（昭和六三年）六月二八日に、減税九兆円、消費税を柱に増税六兆六〇〇〇億円を骨子とする「税制改革要綱」を閣議決定した。これが竹下内閣の「消費税」導入にむけての「鬨《とき》の声」をあげる進軍ラッパのひびきであった。足腰の強いうちに、「善は急げ」というわけである。

中曾根はすでにレーム・ダック化していた政権末期にこの問題を取り上げ、その拙速的・公約違反のペテン的やり方で国民の総スカンをくい、それに党内の反乱もあってあえなく討ち死にした。しかしいまや竹下は自民党内において総主流派体制を確立しおえており、六月一九日のトロントにおける「第一四回主要先進国首脳会議（サミット）」に出席した翌二〇日、レーガン大統領と会談したさいに、牛肉・オレンジ交渉の決着におほめのことばをいただいている。時やよし、「出発進行」あるのみである。

しかし、「好事魔多し」。閣議決定後一週間後の七月五日、「いざ出陣」というときに、リクルート・コスモス（リクルート会長江副浩正が率いる不動産会社）の未公開株式の譲渡をめぐる問題に政・官・財各界の有力者多数が関与していることが発覚した。竹下はもとより、中曾根前首相、安倍自民党幹事長、宮沢蔵相の秘書が関与していたし、そのほか渡辺美智雄、加藤六月、加藤紘一、藤波孝生、長谷川峻などの自民党幹部、さらには上田卓三（社会党）、塚本三郎（民社党委員長）、田中慶秋（民社党）、池田克也（公明党）などの野党議員の名もあがった。官界では加藤孝（当時、労働省事務次官）、高石邦男（当時、文部省事務次官）、財界では日本経済新聞社社長森田康なども この「うまい汁」の馳走にあずかっていた。

西欧民主主義国家においてならばただちに内閣総辞職にもつながる大事件であったが、灰色議員や灰色高官たちは破廉恥にも秘書や妻や弟がやったことなどと述べて言い逃れ、わずかに宮沢蔵相が野党に追いつめられて、消費税が可決される一五日ほどまえの一二月九日に辞任し（後任村山達雄、宮沢派）、竹下はその後も約半年近く居座りを続けた（一九八九年六月二日、竹下内閣総辞職、宇野宗佑内閣成立）。

したがって竹下の消費税導入作戦は「リクルート事件」の発覚により「出鼻をくじかれ」、いわば片肺飛行という失速状況のなかで遂行されなければならなかった。並の総理ならば、これでおそらく腰くだけとなり作戦続行をあきらめたであろう。しかし、竹下はちがっていた。いまや竹下は自民党内に総主流派体制を確立し、中曾根内閣のときのような党内からの反対はほとんどなかった。野党とのあいだの意思疎通もお得意の根回しである程度できていたようだし、野党のなかにも労組のなかにも「アメ〔減税〕とムチ〔消費税〕」の政策のはざまに動揺して腰くだけ状況があらわれはじめていた。さらに竹下は、消費税関連法案を衆議院税制特別委員会で自民党が単独強行採決する一五日ほどまえの一〇月二五日に、「社会保障ビジョン」なるものを同委員会に提出し、与野党合意の接点を求める最後の努力をしている。

この文書には、長寿・福祉社会実現にむけての「基本的考え方」と「今後の施策の目標と方向」（①健康づくりと地域づくり、②保健・医療・福祉サービスの連携と充実、③児童の健全な育成と家庭の支援対策の強化、④障害者の自立と社会参加の促進、⑤高齢者雇用の推進、⑥老後生活の所得保障、⑦良質で効率的な医療の供給と医療費の保障、⑧長寿を支える研究開発の推進）などがうたわれていた。なんとしてでも消費税を可決させるためにもちだされた、やや空手形乱発に近い交換条件であることはみえみえであるが、しかし福祉国家・福祉社会の将来構想が今後の日本政治の最重要課題であるということをとらえていることは否定できない。

にもかかわらず、野党の反対をくつがえすまでにはいたらなかった。「ふだんの行いが悪い」というか、「不徳のいたすところか」、野党の自民党にたいする不信感はそう簡単にはぬぐい去ることはできなかったのである。

だが消費税導入を自己の政治生命を賭した大事業と考え、またこの難事業は自分しかできないと固く決意していたはずの竹下は、野党のへっぴり腰を見すかしつつ衆・参両院税制特別委員会での審議を打ち切り、強行採決の挙に出た。公・民は両院本会議に出席して反対、社・共は欠席戦術をとったが、社・公・民が負けを承知のなれあいパフォーマンスで自民党の軍門に下ったとみるのは「ひが目」であろうか。

こうして、竹下内閣は一〇年近くまえから執拗に追求しつづけてきた自民党の最重要課題を片づけた。だが「リクルート問題」を契機とする政界浄化の国民的大合唱にたいしては、ほとんどほっかぶりをしたままの状態でごまかし、竹下が責任をとる形で退陣してその場を切り抜けた。しかし、この問題はいずれ決着をつけるべき重要問題で、六年後、「政治改革」の旗印のもとに政界再編成の地殻変動が起こり、それとともに竹下の吸引力も失速することになるが、そこでの真の主役は国民であった。

この年一九八九年（昭和六四年）一月七日、天皇裕仁が八七歳でなくなり、皇太子明仁親王が即位し、年号が「昭和」から「平成」へと変わって、約六三年間続いた激動の昭和時代に幕が閉じられた。また眼を国際社会に転じれば、この年、「冷戦終結宣言」が出され、東西対決の一方の極をになっていた東欧社会主義諸国が次々に解体するという大変貌が起こった。イギリスにおける名誉革命と近代国家の生誕（権利章典、一六八九年）からは三〇〇年目、近代民主主義を全ヨーロッパに伝播させたフランス革命からは二〇〇年目のことであった。

戦後日本政治もこれ以後大きく変化していくことになるが、一九九四年（平成六年）に自・社大連合が成立しようとはこのときだれも予想だにしなかったであろう。この意味では、竹下内閣は、その後の政界再編成への動きに一打を与えた、戦後日本政治のターニング・ポイントに位置した重要内閣であったといえよう。

消去法内閣の誕生とあっけない幕切れ

一九八九年（平成元年）六月二日の竹下内閣退陣後、首相に就任したのは中曾根派の宇野宗佑であった。宇野宗佑とはだれか。竹下内閣（一九八七―八九年）で約一年半外務大臣をつとめていたが、国民の大半はほとんどその存在を知らなかったであろう。それ以前のキャリアをみると、第一次中曾根内閣（一九八二―八三）のとき同じ中曾根派の山中貞則のあとを受けて約半年ほど通産大臣を引き継いでいる。そのまえにさかのぼると、第二次大平内閣（一九七九―八〇年）のとき行政管理庁長官、福田内閣のとき科学技術庁長官（一九七六―七七年）、第二次田中改造内閣のとき、わずか一ヵ月足らず（一九七四年一一月―一二月）であるが防衛庁長官をつとめている。けっこうキャリアはあるが、宇野宗佑の印象はほとんどないのである。

とはいっても、以上のキャリアをみると、中曾根派のなかでは桜内義雄、原健三郎は別格として、宇野は渡辺美智雄、山中貞則、藤波孝生、倉成正、野田毅、山﨑拓などとともに有望株、それも玄人好みのする堅実な珍重すべき実務家であったことがわかる。それにしても宇野の影はまことにうすい。その理由は、かれが総理・総裁をめざすなどといった生臭い権力闘争に身を寄せず、詩歌、俳諧、絵画、ピアノなどをものす文人肌であったことなどが考えられよう。では、なぜかれが選ばれたのか。四月二五日の竹下退陣表明後、次期総裁をだれにするかを決めるまでに一ヵ月以上かかっている。

まず「会津っぽ」、「硬骨漢」、「清廉高潔な人」と呼ばれた伊東正義が最有力候補にあがったが、伊東は就任要請を固辞した。ほんらいならば当然候補者に登場すべき安倍、宮沢、渡辺などは「リクルート事件」に巻き込まれていたため、はじめからはずされた。そのほか後藤田正晴、河本敏夫、福田赳夫、坂田道太などの党長老、若手のホープ橋本龍太郎、河野洋平などの名前もあがったが、最終的には宇野宗佑外務大臣と村山達雄大蔵大臣が残った。しかし村山は消費税導入の衝にあたった大蔵大臣であったから、かれをシャッポにしては三ヵ月後に迫った参議院選挙で戦い抜くことはとうていできないと判断された。結局、消去法によって宇野が残った。「エアポケット内閣」はこうして成立した。

ところで宇野の政界登場の経緯は、驚くほど竹下に似ている。竹下が島根県議に当選した一九五一年（昭和二六年）に、宇野も滋賀県の県会議員に当選し、これまた竹下同様に一九五八年の総選挙に立候補している。しかし竹下とちがって落選し、河野一郎の秘書をつとめながら次の一九六〇年総選挙で竹下より一期遅れて初当選している。

県議あがりでキャリアが同じであったこと、また中曾根の行政管理庁長官時代に行政改革の仕事を助け、中曾根の信任が厚かったこと、さらには田中第二次改造内閣、第二次大平内閣、第一次中曾根内閣などで竹下と閣僚の席を同じくしたこと、「口八丁、手八丁」といわれるほどに滅法「人あたり」がよく、この点でおそらく竹下とウマが合ったであろうことなどが幸いして宇野が金星を射止めた。

しかしクリーンを売物ににぎにぎしく押しだされた宇野に、思わぬ落とし穴があった。首相就任四日後、一九八九年六月六日発売の「サンデー毎日」で宇野の女性スキャンダル問題が暴露され、九日の参議院本会議で社会党の久保田真苗議員（細川政権で経済企画庁長官）が首相の女性問題について質問している。そして七月二三日の参議院議員選挙では消費税廃止の国民的大合唱の追風を利用し、首相の女性スキャンダル問題を大々的に喧伝するなかで社会党が地すべり的に大勝し、「おたかさん」をして「山が動いた」と言わしめた。社会党は四六人（二四人増）で連合の会の一一人と合わせて五七人、自民党は三六人（三〇人減）で非改選議員を合わせて一〇九議席に落ち込み、過半数の一二七議席を大きく割った。このとき社会党は一一人の女性議員を当選させ、「マドンナ旋風」と呼ばれて話題になった。

翌七月二四日、宇野は自民党大敗の責任をとって辞任を表明した。宇野内閣はわずか二ヵ月足らずで倒れたためその評価は軽々にできないが、結局は自民党の長年にわたる一切合切のダーティ体質の「みそぎ」をさせられた「みそぎ内閣」と規定できよう。もともとこの内閣ははじめからショート・リリーフ内閣として位置づけられ、竹下支配をのちのちまでつないでいくふくみをもたされた「ダミー内閣」であった。だから組閣にあたっても、閣僚二〇人中、一一人が派閥の当選年次順に合わせて初閣僚となった、名も知らぬ大臣を満載した「在庫（滞貨）一掃内閣」でもあった。もしも首相にならなければ、宇野も文人政治家として生きることができ、このようにもみくちゃにされることもなかったであろうに、まことにお気の毒というほかない。

宇野内閣があまりにもはやく幕引きになったため自民党はあてがはずれ、ふたたびその対応に苦慮した。金にも女性にもきれいな「ピカピカの一年生やーい」という期待を一身に背負って登場したのが、「クリーン三木」の秘蔵っ子、海部俊樹であった。しかし政界浄化の方向はこのまま放置することがもはやできず、これ以後、自民党はいよいよ本格的に「政治改革」に取り組まざるをえなくなった。

三　竹下派操縦内閣の内憂外患——海部内閣の時代

昭和生まれの首相誕生

消費税導入を強行したことにたいする世論の反撥や竹下をはじめとする自民党幹部の汚職まみれの醜態を原因とする、一九八九年（平成元年）七月二三日の参議院選における自民党大敗の責任をとって、また本人自身のスキャンダル問題発覚もあって、わずか二ヵ月で宇野内閣が退陣したことはおそらく竹下にとっても計算外のことであったろう。前回の交替劇同様、だれを自民党のキャップにもってきてつじつまを合わせたらよいかという難問に直面したからである。ここでも、新キング・メーカー竹下軍団がとりしきった。

八月八日、宇野首相の辞任表明（七月二四日）を受けて、国会議員・都道府県連代表による投票がおこなわれ、第一四代自民党総裁に海部俊樹が選出された。形式的にはいかにも透明な総裁選びのような印象を与えたが、ことの次第は宇野内閣同様、監督竹下派、助監督安倍派、監督助手河本派の三派によって演出されたことはいうまでもない。その証拠に、海部は対立候補林義郎（一二〇票、二階堂グループ、宮沢派支持）、石原慎太郎（四八票、無派閥、安倍派の一部支持）を退けて、二七九票の圧倒的多数で当選しているからである。

それまでの海部といえば、せいぜいのところ三木の秘蔵っ子であること、福田内閣時代の一九七六—七七年、中曾根第二次改造内閣時代の一九八五—八六年に文部大臣をつとめたことぐらいしか知られていなかった。ただ一九六〇年（昭和三五年）の総選挙に立候補して二九歳で当選しているから、党歴は意外に長いことがわかる。結局、早稲田の先輩・後輩ということで——これをいいだしたら早大閥は自民党の一翼を形成しているが——、また当選後、党青年局長であった竹下のもとで学生青年部長をつとめ、はやくから竹下に目をかけられていたこと、さらにはその温厚な人柄とさわやかイメージによって、党内にほとんど敵がいなかった海部に総裁の白羽の矢が立ったものと思われる。見た目は若々しく五〇歳そこそこにみえたが、首相就任時は五八歳で、田中が五四歳で権力をもぎとったときよりも四歳年上であり、それだけ貫禄がなかったということかもしれない。ともあれこのとき、昭和生まれの首相がはじめて誕生した。

こうしたあいつぐ自民党のゴタゴタ劇のなかで、先の七月二三日の参院選で大勝した社会党が勢いづき、八月二一日には、山口鶴男書記長（左派）は野党連合政権樹立後も日米安保条約と自衛隊は当面存続させると表明し、従来の「安保反対」、「自衛隊廃止」一点ばりの硬直した姿勢から現実路線への転換を思わせる発言をしている。

また九月一〇日には、土井たか子委員長が連合政権への展望に立つ「新しい政治への挑戦」（土井ビジョン）を発表、また一〇月二〇日には、党中央執行委員会においてこれまで拒否の姿勢をとってきた「西側の一員論」を了承している。いまや社会党も政権交替によって政権を担当する客観的条件が成立しつつあるとみて、柔軟路線へと旋回しつつあるさまがうかがわれる。

しかし当時にあっては、社会党も自・社大連合を考えていたわけではなく、他方、自民党の側とておめおめと野党連合政権の成立を許す考えは毛頭なかったはずである。それがわずか四年後に、社会党が変型保守党細川政権の一翼を担うことになり、つづいて自・社大連合政権が成立するとは、当時だれが予想しえたであろうか。それはさておき、このため自民党は「坊チャン内閣」の党首海部を、「クリーン海部」、「演説上手の海部」——かれは早大の学生時代「雄弁会」に属し、「海部のまえに海部なく、海部のあとに海部なし」などとはやしたてられているが、空疎な内容を小学生に語りかけるようにトツトツと区切りながらわかりやすく述べているにすぎず、演説家に求められる迫力と論理性に欠けているように思えるが――と飾り立てながら、退勢挽回にこれつとめている。

そのため、海部政権の要《かなめ》として幹事長に竹下派の剛腕投手小沢一郎を、大蔵大臣に同派の総裁第一候補橋本龍太郎を配し、ガッチリとガードしている。

また新味を出して世間にアピールするねらいもあって女性閣僚を起用し、森山真弓（河本派）を環境庁長官に（河本派の山下徳夫が海部内閣成立一五日後にまたもや女性問題で辞任するとそのあとを継いで官房長官に就任）、また民間から高原須美子を経済企画庁長官に登用している。

他方、社・公・民ら野党四党は好機きたれりと自民党を追撃する策にでて、一九八九年九月二八日、数でまさる参議院において消費税廃止関連法案を共同提出し、一二月一日の参議院本会議で「八七・八八年度一般会計予備費」など三件を否決（四〇年ぶり）した。このため自民党も、一二月一日、「消費税見なおし案」を決定、食料品小売非課税（生産・卸段階で一・五％）、家賃・教育・出産費なども非課税、福祉目的の明確化などを表明した。そして一二月一一日、参議院本会議において消費税廃止関連九法案が可決されたが、これが社会党が主導してみせた最後の徒花《あだばな》であった。しかし、この法案も、一二月一六日、衆議院で審議未了、廃案となる。

このように海部内閣はその出発点において約四ヵ月野党の攻勢にさらされたが、その後は態勢をたてなおし、それから二年三ヵ月ほど続いた。首相自身が少数派閥出身のため、思うような政策決定はできなかったが、その後の日本政界に激震を与えた「ＰＫＯ協力法案」と「小選挙区比例代表並立案」を提出して問題を提起した（いずれも廃案）。これが海部内閣のやった仕事といえば仕事であったろう。以下、この二点について述べる。

湾岸戦争とＰＫＯ

海部内閣成立からちょうど一年ほどたったころ、突如起こった湾岸戦争は（発端は一九九〇年八月二日のイラクのクウェート侵攻。翌一九九一年一月一七日の多国籍軍による空爆開始後の二月二四日、近代兵器を駆使した地上戦に入り、二月二七日、多国籍軍の勝利宣言によって終結）、国際的にも国内的にもきわめて大きな変化を求められる問題を提起した。

なぜなら湾岸戦争は、戦後最大の局地戦争である朝鮮戦争（一九五〇―五三）やベトナム戦争（一九六五―七五）といった、いわゆる冷戦構造下の東西対立構図とはまったく異なる、冷戦終結宣言後の新しいタイプの民族主義的性格の強い戦争であったからである。

東西対決時代末期に国際政治史上でも強力なリーダーシップを発揮していた「タカ派」のレーガン米大統領（在任一九八〇年一二月四日―一九八八年一一月八日）やサッチャー英首相（在任一九七九年五月四日―一九九〇年一一月二八日）は、「砂漠の嵐」作戦が展開された戦闘行為期にはブッシュ、メージャーに代がわりし、ゴルバチョフ率いるソ連とも共同歩調がとりやすい状況にあった。こうなると主義・主張を問わず、不当な侵略行為については、また国際平和と安全を維持するためには、最大の国際平和組織である国際連合が主要な責任をとる方向がますます確認されてきた。

したがって、国連加盟国の一員である世界の主要国が紛争の解決にかかわっている段階において、日本はどう対処すべきかという問題を無視して通り過ぎるわけにはいかず、ここに日本においても安保論議、自衛隊の海外派遣問題、PKO（国連平和維持活動）協力法制定などをめぐる問題がはじめて本格的な形をとって登場してきたのである。

一九九〇年（平成二年）八月二日にフセイン大統領下のイラク軍が、重要な石油産油国クウェートはもともとイラクのものであったとして侵攻し、併合しようとしたことがいわゆる湾岸戦争の発端となった。これにたいし、九日、国連安保理は併合の無効を決議し、一二日にはアメリカ軍が海上封鎖の措置をとった。

こうした状況のなかで日本政府は、八月二九日、中東支援策として民間航空機、船舶の借りあげによる食糧、医療品等の輸送を決定、翌三〇日には多国籍軍への一〇億ドルの支出を決定した。そして九月一四日には、エジプト、トルコ、ヨルダン三国にたいする二〇億ドルの経済援助を決定、さらに湾岸戦争の「砂漠の嵐」作戦の真最中である翌年の一九九一年一月二四日には、多国籍軍に九〇億ドルの追加支援をおこなっている。しかし小沢幹事長の強い意志でプッシュされたこうした措置も、多国籍軍に人的資源を提供している国ぐにからは高い評価を与えられなかった。

こうして日本においても、いわゆるPKO協力法を制定して、自衛隊の海外派兵を認めるかどうかという問題がもちあがってきた。これは、憲法第九条によって集団的自衛権を禁止している日本の外交政策にとって重大なる変更を加えることを意味した。

自衛隊の海外出動については、吉田内閣時代の一九五四年（昭和二九年）六月二日の参議院において、これをおこなわないという決議がなされていた。しかし、鈴木善幸内閣時代の一九八〇年（昭和五五年）七月二七日に外務省が「八〇年代の安全保障政策」についての報告書を発表し、「国連の平和維持活動」への自衛官派遣を検討課題として取り上げて以来さまざまな論議を呼んできた。

湾岸戦争は、PKO協力法を論議する絶好の機会を与えた。自衛隊の海外出動による国際貢献を「普通の国」と考えていた小沢の意を受けて、海部はついに多国籍軍にたいし物資や人員を運ぶことによって戦闘行為を援助する、いわゆる後方支援を目的とした「国連平和協力法案」を一九九〇年（平成二年）一〇月一六日に国会に提出したが、この法案は野党の激しい抵抗によって廃案（一一月八日）となった。しかし問題を提起したことによって海部は、次の宮沢内閣における一九九二年六月一五日の「PKO協力法」の成立につなぐ役割を果したのである。

不成功におわった「政治改革」と海部切り捨て

海部内閣は、その出発時に「政治改革」を公約の第一に掲げていた。

政治改革問題は、リクルート事件にたいする世論の批判に答えるために、竹下政権末期に後藤田正晴を会長とする政治改革委員会をつくったとき以後、本格的論議がはじまった。そしてこの委員会は、竹下退陣表明後、宇野内閣が成立する直前の一九八九年（平成元年）五月一九日付で「政治改革大綱」を発表している。政治的空白期であったにもかかわらず、すばやい対応というべきであろう。この大綱には、約四年半後の細川政権下の一九九四年一月二九日に成立することになる、小選挙区比例代表並立制を骨子とする提案が盛り込まれていた。政治改革は、ほんらい政治家はもとより、国民の意識の変革をもふくめるほどの視野をもって論じられるべき困難な大事業であるはずである。しかし実際には選挙制度の改革というかたちで推進されることになり、国民不在の「陣取り合戦ごっこ」に矮小化される不幸な事態を招く不満を残すことになるが、それでも長年にわたる自民党政権の「泰平の眠り」をさますことにはなった。

それはともかく、宇野内閣はこれを受けて成立後まもない六月二八日に小林与三次を会長とする第八次選挙制度審議会を発足させた。このさい、新聞やテレビの幹部クラスを委員に入れたのは自民党の作戦勝ちであろうが、ジャーナリズムがこれに参与したことは、批判を旨とするジャーナリズムにとってプラスであったのかマイナスであったのか、今後のありかたをふくめて慎重に考えるべきことがらであろう。そしてこの「審議会」は、翌一九九〇年四月二六日に衆議院に小選挙区比例代表並立制の導入を提案する答申をおこなった。したがって海部内閣時の政治改革実現への動きは、この大綱と審議会の答申を根拠にしていたものといえよう。

海部内閣成立後、半年ほどたった一九九〇年二月一八日、総選挙がおこなわれた。前年七月二三日の参院選では自民党が大敗したが、今回は二七五議席を獲得し、まずまずの成績であった。公・共・民はそれぞれ一〇議席ほど減少し、野党のなかでは社会党だけがひとり勝ちし、一三六議席（五三議席増）を獲得、大躍進した。消費税闘争で頑張った論功行賞、「おたかさんブーム」によることはまちがいない。国民は政治をよくみているのである。しかし、これで最後であった。三年半後、自民党が敗北し、細川連合政権が成立することになる一九九三年七月一八日の歴史的選挙で、「五五年体制」の一翼を形成してきた社会党は自民党同様に大敗北を喫し（七〇議席）、もはや再生の見込みがなさそうに思われるからである。

総選挙直後の内閣改造によって、宇野内閣同様、滞貨一掃内閣的性格が強い第二次海部内閣が成立し、総選挙勝利の余勢をかって、また大物幹事長小沢一郎の強い後押しによって、海部はいよいよ念願の公約であった政治改革へと乗りだすつもりであった。しかし八月二日に思いもかけず湾岸危機が発生し、海部内閣は翌年四月ごろまで約半年間その対応に追われることになる。

そして湾岸戦争の対応と処理がひとまずおさまったころあいをみて、一九九一年六月二九日、自民党総務会は衆院選挙に「小選挙区比例代表並立制」（小選挙区選出三〇〇人、比例代表選出一七一人、計四七一人、投票は二票制）を導入することなどを骨子とする「政治改革三法案」（公職選挙法改正案、政治資金規正法改正案、政党助成法案）の提出を党議決定した。

これにたいしては、野党各党はもちろんのこと自民党内にも強い反対論があった。野党の反対論は、鳩山内閣、田中内閣のときと同様に、小選挙区制を採用すれば第一党たる自民党のみが圧倒的に有利になり、第二党である社会党は激減し、公・民・共などの少数政党はほとんど全滅するのではないかという点であった。また自民党内でも、それぞれの選挙区の事情によって反対論が続出した。

このとき、反小沢派でのちの橋本政権を支える新々御三家、新々ニューリーダーの一角を形成する山﨑拓元防衛庁長官（渡辺派）、加藤紘一元防衛庁長官（宮沢派）、小泉純一郎元厚生大臣（三塚派）のいわゆるＹＫＫトリオが猛反対した。しかし、小沢の強い意向もあって、海部は政治改革を進める行動をおこし、七月一〇日、総務会案を閣議決定し、八月の臨時国会で関連法案を衆議院に提出した（八月五日）。

小沢はつねづね、冷戦終結後の新しい国際政治の変化に応じることのできるような保守二大政党制を考えていた。

そこで社会党左派を切り捨て、公・民と手を結ぶ（吸収・合併）方向を求めるために、小選挙区比例代表並立制の推進を考え、それに「政治改革」というネーミングを与えた。そしてそれが、海部のような「良心派」の政界浄化、野党の自民党一党支配への批判、自民党他派閥の竹下二重権力への批判などの思惑と重なり合って、その後の経過では小選挙区比例代表並立制に反対する者は「守旧派」であると断罪され、社会党のごく一部と共産党の議員を除くオール与野党が政治改革法案に賛成することになる。まんまと小沢にいっぱいくわされたといえよう。

しかし、当時はまだこの「小沢マジック」は、自民党を分裂させてでも強行できるほどには党内の支持を得られていなかったし、世論形成──新しい選挙制度に反対する者は、田中・竹下の徒と同一視させること、これにはジャーナリズムの宣伝が大であった──もまだ十分ではなかったので、九月三〇日、小此木彦三郎を委員長とする衆議院政治改革特別委員会において委員長が廃案を提案し、与野党理事もこれに同意したので、審議未了ということで「改革法案」は廃案となった。

これをみて、「誠実の人」海部は、「重大な決意で事態の打開にあたる」と述べ、衆議院の解散・総選挙の実施を暗示するような動きをみせた。しかしこれにたいしては、各派の反撥、またほんらいの支持母体である竹下派のなかからも「なにさまのつもりか」という態度で海部切り捨て論が持ち上がったため、海部は一〇月五日、辞任の意志を固め、次期自民党総裁選には出馬しないと発表した。

こうして一〇月一九日総裁選挙が告示され、宮沢喜一、渡辺美智雄、および金丸の後押しで加藤六月をしりぞけ、安倍派を引き継いでいた三塚博などの三派閥の長が立候補した。ここでも、竹下派の決定が次期総裁の「決め手」となった。そしてほんらい宮沢嫌いなはずの金丸が、政治改革法案やPKO協力法案を通す思惑もあって宮沢派を巻き込むのをよしとする政治判断から、宮沢を推薦した。

四　「ＰＫＯ協力法」制定と「政治改革」問題――宮沢内閣の時代

「陽のあたる坂道」を登りつめた男

宮沢喜一は、吉田、池田、大平、前尾、鈴木を引き継いだ保守本流の「申し子」であることをかねがね自任していた。宮沢は一九一九年（大正八年）生まれであるから、風雲児田中角栄より一歳年下である。かれは、一九五三年（昭和二八）に田中の政界進出より遅れること六年で参議院議員に初当選している。

東大卒業後、池田、福田、大平と同じく「官庁のなかの官庁」大蔵省に入り、一九五〇年には官僚の出世コースと目されている池田大蔵大臣の大臣秘書官となり、英語の達人といわれる能力をも買われて、日本の戦後政治を決定することを意味した講和会議のときには、吉田首相（全権大使）、池田大蔵大臣に随行している。こうした官僚時代における華麗なキャリアによって、政界進出後の宮沢は、はやくから未来の総理・総裁候補として注目されていたのである。

したがってその後のかれは、政策通として自民党内で「陽のあたる坂道」をひたすら登りつめていった。すなわち、第二次池田改造内閣から第三次池田内閣までの二年間（一九六二年七月一八日―一九六四年七月一八日）、経済企画庁長官のポストについている（就任時四二歳、田中は郵政大臣に三九歳で就任）。つづく第二次佐藤内閣でも約二年間（一九六六年一二月三日―一九六八年一一月三〇日）またもや経済企画庁長官となり、第三次佐藤内閣下の一九七〇年一月一四日―一九七一年七月五日は、同年生まれの中曾根に先んじて通産大臣をつとめている。

宮沢と肌の合わなかった田中内閣では登用されなかったが、つづく三木内閣下の一九七四年一二月九日―一九七六年九月一五日には、ついにだれしもいちどは望む外務大臣に就任している。さらに経済の福田を自任する福田改造内閣下の一九七七年一一月二八日―一九七八年一二月七日は三度《みたび》経済企画庁長官となり、つづく鈴木内閣、鈴木改造内閣では内閣の調整役・要《かなめ》である内閣官房長官に任命されている。

かれの出世コースはまだまだ続く。中曾根改造、同第二次改造内閣（一九八四年一一月一日―一九八六年七月二二日）においては、かれは党三役のポストの一つ総務会長となる。そして第三次中曾根内閣下の一九八六年七月二二日―一九八七年一一月六日には、竹下大蔵大臣が幹事長に昇任したあとを受けて大蔵大臣をつとめている。田中派の膨張とともに急上昇した竹下には一歩譲るが、なんとも華麗なキャリアである。

中曾根以後の総裁選ではニューリーダーの二人、竹下、安倍と争うが破れるが、竹下内閣（一九八七年一一月六日成立）では安倍が幹事長に、宮沢は副総理兼大蔵大臣になり、将来の総裁レースでの一番手、二番手のポジションをキープした。しかし宮沢にとっては不幸なことに「リクルート事件」が起こり、自身の対応の不手際から、責任をとって一九八八年（昭和六三年）一二月九日に無念の辞任を余儀なくされる。

もっとも、これで宮沢の総理・総裁への道が閉ざされたわけではない。宇野内閣、海部内閣成立時には「おあずけ」をくったものの、一九九一年（平成三年）一一月五日、ついに宮沢は、内閣総理大臣という日本政治の最高位をきわめることになるからである。これにさいしては、宮沢の最大のライバルであった安倍晋太郎が一九九一年五月一五日に志半ばにして無念の死をとげたことが大きかった。もし安倍が健在であったなら、宮沢の首相就任の時期は一、二回遅れたかもしれないし、あるいはタイミングを逸して永遠に「おしゃか」になったかもしれない。石橋、大平、安倍の非運をみるとき、つくづく「権力とは体力である」と思わざるをえない。

宮沢の人並すぐれた知力と行政府・党運営の豊富な経験にもかかわらず、なぜ宮沢は自分より数段劣るとみた竹下の後塵を拝するようになったか。理由はさまざまであろう。田中や竹下のような派閥形成に関心がなかったこと、宮沢派がお公家《くげ》集団と呼ばれたように自分から権力獲得をめざすという迫力に欠けていたことなどが考えられるが、なんといっても最大の要因は、野武士的な非官僚・党人派の多い田中派、竹下派に嫌われたことだと思われる。

しかし、ようやく宮沢にも最後のチャンスがおとずれた。とはいえ、これとても、一国の宰相候補にたいしてまことに失礼千万な話であるが、小沢に屈辱的口頭試問を受けてやっと手に入れたポストであった。したがって宮沢政権も、宇野・海部政権同様に竹下派のコントロール下にある内閣（二重政権）であった。そして「政治改革」路線をめぐる竹下派の内部分裂という事情によって、海部同様に非情にもポイ捨てにされた。しかしそれが同時に、竹下派の二重権力支配と自民党自身の一党支配をも終わらせることになった。

このように考えると、逆説的にいえば、宮沢は竹下派の派閥利害に翻弄されながら、じつは田中派・竹下派支配にたいする積年の怨念を晴らし、復讐しつつ退陣したといえないだろうか。

「PKO協力法」の再浮上

さて、一九八七年（昭和六二年）末に成立した竹下内閣から海部内閣、宮沢内閣にいたる約五年間の日本政治における最大の争点、というより自民党の達成目標は、「消費税導入」、「PKO協力法の制定」、「政治改革の実現」をめぐる問題であった。そしてこの三点セットは、当時の内外ともに起こった政治・経済・思想上の大変貌にみあったものであった。国内的には、戦後、破竹の勢いで発展・成長をとげていた日本経済にもかげりがみえはじめ、国家財政の再編、福祉国家、福祉社会をいかに構築するかという問題が本格化していた。

さて「消費税」以後、政治の争点となったのはPKOをめぐる問題であった。「PKO協力法」制定問題は湾岸戦争を契機に一挙に吹きだし、海部内閣下の一九九〇年（平成二年）一〇月一六日に、多国籍軍にたいする後方支援を目的とする「国連平和協力法案」が国会に提出されたが、世論の反撥、野党の反対もあって、一一月八日に廃案となった。

しかし、自民党はしぶとかった。自民党は、廃案後も「PKO協力法」を通過させるために着々とシフトをしていった。たとえば政府・自民党は、一九九一年一月二五日には、イラクが二月末に降伏したため実施されなかったものの、自衛隊輸送機を湾岸地域避難民の移送に使うことを定め、また四月二四日には、機雷の除去のため海上自衛隊掃海部隊のペルシャ湾派遣を決定し、二六日、六隻が出航したが、これは事実上、自衛隊の海外派遣に風穴（「蟻の一穴」、中曾根内閣時代にイラン・イラク戦争にかんして掃海艇をペルシャ湾に派遣する論議が起こったとき、それに反対した後藤田正晴の言葉）をあけるものであったが、その行為に「人道上の」という名目がつけば野党も国民も表立っては反対できなかった。

そして当時、二〇年来内戦の続いていたカンボジア情勢は好転しつつあったが（一九九一年一〇月二三日、カンボジア和平協定調印、パリ）、この絶好の機会をとらえて、ふたたび政府・自民党はカンボジアにおける「国連平和維持活動」（PKO）に参加すべきであるという大義名分を掲げ、再度「PKO協力法案」の制定を画策した。

今度は、政府・自民党は公・民の協力を得ることのできる方向を慎重に模索しながら、九月一九日に新しい「PKO協力法案」を国会に提出したが、この法案は、選挙監視、行政協力、医療などの文民レベルの活動だけではなく、軍事的性格をもった停戦監視、PKF（国連平和維持軍）への参加もふくんでいた。

国会での審議では自民・公明両党が賛成、民社党は自衛隊派遣によるPKFには「国会承認が必要」という条件を付け、社会・共産両党が反対であった。このため制定を急いだ自民党と公明党が、一一月に衆院国際平和協力特別委員会で強行採決し、この法案は一二月には衆院を通過したが——この間《かん》、一一月五日に海部内閣が総辞職し、同日、宮沢内閣が成立している——、社・共の反対が強く、また公明党内部でも同党が強行採決に加担した行為に反対する声が続出したため、この法案は参議院で継続審議となった。こうして、政府・自民党が公・民の賛成をとりつける道筋をたくみにつけながら継続審議にまで持ち込んだとき、この法案の制定については、ほぼ勝敗の帰趨がみえていたといってよいだろう。

あとの仕上げは、つづく宮沢内閣にまかされた。

一九九一年（平成三年）一一月五日に宮沢内閣が成立して半年ほどたった一九九二年四月二八日、さきの海部内閣のときに参議院で継続審議となっていた「国連平和維持活動（ＰＫＯ）協力法案」の審議が参議院で再開された。宮沢内閣のお目付役である竹下派、とくに小沢一郎の強い意志がそこに働いていたことはまちがいない。

この年の一月九日、カンボジアに平和と安定をもたらすために設けられた「国連カンボジア暫定行政機構」（ＵＮＴＡＣ）の国連事務総長特別代表の地位に明石康が任ぜられた。カンボジア問題を契機に「ＰＫＯ協力法」の制定・実現をねらっていた政府・自民党にとっては、この明石の登場は願ってもない最高の贈り物であったろう。これにはさらにほぼ同じころ、国連難民高等弁務官に緒方貞子が任命されるというおまけまでついた。そしてこのことは、いまや世界の経済大国、政治大国である日本が、カンボジア問題についていつまでも手をこまねいているわけにはいくまいという世論形成に一役買った。

「ハト派」宰相によるＰＫＯ協力法の制定

ところで、「ＰＫＯ協力法」については、憲法第九条では自衛隊の海外派遣はできないことになっているので、自衛官の身分のままで派遣できるのかどうか、派遣された自衛隊は国連の現地司令官の指揮下に入って行動するのかどうか、また隊員の生命・身体が危険にさらされたときに武器を使用してもよいのかどうか、さらにはＰＫＯ協力法のなかにはＰＫＦ（国連平和維持軍）まで入っているのかどうかなどについて、さまざまな論議がなされた。

これらの問題点を整理し、一つずつ野党の合意をとりつけて法案を通す必要があった。非力な宮沢としては、ここはなんとしても竹下派のお歴々におでましを願うほかない。そこで宮沢は、一九九二年（平成四年）一月八日に、金丸信にたいして副総裁就任を懇請し、同時に竹下派の意向を入れて、一月一七日に宮沢派の増岡弘之国会対策委員長を竹下派の実力者梶山静六と交替させた。梶山は、一九九一年四月二四日の海上自衛隊掃海部隊のペルシャ湾派遣決定にさいして、国会対策委員長として公明・民社の了承をとりつけた実績をもっていた。

こうして政府・与党側の態勢をととのえたのち、ただちに梶山は、公明党のいう「ＰＫＦへの参加凍結」と民社党のいう「ＰＫＦ派遣にあたっての国会承認」の要求を呑んで、自・公・民三党による修正案をつくり、六月一日、「ＰＫＯ法案」を国会に提出した。参議院本会議では六月六日から審議がはじまったが、社会・共産両党は牛歩戦術をとって激しく抵抗し、三日三晩の徹夜国会ののち九日未明、ついに同法案は参議院を通過した。

ついで舞台は衆議院に移ったが、同法案の通過を阻止するため社会党（委員長は右派の田辺誠）・社民連（代表江田五月）は、両党衆院議員一四一人分の辞職願いを桜内義雄衆議院議長に提出したが受理されないままに、六月一五日、社会党・社民連議員が欠席するなかで「ＰＫＯ法案」は衆議院本会議で可決、成立した。辞職願いは中ブラリンのまま、うやむやにされた。

法案通過後、政府はただちに行動を開始、九月八日、カンボジアＰＫＯ協力部隊派遣実施計画などを閣議決定し、九月一七日に先遣隊第一陣四二三人が出発した。

一九九二年六月一五日は、戦後五〇年間近く、日本の国是とも考えられてきた日本国憲法第九条「戦争の放棄」――それゆえに、自民党もこれまで容易に自衛隊の海外派遣の案件を突破できなかった――の最後の砦であった自衛隊の海外派遣拒否という問題がついに陥落したという点で、戦後日本政治のなかでも、講和条約締結、第一次安保闘争と並んで、もっとも記憶されるべき重要な政治史的事件が起こった日であったといえよう。

ところで、左派中立系の土井たか子のあとを、自民党とも親密な関係にあるといわれる右派系の田辺誠が引き継いでいた社会党でさえも、議員辞職という強硬手段をとってまであれほど激しく抵抗したのは、ＰＫＯ協力法を認めれば、同党がこれまで党是として掲げてきた護憲・非武装中立という一枚看板――これもだいぶあやしくなってはきていたが――をおろすに等しいからであった。しかし、これが社会党にとっての最後のふんばりであった。これ以後、社会党はむざんにも坂道を転げ落ちていく。

思い起こせば六月一五日という日は、奇しくもちょうど三二年まえの一九六〇年（昭和三五年）第一次安保闘争の真っ只中、安保改定は軍事路線につながるとして激しい反対闘争を展開していた学生たちのひとり、樺美智子が騒乱に巻き込まれて若い命を散らした日であった。

ＰＫＯ協力法が制定されたことで、自衛隊の海外派兵が事実上公認されたことだけはまちがいない。もっとも、このＰＫＯ協力法を通すさいにみせた野党の激しい抵抗によって、政府も人命尊重を最優先するという条件をつけ、平和協力をおこなうさいの五つの原則を認めざるをえなかった。

それによると、自衛隊の参加については、

①その地域で停戦が合意されていて、生命に危険のないことが確認されていること
②紛争の当事者が、国連の平和協力隊の受け入れを認めていること
③武力紛争が再発しないように停戦の合意を当事者に守らせたうえで、活動は民主的な手段と中立の立場で、その国が統一政権をつくることを援助すること
④以上の①②③の条件が守られないときには、日本は独自の判断でその国から引きあげることができること
⑤隊員は生命や身体を守るための最小限の武器をもち、また危険があれば武器を使用できること

とされていた。

このほかＰＫＯ協力法では、将来、機関銃や対戦車ロケットなどの自衛用の武器をもつ国連平和維持軍（ＰＫＦ）に、

自衛隊が参加するような事態が起こったときには事前に国会の承認を得ること、またこの法案は三年後に見なおしをすることなどが定められていた。

しかしいったん法律が制定されてしまえばそれでおしまいであり、「りくつ」はいつでもあとからついてくるものであるから、いま述べた五原則もいつ突破されるかわからない。

ＰＫＯ協力法を制定したことによって、保守党＝自民党主流派は、一九五一年の講和条約・日米安全保障条約の締結以来、四〇年間、一貫して追求してきた「西側陣営の一員」としては武力協力をも辞さないという党是をようやく具体化しえたのである。しかもそれが、自民党内の「ハト派」と目されていた宮沢首相、河野官房長官のもとで実現されたことは、まことに歴史の皮肉としかいいようのないできごとであった。

竹下派の分裂と政治改革

一九九二年（平成四年）六月一五日、海部内閣以来、その法制化がもくろまれていた「ＰＫＯ協力法」が、難産の末、社・共両党の激しい反対を押し切ってようやく可決・成立した。これにより宮沢政権は、公約の一つを果たし面目を保った。あとは「政治改革」である。しかしこの問題に手をつけたとき、それが宮沢政権の命取りとなった。なぜなら、「ＰＫＯ協力法」が可決されたちょうど一年後の一九九三年六月一八日、宮沢内閣は、「政治改革関連四法案」の審議途中で、六月一七日に共産党を除く野党の提出した内閣不信任決議案が賛成多数で可決されたため、あえなく崩壊したからである。

宮沢政権後半の一年間は積年の「金権体質」、「汚職体質」が一挙に吹きだし、自民党内でさえも田中式、竹下式手法の変改を求める声が高まり、「政治改革」が真剣に唱えられはじめた。一九九二年一月、元北海道開発庁長官だった宮沢派の事務総長阿部文男が、鉄骨加工会社の共和から巨額の資金を受け取っていたことが明るみに出た。さらに八月二二日に、金丸信が東京佐川急便から五億円の献金を受け取っていたことが「朝日新聞」に報じられ、竹下派会長と副総理を辞任する事件が起こったことは、竹下派、宮沢内閣、自民党自体にとって大きな痛手となった。そして九月二八日に金丸が政治資金規正法違反で略式起訴され、わずか二〇万円の罰金でお目こぼしになったことがわかると、一挙に世論が「政治改革」気運へと盛りあがった（金丸、議員辞職、一〇月二一日）。

さらにこれに追い打ちをかけるように、九月二二日には、東京佐川急便事件の初公判で竹下派と暴力団の結びつき――竹下が一九八七年の自民党総裁選に出たとき、これを攻撃した右翼団体にたいして、金丸が広域暴力団稲川会の石井進前会長に中止工作を依頼した事実――が明るみに出て、大きな衝撃が国民のあいだに広がった。

こうした数々の不祥事による金丸会長の後継者人事争いにおいて、一〇月二二日に竹下の推す小渕恵三が小沢らの推す羽田孜《はたつとむ》を破って会長となったため、羽田グループは一〇月二八日に「改革フォーラム21」を結成して竹下派を脱会した。こうしてさしもの隆盛を誇った竹下派も、政治改革積極派の羽田派（羽田孜、小沢一郎など衆院三五人、参院九人）と、反小沢派でそれゆえに政治改革には慎重あるいは消極的であった本家竹下派を名乗る小渕派（小渕恵三、橋本龍太郎、梶山静六など衆院三二人、参院三四人）とに分裂した。

ところで、いわれるところの「政治改革」は、その手段としては選挙制度の改革という形をとったため、その可否をめぐって自民党内はもとより全野党を巻き込んだ政治論争をひき起こし、そのことが宮沢政権の崩壊から次の細川政権の成立にかけて、戦後日本政治において三八年間続いた自社対立を軸とする「五五年体制」、「自民党一党支配」を突き崩し、新しい政界再編（保革連合）を推進していくことになるが、この時期にはだれもそこまでは想像できなかったであろう。

ここでも政治改革の主導権をとったのは、政権与党である自民党であった。そしてその一方の軸は、旧竹下派内の小沢・羽田グループ、政治改革の一番手三木派の流れをくむ河本派の海部らのグループをふくむ約二〇〇名の推進派、そしてその対抗軸は金丸信のあとを継いだ竹下派会長小渕恵三（昭和から平成に年号が変わったとき、当時官房長官であった小渕が「平成」と書いた半紙をテレビでみせて、平成、平成と披露したので以後「平成おじさん」と呼ばれた）、梶山静六らの慎重派もしくは反対派、それにＹＫＫグループで、これらの多くは反小沢的感情をもつ人たちであった。そしてこの賛成論、慎重論、反対論にはさまざまな思惑や個別利害がからんでおり、またそれに野党のなかでも絶対反対論から条件次第では話に乗ってもよいという態度までまざりあっていたので、国民の眼にはひじょうにわかりにくいものであった。

総論的には、「政治改革」が必要であることはだれしも認めていた。「五五年体制」のような、政権交替を許さない一党支配は政治の活性化を抑えつけ、政治腐敗や汚職の構造を生みだすことは必定《ひつじょう》であったからである。しかし小選挙区制を主軸とする選挙制度の改革は、これまで以上に野党の勢力を低下させ、「角《つの》を矯《た》めて牛を殺す」結果になりはしないか、また自民党側にすれば、比例代表制を併用すれば自民党に悪影響が出ないかなど、さまざまな不安材料があった。こうした難問をかかえて、どのような政治改革をすべきかという点になると、だれにとっても解答はそれほど簡単に出せるものではなかった。

結局この問題は、政治改革を必要ならしめる原因をつくった自民党自体の意識の変革なしには解決されなかったといえる。したがって政治改革を推進するには、まずは自民党総主流派体制の責任者たる竹下派内部の人びとが率先しておこなわなければ、ことは一歩も進まなかったであろう。その役割を果たしたのが、小沢・羽田グループであった。かれらは自民党内における自浄作用――背後に政権抗争がみえかくれしていたものの――を促進するとともに、野党にたいしては政権交替のチャンスがあるという希望を与え、国民にたいしては政治改革の正当性を論理的に説明し、自分たちの行動をバックアップしてもらう必要があった。

そのために、まずかれらは、自由な行動が可能なように竹下復権を阻止する必要があった。そこで、一方では竹下式政治手法の非を鳴らして世代交替の必要性を説き、他方では派閥形成の温床である中選挙区制をやめて、小選挙区比例代表並立制に変えるべきだと喧伝した。かれらによれば、一選挙区で三―五名当選できる中選挙区制では汚職議員の当選の可能性があり、また自派閥の議員をひとりでも多くだすために大量の選挙資金が流れてそれが汚職の原因となると述べているが、小選挙区制ではもっと金がかかるし、選挙制度を改変しても、それでただちに派閥が解消されるとも思われない。

ここで比例代表制の併用をかまわないとしているのは、これによって政治改革にたいする野党の賛意が得られるという計算が働いていたことはまちがいないが、そればかりではなく冷戦終結宣言後の新しい国内・国際政治の変化に合わせて、野党とくに公・民との協調を得て政治的安定をはかっていこうという考えがその根底にあったことはみえみえである。

しかしかつて海部内閣のときには、小沢幹事長の強い意向もあって「小選挙区（三〇〇人）比例代表（一七一人）並立制」を決定した、当選回数六回以上の議員で構成される自民党総務会が、竹下派分裂によって劣勢となった小沢グループの足もとをみたのか、この期《ご》におよんで方針を転換し、単純小選挙区制を柱とする関連法案を推進する案でまとまり、一九九三年三月三一日にそれを党議決定し、四月二日に公職選挙法改正案、衆議院選挙区画定委員会設置法案、政治資金規正法改正案、政党助成法案の「政治改革関連四法案」を衆議院に提出した。

これでは野党にけんかを売っているようなものであり、野党の反対は目にみえていることは必定で、自民党は政治改革に熱意がないことを証明するようなものであった。それもこれも自民党内に鬱積していた反小沢、小沢憎しという感情から出たものであったことは容易に推測できよう（一・六戦争〔小沢一郎と梶山静六〕のはじまり）。これ以後、自民党内で政治改革推進グループとそれにまったをかけるグループとがはっきりとわかれることになる。そして、一九九三年四月一五日からいよいよ衆議院政治改革調査特別委員会において政治改革関連法案の実質審議がはじまった。

「五五年体制」の崩壊と政界再編成

政治改革関連法案をめぐる政府・執行部と自民党総務会の強引なやり方にたいして、一九九三年（平成五年）四月一六日に政治改革推進協議会（民間政治臨調）が小選挙区比例代表連用制を提唱、また五月二五日には自民党の「政治改革を実現する若手議員の会」が、「野党と妥協してでも今国会で政治改革を実現すべし」という同党の衆参国会議員三八一人のうち二一九人の署名を集め、それを首相に手渡している。若手議員にとっては、もはや小沢派・反小沢派で固まっている竹下派内部の事情などどうでもよかったのである。自民党も明らかに変わりつつあった。

そしてこれに呼応するかのように、五月二八日、社会・公明・民社・社民連・民主改革連合・日本新党の六野党・会派首脳が会談し、「小選挙区比例代表連用制を軸として、与野党の合意形成ができる案をつくる」との見解をまとめている。当時、自民党内で孤立化しつつあった小沢・羽田グループや「政治改革」に熱意をもった清新な若手議員に、外部からの強い「助っ人」があらわれたのである（そしてこの会談にのぞんだ党派がのちに羽田・小沢らの「新生党」と細川政権を構成する母体となったことに注意）。

こうした状況をみて、宮沢首相は梶山幹事長にたいし「できるだけいい妥協案をつくってほしい」と指示し、首相自身も「テレビ朝日」の対談で、政治改革について「どうしてもこの国会でやらなければならない、やるんです」と明言したが、執行部とくに梶山幹事長、佐藤孝行総務会長（渡辺派）らは単純小選挙区制の原案をとりさげなかった。

このため六月一日、塩川正十郎（安倍派→三塚派）自民党政治改革推進本部長代理が、与野党の妥協案として小選挙区比例代表並立制を提案したがききいれられなかった（六月一六日、辞表提出）。一方、梶山幹事長が六月一四日の新自由主義経済研究会で、政治改革については「二年後の参院選で勝利を収めて、選挙制度をふくめた改革を断行したい」という発言をしたため、翌六月一五日、自民党の改革推進派議員ら一五九名（うち衆議院議員一二八名）が党執行部に対抗して、河本派の谷川和穂を代表とする「政治改革を推進する議員連盟」を結成した。

しかし翌一六日、宮沢が自民党総務会に出席し、単純小選挙区制導入を柱とした四法案を衆議院政治改革調査特別委員会で採決するよう指示したため、同日、社会・公明・民社・社民連・民主改革連合・日本新党らの六野党・会派が衆議院に内閣不信任決議案を提出することで合意、翌一七日に、共産党を除く野党が内閣不信任決議案を衆議院に提出した。そしてこれに羽田派が同調し、翌六月一八日夜、内閣不信任決議案が賛成多数で可決・成立した（賛成二五五、反対二二〇、自民党議員三九人賛成、一八人欠席）。

このときの内閣不信任決議案の可決は、戦後日本政治史上、特筆大書されるべき事件であった。なぜなら、まず、自民党内で派閥次元を超えて、「政治改革」の理念に賛成するかどうかにより派閥横断的な合従連衡《がっしょうれんこう》がおこなわれたことである。次には、はじめて政党の枠を超えて、問題の性質によっては反対党にでも賛成するという行動様式が生まれたことである。政界再編成は、このような意識の変革なしにはおそらく不可能であったろう。

こうして、一九九三年（平成五年）六月一八日を期して、三八年間続いた「五五年体制」が崩壊し、それと同時に自民党の一党支配に幕が閉じられたのである。人はこうした事態をみて、自民党第一五代総裁宮沢喜一を徳川幕府最後の第一五代将軍徳川慶喜になぞらえているが、そうした語呂合わせ的指摘よりも、宮沢以後、真に政治改革の理念が達成されたかどうかにこそ目を向けるべきであろう。

第六章　「五五年体制」の終焉と保守再編成——細川内閣から橋本内閣へ

一　プロローグ——保守再編成

細川旋風と「政治改革」

「戦後日本政治」にかんする叙述も、いよいよ最終段階に到達した。時期的には、一九九三年（平成五年）八月から九六年一一月初旬までのわずか三年三ヵ月ほどの政治過程であるが、長年にわたって栄耀栄華、「わが世の春」を謳歌してきた自民党をすっかり周章狼狽させた点で、これほど痛快かつダイナミックな政治活劇はなかった。

活劇の主役を演じ、起爆剤となったのは、突如、彗星のごとく現われた細川護熙とかれのもとに結集した「日本新党」の面々であった。そしてその「錦の御旗」は、「政治改革」の実現であった。しかし、こうした「新体制運動」の成功を可能ならしめたのは、じつは自民党内の総主流派体制の中心派閥であった旧竹下派経世会の内部分裂によるものであった。

かつてレーニンは、革命を成功させるのには、変革のための主体勢力の形成が必要であることは言をまたないが、同時に打倒すべき敵である支配階級内部での矛盾が深まり、もはや支配を継続することができない状況が生じていなければならない、という趣旨のことを述べている。

この意味では、一九八九年（平成元年）以来生じた東欧革命やソ連邦の崩壊とはくらべうべくもないが、一九九三年八月の細川政権成立から退陣までの約八ヵ月間は、国民のあいだに「変革」へのおおいなる期待と幻想をもたせたことはまちがいない。しかし、そこまでであった。細川政権後の羽田、村山、橋本政権へといたる二年半ほどの日本政治の有様《ありよう》をみれば、小沢に代表される保守支配層の思惑どおりに保守二党が生まれ、かつて自民党の対立軸であった社会（民主）党が倒壊状態になり、日米安保体制がこれまで以上に強化され、住専問題に象徴されるような鉄壁の三角関係、政財官の癒着の構造はなに一つ解決されていないからである。

その理由は那辺《なへん》にあるのか。それは各政党や党派が、「政治改革」をそれぞれの思惑で自党派の利益のために利用したという側面があったからである。

細川は「政治改革」を提起することによって、少なくとも自民党一党支配に活を入れようとしていたことはまちがいない。竹下派分裂劇の主役小沢一郎は、「政治改革」という名の小選挙区制導入によって社会党とくに左派をつぶし、公明党、民社党をも傘下に入れた、保守二大政党による日米安保体制のさらなる強化をもくろんでいた。三木の申し子、海部は党近代化の旗手として真面目に「政治改革」に取り組んだかもしれないが、その結果するところがタカ派の小沢的なるものに収斂される危険性をはたしてどの程度認識していただろうか。政治改革派を自認する小沢・羽田新進党に遁走された竹下、梶山、橋本らの自民党残留本隊組も、国民の汚職体質批判の高まりに抗することができず、心ならずも「政治改革」の大号令のまえに膝を屈した。それよりもっと悲惨だったのは、ほとんど無抵抗状態で、いわば脳死状態で小選挙区比例代表並立制に賛成票を投じた社会党である。そしてそのことが、こんにちの社会（民主）党崩壊の因をなすものであった。

なにしろ、「政治改革」が国会に提案されて、細川・河野両党首の深夜の「手打ち式」で決まるまでの数ヵ月間は、ほとんどの政党がまるで金縛りにあったように「政治改革」のお経を唱えるといった、異常な状態であった。新聞もテレビも小選挙区比例代表並立制に賛成しない者はまるで「非国民」であるかのような調子で批判し、宣伝にこれつとめた。そしてこのときほど、多数意見を代表すると称して「民主主義」の旗を振ったジャーナリズムの「多数者暴政」（J・S・ミル）の恐ろしさを感じたことはない。かれらは、細川旋風の好機をとらえてもっと日本の政治構造そのものにメスを入れ、理論的に客観的に政治の本質と矛盾について分析し、報道すべきであった。「政治改革」という表面的な小手先にだまされないで終始反対しつづけたのは、日本共産党と社会党のごく一部の人たちだけであった。

したがって、社会変革までもは展望していない「政治改革」という名の小選挙区比例代表並立制による第一回目の総選挙（一九九六年一〇月二〇日）が、結局、細川政権まえとほとんど変わらない選挙結果に終わったことは、当然といえば当然であった。

自民党がそこそこの勝利をおさめて、復活のきざしをみせ、新進党がなんとか第二党の面目を保ち、ここに保守二党制による新しい戦後日本政治の枠組が定まった。そして、今後よほどのことがないかぎり、この枠組つまり「九六年体制」は長期にわたって続いていくことであろう〔新進党は九七年に解散したものの、保守系政党による二大政党体制は二〇一四年現在も続いている〕。成立時からなにかとお騒がせした鳩・菅「民主党」も、かつての「新自由クラブ」、「日本新党」、「さきがけ」と同じく二度、三度選挙を重ねるうちに消失していくのではないか、と危惧される〔意外にも、二〇一四年現在も党は存続している〕。これは、戦後日本政治にとって最悪のパターンである。そうして、こうしたパターンを生みだしたのは、国民を最良の方向に指導すべき責任をもつ政党や政治家たちの志の低さであり、ジャーナリズムの不勉強であり、それをおめおめと容認している国民それ自体である。

以下、ここまでの経過について、もう少し詳細にみていくことにしよう。

二　「五五年体制」の終焉——細川内閣の時代（付・羽田内閣）

「時代の子」細川護熙

細川護熙とはそも「だれ」か。そのいかにも高貴な感じの名前からして、かれがただ者ではないということはだれしも容易に推測できようが、かれが一九九三年（平成五年）八月六日、内閣総理大臣に指名されたとき、はじめてかれの名は中央政界において真に全国区となった（一九八三年に熊本県知事に当選して二期つとめ、殿様知事としてローカルではそれなりに有名であったかもしれないが）。かれは、首相就任後、かれ自身にまつわる佐川急便疑惑によって辞任するまで（一九九四年四月二八日）のわずか八ヵ月余という短期間のあいだに、不動にみえた五五年体制を一気に崩壊させ、自民党を分裂させせながらその一党支配を突き崩し、自民党ではなかなかできにくかった長年の懸案、ウルグアイ・ラウンド問題という難問（コメ自由化）を解決し、海部、宮沢内閣でも実現できなかった「政治改革」問題に決着をつけるという大戦果をあげて、さっと退陣した。

この意味で細川護熙は、鞍馬天狗や月光仮面のように「疾風《はやて》のようにあらわれて、疾風《はやて》のように去った」希代の風雲児ということができよう。そして、かれのこのような他に類をみない大胆な行動を可能にしたのは、かれが藤原・足利以来の名門細川家の末裔であり、母方の祖父が悲劇の宰相近衛文麿であったという、有象無象《うぞうむぞう》のことはさして気にしない、すなわちやりたいことはやるという貴族的出自によったものといえようが、それよりも、やはり戦後五〇年を経過して転換期にあった日本政治が、なにものにもとらわれない、かれのような新しいタイプの政治家の登場を待望していたことが、かれの決断に味方したのであろう。この意味でかれは、まさに「時代の子」であった。

細川護熙という名前が人びとの口の端にのぼるようになったのは、かれが一九九二年（平成四年）の五月七日に、新党「自由社会連合」（自由民主党の「自由」と社会党の「社会」をくっつけた党名で、ここにかれが、自由主義を基調にしつつ、社会主義の平等という理念をもあわせもつ現代政党をイメージしていたことがわかる）の結成を発表し（のち「日本新党」と改名）、七月二六日の参議院選で、比例区（全国区）ながら四人の議員を初当選させた時点からであろう。

このとき人びとは、三八年間続いた「五五年体制」（成立当初は国際的冷戦構造にみあった自社対立構図をとっていたが、その後三〇年ほどたったロッキード事件発覚後の竹下内閣ごろからは、裏では自社なれあいといわれる国対政治〔一九七三年のオイル・ショック後、田中内閣時代にはじまったといわれるが、自社国会対策委員長による事前協議によってことを進める政治。このシステムを推進したのが竹下、金丸、梶山たちで、その相方が田辺誠であった〕に堕した）に、単身、捨身で果敢に切り込んだ壮士細川の姿をみて、「日本新党」ブームが一気に盛りあがった。

竹下派の分裂と「新党さきがけ」、「新生党」の登場

当時は、ロッキード、リクルート事件から佐川急便事件とつづいた自民党の腐敗・汚職構造が白日のもとにさらされ、竹下元首相が一九九二年（平成四年）一一月二六日の衆院予算委で証人喚問され、国民の自民党にたいする怒りが最高潮に達した時期でもあった。

そしてこの年一九九二年一一月三日、アメリカでは、ブッシュ（共和党）に代わって、アメリカ大統領史上最初の戦後生まれの清新潑剌たるクリントン（民主党）が颯爽と登場した。それは世界の人びとに世代交替を強く印象づけた。

こうしたなかで、竹下派の、ということは自民党の中核部隊であった小沢・羽田グループが、一九九二年一二月一

八日、世代交替をめざして竹下派を離脱、羽田派を結成し、自民党内に激震が走った。

それにつづいて、翌一九九三年一月一九日には、金丸の盟友ともいわれた社会党委員長の田辺誠（右派）に代わって、委員長に山花貞夫（左派系）、書記長に赤松広隆が選出された。この二人はいずれもかつての社会党左派の闘士山花秀雄、赤松勇の二世議員であるが、この二人がのちの「政治改革」という口あたりのよいキャッチフレーズに乗って、小選挙区比例代表並立制成立の推進役をつとめ、社会党自身の崩壊へと導くきっかけをつくったのである。

さて、支配政党である自民党の空中分解的状況を一挙に加速し、あげくのはてには自民党の大敗を招き入れ、政権引き渡し劇にまでいきつかせたのは、一九九三年（平成五年）六月一八日の社・公・民野党三党が提出した宮沢内閣不信任決議案の可決（賛成二五五、反対二二〇）であった。このとき、自民党の羽田派三九名が賛成に回り、一八人が欠席したことが、不信任決議案可決の最大の要因となった。

宮沢はただちに解散を宣し、自民党の政権維持策をはかったが、「桐一葉」、もはや自民党政権落城の勢いをおしとどめることはできなかった。この日、武村正義らが自民党を離脱することを宣し、羽田派が新党結成を表明したからである。そして六月二一日には武村を代表とする「新党さきがけ」が、同月二三日には、羽田を党首とする「新生党」が結成された。自民党は一九五五年（昭和三〇年）の保守合同以来、はじめて深刻な分裂のピンチに見舞われた。

自民党の大敗

こうした騒然たる政治状況のなかで、七月一八日に衆議院議員選挙が挙行された。自民党が二二三名（前回、二七五名）、社会党七〇名（一三六名）、新生党五五名、公明党五一名（四五名）、日本新党三五名、民社党一五名（一四名）、共産党一五名（一六名）、新党さきがけ一三名、社民連四名（四名）で、予想どおり、自民党が大敗した（もっともこれは、新生党、新党さきがけに同党議員が移動したことによるが）。それよりも六〇名近く大幅減少した社会党のほうが事態はより深刻であった。この減少分は、いわゆる「新党ブーム」によって日本新党、新党さきがけにまわったことはまちがいない。

ともあれ、さしも堅塁を誇った自民党のたてこもる「アラモの砦」がついに落城し、新生、社会、公明、日本新党、民社、新党さきがけ、社民連、民主改革連合の七党八会派が「非自民」、「政治改革の実現」を旗印に意思統一し、さっそく政権担当作業にとりかかった。また自民党のなかには、海部内閣時代に「政治改革」をつぶした古手議員たちに批判的な海部グループや若手議員たちなどの不穏分子も多数いたから、「政治改革」の旗印は自民党に第二のゆさぶりをかけるのに好都合であった（事実、海部はのちに自・社・さ大連合による自民党復権というドタバタ劇のさいに、一九九四年一二月一〇日、新生・公明・民社・日本新党などが結成した新進党の初代党首に選出されている）。

政権与党づくりのキー・パースンは、当然なことに剛腕投手小沢一郎であった。かれは、首相候補の呼び声が高かった羽田をおさえ、細川護熙を首相候補に推し、土井たか子を衆議院議長に推すというウルトラC戦術をとって「呉越同舟」の七党八会派をまとめる挙に出た。細川はいまや国民的人気を一身に背負った「平成の世直し」仕掛人であり、またその「毛並み」のよさとスマートなルックスは、とかく権威に弱い日本国民の感情をくすぐるのに十分なものがあった。

もう一人の土井たか子も、過ぐる一九八九年（平成元年）の参院選挙において、消費税反対闘争を展開し、「マドンナ旋風」をひき起こした獅子奮迅の活躍によって、細川に劣らず、いやそれ以上の国民的大スターであった。いまや小沢は、細川、土井という二枚の強力な切り札を手中におさめて、意気軒高、かれのいわゆる国際的に通用する「普通の国」論（国際紛争が起これば、自衛隊を海外派遣し、国際貢献をするというもの。したがって、新政権内の獅子身中の虫、社会党の左派分子はやがて切り捨てるという作戦）によって日本を構築しなおすことを夢想し、船出した。

では次に、総選挙後、細川政権が誕生し、政治改革関連四法案が可決されるまでの経過について述べる。

「政治改革」の大合唱

政治改革が必要であるという気運は、「ロッキード事件」で田中角栄が退陣し、一九七四年（昭和四九年）に三木内閣が誕生したときに起こったから、この問題は二〇年越しの懸案事項であったといえる。

しかし、当時は「三角大福中」が凄まじい派閥抗争を展開し、怨念政治を繰り返していたから、汚職の最大要因となる政治資金（自分自身の莫大な選挙費用と派閥のメンバーにモチ代をくばるために必要）についてちょっぴり規正し（それも抜け穴だらけの）、派閥の偽装解散というパフォーマンスによってお茶をにごす程度が関の山であった。政治改革は、まずは政権与党である自民党が先頭を切ってやる気にならなければ、絶対にその実現を期することはできないのである。

そしてこの政治改革問題は、その後、福・大・中が順序よく首相の座についたため一時期背景に退いたが、汚職構造は、闇将軍田中のリモコン時代の約一五年間にもいっこうに改まらず、竹下が「リクルート事件」に関与して辞任したあとを継いで、三木の秘蔵っ子海部がそのダーティ・イメージを払拭すべく首相の座についたとき再燃した。そしてこの政治改革問題を支持し促進したのは、まことに皮肉なことに、自民党内最大派閥として総主流派体制を形成していた竹下派（経世会）の、内部分裂によって生まれた小沢、羽田らの「羽田グループ」の存在によるところが大きかった。このときようやく、自民党自体による自浄化作用のきざしがみえたといえよう。

竹下派分裂の理由はさまざまであろうが、一つは、五五年体制下の自社なれあいの国対政治に終止符を打ち、当時、冷戦終結に向かいつつあった新しい国際政治状況に対応して、国際貢献に耐えうる（具体的には自衛隊の海外派遣、日米安保体制のなおいっそうの強化）保守二大政党制を再構築しようという路線争い、ふたつには、「ロッキード事件」、「リクルート事件」のような汚職事件が起こり、国民の怒りと批判がますます高まってきていた状況のもとで、三名から五名当選できる中選挙区制では、結局は汚職議員が当選してくる選挙制度の不都合の解消、みっつめには自民党内における世代交替論の登場などがその主たる要因であろう。そして真の政治改革派である海部グループと正義感に燃えた一、二年生議員の若手グループ、それに「羽田グループ」が相乗作用を起こして、竹下後の海部内閣のときについに政治改革の大合唱が盛りあがったのである。

「政治改革」をめぐる自民党内部の確執

このさい、政治改革において実際に運動の推進力となったのが、竹下派会長金丸信に後押しされた小沢・羽田グループであった。そして金丸の念願は、かれが大器とみた小沢を一刻もはやく総理・総裁の座につけることであり、そのための手段として用いられたのが、小選挙区比例代表並立制というだれもが「ノー」といいにくい政治改革の旗印であった。

しかし、当時は自民党内でも古手議員ばかりでなく本人の選挙区の事情からいって消極論を唱える者がかなりいたし、野党も、比例代表制を加味したものではあれ、それに小選挙区制がくっついていては、少数政党に不利になるとみて反対論が強かったから、竹下派の二重権力支配（とくに金丸、小沢）の傘の下にあった海部が、いかに重大決意を表明して踏張ってみても政治改革の実現はしかく簡単なものではなく、あえなく憤死し、辞任することになる。

そして細川政権になって、ついに政治改革が実現したのは、宮沢政権時代に反小沢で結集した自民党古手議員やYKKグループなどが、単純小選挙区制を柱とする選挙制度の改革を提唱し、野党各党を怒らせ、かれらを改革派陣営に駆け込ませたからである。もしこのとき、自民党執行部がせめて小選挙区比例代表並立案を認めていたら、あるいは細川政権や村山政権、あるいは新生党すらもこの世に存在しなかったかもしれない。「政治は一寸先は闇」とよくいわれるが、政治改革劇にまつわる変転のさまをみるとき、そこに人間の知恵の浅さ、先を読みとる判断力の弱さ、人間的憎悪《にくしみ》の深さと個別利害に走りやすい性向がむきだしになって進んでいったことがわかる。

しかし、政治改革への道はいまや国民的関心事にまでなっていたから、この問題をすり抜けて通ることはもはやできない状況にあった。

そこで次の宮沢内閣は、一九九一年（平成三年）一一月五日の成立後、半年ほどかけて社・共の強力な反対を押し切ってようやくＰＫＯ法案を成立（一九九二年六月一五日）させたのち、一二月に入っていよいよ政治改革問題に取り組む姿勢を打ち出した。そのころ（一二月一八日）、竹下派が分裂し、小選挙区比例代表並立制を支持する羽田派が結成されたが、それに対抗するかのように、同月二二日、自民党総務会は、単純小選挙区制を柱にした「政治改革の基本方針」を了承している。そして一九九三年三月三一日には、単純小選挙区制の導入を柱とする政治改革関連四法案（公職選挙法改正案、衆議院選挙区画定委員会設置法案、政治資金規正法改正案、政党助成法案）を党議決定し、四月二日、同法案を衆議院に提出した。これでは、「小沢憎し」とばかりに羽田派に喧嘩を売るようなものであり、野党各党もとうてい呑めない改革案であった。

すなわち、社会・公明両党も四月八日、小選挙区比例代表併用制の導入を柱とした政治改革関連法案（公職選挙法改正案、政治資金規正法改正案、政治倫理法案、衆議院議員小選挙区画定審議会設置法案、政党交付金交付法案）を共同で衆議院に提出、ここに国会の舞台における与野党決戦の様相が高まった。

このあと五月から六月にかけて、自民党内に結成された「政治改革を実現する若手議員の会」が「野党と妥協してでも今国会で政治改革を実現すべきだ」という署名運動を起こし（五月二五日、衆参両院国会議員三八一人中二一九人が署名、この事態を党執行部は重大視すべきであった）、また六月一五日には、自民党の改革推進派議員ら一五九人が党執行部に対抗して「政治改革を推進する議員連盟」（代表谷川和穂）を結成し、同日、党総務会の開会を阻止しようとするこれらの議員とのあいだでもみあいが起こるという一幕もあり、この対立抗争を、人びとは「一・六戦争」

（小沢一郎、梶山静六）と呼んだ。

そして六月一八日夜に、衆議院本会議において、六野党一会派と羽田派（欠席）の連合（これが細川政権成立の基盤）により、宮沢内閣不信任決議案が可決されたことはすでに述べたとおりである。

細川政権樹立をめぐる綱引き

さて、一九九三年（平成五年）七月一八日の衆議院総選挙において自民党は大敗したが、そのころ、地方都市で発覚したゼネコン（大手総合建設会社）疑惑や金丸巨額脱税事件などが、「政治改革」の有力なさらなる追い風になったことはまちがいない。

しかし、改革派のシンボル細川護熙が首相の座につくまでには、約一ヵ月ほどの紆余曲折があった。なぜなら過半数に達しなかったとはいえ、自民党は依然として第一党（二二三人）であり、政権担当の資格をもつ最短距離にあったからである。社会・新生・公明・民社・共産・社民連、六党を合わせても二一〇人であったから、結局、日本新党・新党さきがけの四八人をひきつけたほうが過半数の二五六人に到達する。

こうして、総選挙後一ヵ月ほど、自民と野党五党によるはげしい綱引合戦がおこなわれた。自民党はクリーンでハト派と目されていた後藤田正晴（副総理）を総理・総裁にすえるという作戦で日本新党・さきがけの気をひこうとしたが、本人が固辞したのでこの作戦はお流れとなった。そこで七月二六日には、政治改革推進本部拡大幹事会で両新党の政治改革提案受け入れの方針を確認し、翌日の総務会でも両党の政治改革案について「実現を期す」との見解を党議決定したため、一時期、「さきがけ」が自民党に「よろめく」のではないかという風説が流れた。

結局、この問題は、細川日本新党代表が七月二三日に「非自民政権が望ましい」と表明したときに勝負が決まったといえる。もともと日本新党とさきがけは友党関係にあり、総選挙まえに選挙協力で（七月三日）、また総選挙後には統一会派を組むことなどでも合意し（七月一〇日）、選挙後の七月一九日には統一会派「さきがけ日本新党」という名称にすることまで決定していた（のち細川が総理の座につき、小沢寄りになったため、この結婚話は御破算となり、ついには細川は新生党側に、武村は「自社さ大連合政権」に身をおくことになる）。そこで、細川の「非自民」の態度が表明されると、武村も「おおむね非自民勢力は改革に熱心で、それが機軸」になるという微妙な意見表明をおこなっている。このときなおも武村は、自治省の大先輩であり人望のあつい後藤田に一縷《いちる》の望みを託していたもようである。

しかし、翌七月二三日、日本新党とさきがけが合同幹事会を開き、細川・武村両代表が記者会見し、「政治改革政権」を樹立して、一九九三年中に小選挙区比例代表並立制を基本とする政治改革法案を成立させるなどの基本政策を発表し、他の各党に伝えた。

そして翌二四日、社会・新生・公明・民社・社民連の非自民五党が実務者協議を開き、五党とも日本新党・さきがけの提唱を基本的に受け入れる考えを表明、同月二七日、細川・武村代表は同日の書記長級会談にはじめて参加することを決定したと発表した。そしてこの日、武村も非自民の側に立つことを表明し、これで非自民政権の誕生の方向が定まった。また、同日、小沢一郎新生党代表幹事が、非自民政権の首相候補については羽田孜党首に固執しないと記者会見で意味深長なことを発表したとき（すでに七月二二日の細川・小沢会談で決まったといわれている）、人びとは細川護熙首相の誕生を予感した。

そして七月二九日に、非自民七党八会派の党首会談が開かれ、細川日本新党代表を統一首相候補とする、衆議院議長候補は社会党から出すことを決定（八月三日、土井就任を受諾）したとき、人びとは、水面下において小沢がすべてシナリオを書いたことを確信した。

こうして、八月六日、土井たか子が衆議院議長に選出され、ここに日本憲政史上初の女性議長が誕生、また首相には細川護熙が選出された。

一方、三八年ぶりに野に下ることが確実となった自民党の総裁には、渡辺美智雄（前副総理・外相）を破って、後藤田が推したといわれるハト派の河野洋平が選出され（橋本龍太郎幹事長は出馬断念）、幹事長には森喜朗通産相（三塚派）、政調会長には橋本龍太郎元蔵相・幹事長（小渕派）、総務会長には木部佳昭元建設相（渡辺派）を起用し、自民党結党以来のつらくて暗い「冬の時代」を迎えることになった。

政治改革法案の衆院可決と参院否決

一九九三年（平成五年）八月一〇日、細川首相は、就任後はじめての記者会見で、政治改革関連法案の年内成立を「公約」し、実現できないばあいは政治責任をとるとの考えを表明、不退転の決意を示した。そして九月一七日の臨時国会召集の日に、衆議院定数小選挙区二五〇、比例代表二五〇、投票は記号式二票制を柱とする政治改革関連四法案を閣議決定し、衆議院に提出した。他方、自民党は小選挙区三〇〇、比例代表一七一、投票は記号式一票制を柱とする政治改革要綱を決定し、一〇月一三日から両案の審議が衆議院ではじまった。政府案は、野党にも有利なように比例代表部分を厚くし、自民党は小選挙区部分を重視した配分であったことはいうまでもない。

臨時国会召集の三日後の九月二〇日、細川政権で政治改革担当大臣となった社会党委員長山花貞夫に代わって、運命の人トンちゃんこと村山富市が新しい委員長に選出された。このとき、その長くて白い眉毛がトレードマークの、面長でいかにも人の好さそうな、また政界ではほとんど無名の村夫子然とした翁が、自民党政権奪回劇の巧まざる立役者に仕組まれることになろうとは、だれが想像しえたであろうか。

そして一一月一八日に、夢にまでみた政治改革法案が衆議院を通過した。賛成二七〇票、反対二二六票、棄権一〇票であった。賛成には自民党から西岡武夫ら一三人、反対には社会党から岩垂寿喜男ら五人がまわった。

しかし、これですんなり政治改革法案が成立したわけではない。参議院では竹下の息のかかった自民党議員が多かったし、小選挙区制の導入に反対する社会党の猛者議員も手ぐすねひいてひかえていた。かれらは、もしこの法案が通れば、護憲・反安保を貫いてきた社会党が永遠に消滅する危険性があると十分に感じていたからである。そして翌年一月二一日の参議院本会議の投票では、政府の政治改革法案が案の定《あんじょう》否決された。賛成一一八票、反対一三〇票であった。賛成には自民党から五人、反対には社会党の小川仁一、田英夫、國弘正雄ら一七人がまわった。

細川・河野の手打ち式

ところで、ある法案について、衆議院と参議院の議決が異なったばあいには、両院協議会を開き、それでも意見が異なるときは、再度、衆議院で出席議員の三分の二以上の多数でふたたび可決して法律とするか、あるいは廃案にするかという二つの方法がある。このため、一九九四年（平成六年）一月二六日に両院協議会が開催されたが翌二七日決裂した。

これを受けて二八日、土井衆議院議長が細川首相、河野自民党総裁を呼んで斡旋の労をとった。そして細川・河野トップ会談によって深夜、妥協案がまとまった。この案をみると、かなり自民党に有利な内容に修正されている。すなわち、小選挙区三〇〇、比例区二〇〇（比例区は全国区ではなく全国を一一ブロックにわけるというもので、これも自民党が強く主張したものであった）、企業団体献金は一団体のみを認め、一企業年間五〇万円、政党助成交付金は国民一人あたり二五〇円の計算で三〇九億円とし、また政党の前年収入の三分の二までを上限にするとしていた（ちなみに、政党交付金は国民の税金からまかなわれる。これは、議員が金集めをするために汚職が発生するのを防ごうという趣旨から、政治改革の重要なポイントとされてきたものだが、共産党は、政党の活動資金は党費や機関紙や出版物収入などの事業活動によって集める性質のもので、また自己の意に反した政党に税金が使われるこの方式は不当だとして反対し、助成金の交付を拒否している。また二院クラブも受けとっていない。交付金の内訳は、自民党一三三億五九〇〇万円、新進党九二億一一〇〇万円、社民党五六億二二〇〇万円、新党さきがけ七億七四〇〇万円、公明党四億九九〇〇万円などとなっている〔一九九五年当時〕。しかし、こうした「ぬれ手で粟式」の過大な政党交付金は、政党に甘えの構造的気風を生み、次々に国民へのおねだりが増え、またその配分をめぐって党幹部の権力が強化される危険性が出てくるのではないかと思われる)。

そして翌一月二九日、同法案が衆参両院で可決され、ここに三木内閣以来の懸案事項であった「政治改革」がともかく実現された。このとき自民党は、衆議院再議決という手段を用いて法案成立を阻止できたであろうが、それをしなかったのは、細川人気と世論の圧力、また党内の反乱をおそれてやむなく断念したものと思われる。しかし、この法案成立をめぐるプロセスにおいては、とかく各党の利益を優先させようとした制度改革論争に重点がおかれたため、この制度改革によって、日本の政治が変革されるものかどうかは不明である。このことは同時に、「政治改革のための政治改革」に走り、「仏つくって魂入れず」の感はいなめず、政治改革を先導して旗をふった政治家、ジャーナリズム、学者の見識と責任が問われることになろう。

細川退陣

では、細川護熙の功績はどのように考えるべきか。それは、たとえ一人の発想であっても、国民や市民の立場を代表して立ち上がれば不動に思える強固な岩盤でも動かしうるという勇気を国民に示した点にあったといえる。しかし、現実の政治は複雑な力関係のもとに進行するから、必ずさまざまな障害に突き当たり挫折する。

なるほど、かれは細川人気に乗って、既成の自社両党では実現不可能のように思われた「コメ」の部分開放（ウルグアイ・ラウンド）を、苦渋に満ちた決断と称して一九九三年（平成五年）一二月一四日の未明、なんなく突破してしまった。

しかし、一九九四年二月三日未明（この人はなぜか未明に重大事項を発表するくせがある）、減税六兆円とその財源としての国民福祉税七％を提案したとき（小沢や当時の斎藤大蔵事務次官にいわれるままに、パフォーマンスをまじえながら無邪気に発表したものと思われる。なぜ七％なのかと記者に質問されたとき、「腰だめ」的目安と答えたことにも不勉強がありありとわかる）、連立政権の要《かなめ》であった社会党の強い反対にあい、翌日、撤回するという醜態を演じた。また、このころ、小沢と武村官房長官の関係が悪化し、ひいてはそのことがかつて統一政党をつくることまで合意した細川と武村のあいだにも、きしみを生じさせることになった。これに加え、四月に入って細川自身の佐川急便からの一億円借金問題が発覚し、国会空転が続いた。

この時点で、われらがお殿様宰相細川護熙は、四月八日、さっさと辞意を表明した。見事というか、いさぎよいというか、やはりこの人はただ者ではなかった。

六五日で終わった羽田内閣

羽田内閣は細川首相の突然の辞任によって成立したが、いまや「日の出の勢い」の感があった連合政権の要として君臨していた、いわゆる小沢・市川（雄一）の「一・一ライン」による露骨かつ無礼な社会党はずしの陰謀（保守再編の足かせとなると思われた社会党左派はずしがねらい）が発覚し、連合政権の最大与党社会党が政権を離脱するという二つのハプニング（羽田首相選任のプロセスで、すでに「新党さきがけ」は連立離脱、閣外協力に転じていた）によって、わずか六五日で総辞職した（戦後短命内閣としては、東久邇内閣五三日、石橋内閣六四日、宇野内閣六八日）。したがって、羽田内閣の事績といってもこれといったことは思い出しようがない。

羽田は、長野県（上田）選出の自民党長老羽田武嗣郎の長男で、小沢、橋本同様、典型的な二世議員である。この若手三羽烏は田中角栄に寵愛され、羽田は小沢、橋本ほどにはきわだった動きはみえなかったが、第二次中曾根第二次改造内閣（一九八五年一二月二八日成立）では農水大臣、竹下改造内閣（一九八八年一二月二七日成立）でも再度農水大臣をつとめ、宮沢内閣（一九九一年一一月五日発足）ではついに大蔵大臣の大役をつとめ、遅咲きながら確実に実力をつけてきた。

かれが熱烈な政治改革論者となったのは、海部内閣のときに、どちらかといえば地味な役柄で人があまりやりたがらない――これに手をつけるととかく人にうらまれることがある――選挙制度調査会長を引き受けたときからであったといわれる。このことが、改革に不熱心で旧態依然たる国対政治手法をよしとする師・竹下から羽田が離れ、宮沢内閣不信任（一九九三年）に重要な役割を果たし、ついに一九九三年（平成五年）六月二三日、小沢らと「新生党」を結成し、その党首に推されるまでになった淵源である。

羽田は、小沢のようなマキャベリストを思わせるタイプとは異なり、温厚・誠実を絵に描いたような人柄であり、また橋本のような一見無愛想で気軽に近寄りがたい二枚目的風貌の持ち主でもなく、だれからも好感をもたれるタイプで、政治家には珍しく権力志向のギラギラしたところがないために、細川政権誕生のさいにも首相の座にいちばん近いポジションにありながら「おあずけ」をくい、またその後、新進党結成のときにも、自民党から転がり込んできた海部元首相におとなしく「油あげ」をさらわれたが、これが羽田の羽田たる所以《ゆえん》かもしれない。

三　自社（さ）大連合、保守二大政党制のはじまり——村山政権の時代

細川政権が短命であったわけ

「政治の世界は一寸先は闇」とはよくいわれることだが、細川、羽田、村山へとめまぐるしく政権が移ったわずか一〇ヵ月間に展開された回転劇と逆転劇は、そのことをみごとに証明している。

党の生まれも育ちもちがい、したがってその思想も行動様式もそれぞれに異なる共産党を除くオール野党を結集して、「政治改革」「非自民」の旗印を颯爽と高く掲げながら力強く新しい第一歩を踏みだした細川政権は、発足後わずか五ヵ月にして、一九九四年（平成六年）一月二九日、海部、宮沢内閣時代を通じてもめにもめた小選挙区比例代表並立制を軸とする政治改革関連法案を一気に可決・成立させた。そしてこの中選挙区制廃止の勢いを押しとどめることは、当時どの政党・集団にとってもほとんど不可能であったろう。それほど、自民党主流派の度重なる不正な振舞いに国民は怒り心頭に発していたのである。細川政権とそれに結集した各党・各派の面々は、国民の眼には、あたかも正義の使者「白馬の騎士」のようにみえたにちがいない。しかし、寄り合い世帯の悲しさと細川自身の軽率さとが重なり合って、法案が成立したとたんにはやくも陣形の乱れを露呈しはじめた。

国民の期待を一身に背負って登場した細川政権は、なぜかくもあっけなく分裂・崩壊したのか。その最大の理由は、政治経験の浅い「若殿」細川が、田中・竹下支配の下で鍛えぬかれた策謀家小沢一郎の手練手管に翻弄され、その戦略構想にあまりにも接近しすぎたためと思われる。

そのあらわれの第一は、政治改革法案が通過した五日後の二月三日夜半、まったく突然に、細川が消費税にかえて税率七%の「国民福祉税」の導入をテレビで発表したことである。これは、女房役である「さきがけ」代表・官房長官武村にも、また連合政権最大与党である社会党にもなんの相談もなく、「一・一ライン」のいうがままに強行された暴挙であった（翌四日、国民福祉税を白紙撤回）。さらに細川は、国民福祉税に反対したかつての盟友武村を、二月一五日、獅子身中の虫として内閣改造という手段を用いて官房長官からはずそうとしたが、これもまた「一・一ライン」の策謀であったことはいうまでもない（三月二日、断念）。「どうした細川」、「殿御乱心」という体たらくであった。

ついで、反自民連合政権分裂の第二弾は、細川後の首班候補選出の方法をめぐって起こったドタバタ劇である（四月八日、細川首相辞意表明）。これをめぐっては、新生、公明、日本新党が各党の代表者会議で話し合うべしと主張（これならば小沢、市川も出席できた）したのにたいし、社会、さきがけ、民社の大内委員長派が党首会談でおこなうべしと主張して対立が激化した。このため、四月一五日、「さきがけ」はついに閣外協力を決定した。またこうしたやり方にあきれた日本新党の中島章夫ら三代議士が、四月一八日離党し、四月二〇日には新会派「青雲」を結成した。

羽田内閣の誕生と社会党の離脱

そして一九九四年（平成六年）四月二五日、国会は、新生党党首羽田孜を第八〇代内閣総理大臣に選出した（衆議院、首相指名選挙、羽田二七四票、自民党河野総裁二〇七票、共産党不破委員長一五票）。しかし、そのあとがいけなかった。

政権獲得に安堵し、慢心したためか、さらには山花、赤松などの社会党中間・右派の政策集団「デモクラッツ」が「一・一ライン」寄りの姿勢を示したことにより、社会党内に動揺が生まれたのをみすかしたためか、またもや「一・一ライン」が、羽田首相誕生の日、すかさず新生、民社、日本新党、自由党（四月二〇日、渡辺総裁が実現できず、河野の続投が決まったことに反対して柿沢弘治ら七代議士が自民党を離党して新党を結成し、連合政権側に加担。この時期、本人たちにとってはそれぞれ言い分があろうが、太田誠一、栗本慎一郎、新井将敬などの政界渡り鳥が続出）の四党と「改革の会」による新統一会派「改新」を結成し、発表するという挙に出た（このお先棒をかついだのは民社党委員長大内啓伍）。この動きは、社会党にとってはまったく寝耳に水の話で、さしも温厚な村山も眉をつりあげて激怒し、翌二六日、政権離脱を決意した。

翌二七日、自民・社会両党は、今後の国会運営で協調する方針を決定したため、二八日、羽田は社会党ぬきで組閣（閣僚は、新生八、公明六、民社二、日本新一、自由一）したが、まったくの少数与党政権で、羽田内閣の命運は先行き暗いものであることははじめからみえていた。

その後、連合政権側、自民党・社会党側でもさまざまな離合集散がおこなわれるなかで――これほど人間の性《さが》の見苦しさを露呈したウロウロ劇はなかった――、自民党は「一九九四年度予算」が参院で可決・成立した六月二三日に、ついに内閣不信任案を提出、六月二九日、これまた細川首相誕生のときと同じく、意外性の人、社会党委員長村山富市を自民党の首相候補に押し立て、翌三〇日村山内閣が発足した（衆議院、決戦投票、村山二六一票、海部二一四票、不破一五票。参議院、村山一四八票、海部六三票、不破一〇票）。

村山政権の誕生

ところで、細川辞任、羽田首相誕生、さきがけ離脱、社会党離脱、村山政権誕生までのプロセスのなかで、政権獲得をめぐって、新生・自民両党のあいだで社会党引き込み合戦が展開されたことはいうまでもない。なぜなら、「やせても枯れても」依然として社会党は七〇議席を有する大政党であり、これを引っ張り込んだ方が多数派を形成できることは目に見えていたからである。

社会党委員長の村山は、みかけによらず頑固者で、また大正世代の礼節を重んじる心情の持ち主らしく、無礼者小沢は許せんという一念からか、羽田政権を離脱した。同党の久保書記長は「反自民」の立場にこだわり、連立政権への復帰を模索し、自社大連立を否定する態度をとっていた。しかし、羽田首相が久保の「自主的総辞職が社会党の政権復帰の前提」という提案を強気に否定したため、一九九四年（平成六年）五月二九日、社会党中央委員会は、「現政権には復帰せず、羽田内閣が総辞職しないばあいは、解散・総選挙を求める」と同時に、「自民党政権もしくは自民党亜流政権の復活は許さない」という、あいまいな態度を表明している。だが、これで社会党の大勢は事実上ほぼ、自社連立政権への方向に定まったものとみてよいであろう。あとは、自民党側がどのような「受け皿」をつくるかにかかっていた。

しかし、その後も久保は、六月一九日の「テレビ朝日」の番組のなかで連合政権復帰の気配をみせ（とすれば、かれが橋本政権の大蔵大臣におさまったのはなんとも奇妙である）、これにたいしては伊東秀子ら三人の社会党左派議員が無原則的な政権復帰には反対するというアピールを出した（六月二二日）。また、「さきがけ」が村山首相の実現を条件にして、自社連合のおぜんだてを決定（六月二三日）したことによって、自社大連合の方向が一気に加速した。そしてこの方向を阻止するために、「デモクラッツ」がなおもさきがけ・日本新党等との新たな連立政権に色気を示しているが（六月二七日）、二八日、自民党河野総裁が村山を次期首相に推す考えを表明し、これで勝負あった。

こうして、二九日に村山富市が首相に選出され、三〇日には村山内閣（一九九四年六月三〇日―一九九六年一月一一日）が発足した。社会党出身の首相は、一九四七年（昭和二二年）の片山哲内閣以来じつに四七年ぶりのことであった。今回の自社大連合をめぐる問題については、政権離脱以後、村山首相の誕生まで社会党内でもゴタゴタが続き、その後も山花元委員長、赤松元書記長ら「デモクラッツ」の面々が離党の動きをみせて、村山自社さ連合政権が崩壊するのではないかという期待感を新進党側に抱かせたが、優柔不断の人山花はなかなか離脱を決行できず、タイミングを失しているうちに、思いもかけず一九九五年（平成七年）一月一七日に死者六〇〇〇人を超す阪神大震災が突発し、また三月二〇日には恐怖の「地下鉄サリン事件」（死者一一人、負傷者五五〇〇人以上）が発生したため、離党事件もしりすぼみになり、ようやく五月一〇日になって、山花らわずか五人が社会党を離党するという哀れな結末をたどった（山花、赤松らは、一九九六年九月二二日、鳩山由紀夫・邦夫兄弟と、いまや国民的スターとなった菅直人主導の「民主党」の発足準備会にかけつけ、やっと落ち着き場所をみつけ、一〇月二〇日の総選挙で当選を果たしている）。

社会党の大変身

ところで村山政権が誕生するについては、それなりの理由があった。細川連合政権は「反自民」によって結集したものの、のちの政界再編にたいする「一・一ライン」と「社会党」との思惑・路線のちがいによって、すぐさま分裂することになったからである。

小沢は、当初から公明党書記長市川雄一を味方につけ、護憲・反安保を掲げる社会党左派分子をつぶして、新生（のち新進）・自民の二大保守党体制を確立するとともに、日米安保体制をこれまで以上に強化し、自衛隊が大手を振って出動し、国際貢献のできる、いわゆる「普通の国」に日本を改造することをもくろんでいたものと思われる。「日本新党」出身の細川は、最初のうちはゆるやかな多党制を唱えて、リベラルな第三極＝批判政党の形成をめざす「さきがけ」、「社会党」と同一歩調をとる姿勢をみせていたが、首相になったとたんに「一・一ライン」に取りこまれ、「さきがけ」や「社会党」をはずしにかかった。黒幕は小沢であったことは明白であったから、「さきがけ」、「社会党」はいまや「非自民」から「反小沢」に転身し、そのことが村山政権の誕生劇演出の導火線となったのである。

しかし、村山引き込み策は保守党全体にとっては大成功であった。なぜなら、村山は首相就任後、召集した一九九四年（平成六年）七月一八日の臨時国会冒頭の所信表明演説で、社会党の基本政策を一八〇度転換し、「日米安保体制を堅持する」とするりと言ってのけ、自民党席からヤンヤンヤの喝采の拍手が沸きおこったからである。さらに村山は、二〇日の衆院本会議の代表質問への答弁で、「自衛隊は憲法の認めるもの」、「日の丸」、「君が代」は「国民に定着しており、尊重する」と述べ、また翌二一日の代表質問への答弁でも、「非武装中立は、冷戦が崩壊したこんにち、その政策的役割を終えた」と断言したのであった。

このとき戦後五〇年近く続いた、光栄ある「護憲」の党「日本社会党」は、その社会的使命を終え、ここに事実上、「日本社会党」の精神は死滅した（一九九六年一〇月二〇日の小選挙区比例代表並立制による最初の総選挙をまえにして、九月二二日、大勢《おおぜい》の社会党議員が傾きかけた「社会民主党丸」から「民主党丸」に乗りかえた。ぬけがら同然となった「社会民主党」は、衆院議長・元社会党委員長土井たか子を呼びもどして党首の地位にすえ、第三極形成の一翼を担う政党への復権をはかっているが、そうは問屋がおろすまい。いまや第三極形成のお株は、すっかり鳩・菅「民主党」に奪われてしまっているからである〔二〇一四年現在、社民党にはいまだ勢力回復の兆しが見られない〕）。

結論的にいえば、村山政権は自民党の復権に手を貸したことになった。自民党は、村山政権約一年半のあいだに息を吹き返した。この間、「非自民」を売り物にして、正義の味方「月光仮面」を気取っていた連立政権も内紛ばかりを繰り返して、未来の日本につながる展望をなに一つ国民のまえに提起できなかった。

これでは、いったいなんのための「政治改革」だったのか。

ところで、一九九六年一月五日、村山首相は、突如（というより予定の行動か）辞意を表明し、田中・竹下派本流のプリンス、通産大臣橋本龍太郎に次期首相の座を禅譲《ぜんじょう》した。

四　日米安保体制の強化（沖縄問題）――橋本政権の時代

難問山積の橋本政権

　橋本政権は、「楽勝内閣」である。なぜなら、戦後五〇年近く、なにかと自民党政治に反対しつづけてきた社会党が自社大連合によって自壊し、主たる「階級敵」政党が壮絶なる尊厳死をとげたからである。とくに、それは日米安保体制を強化するうえで、いまやほとんどさえぎる敵もなく、まさに破竹の勢いで前進できることを意味し、それはまことに保守党全体にとって好都合なできごとであった。日米安保問題の結節点ともいうべき沖縄基地問題をひとまず突破できたのは、ひとえに村山大権現《だいごんげん》のおかげであった。

　しかし、同時に橋本政権は、残る沖縄問題、住専問題、介護保険問題、エイズ問題、従軍慰安婦問題、消費税五％アップ問題、行政改革問題など、さまざまな解決すべき重荷を背負って遠き道のりを歩んでいかなければならない「重荷内閣」でもあった。ここでは沖縄問題について言説し、最後に九六年の小選挙区比例代表並立制による近代日本政治史上最初の総選挙をめぐる問題点について略述しておく。

沖縄問題

　一九九六年（平成八年）一月一一日、橋本龍太郎自民党総裁が、細川、羽田、村山イレギュラー内閣につづいて、約二年五ヵ月ぶりに首相の地位に返り咲いたとき、残された重要問題は沖縄問題だけであった。

国民の憤激を買った消費税五%アップ問題と住専の不良債権処理案は、それぞれ一九九四年九月二二日、翌年一二月一九日と、村山政権時代にひとまず解決の方向が決定されていた。したがって、あとは一九九五年九月四日に新しい様相を帯びて再燃した沖縄問題をどう処理するかが橋本の手腕にかかっていた。

橋本が首相の地位についたとき、一九九六年度予算成立後の三月に解散があるとか、いや五月か六月にあるとかさまざまな憶測が流れた。細川政権の誕生以来、三年間、三人の首相が次々に交替したにもかかわらず、国民の信を問うべき解散・総選挙は一度も挙行されなかったし、一九九四年一月二九日の小選挙区比例代表並立制成立後、すでに二年間近く経過していたこともあって、政界全体に解散の気運が高まりつつあった。すでに新進党はこの気配を察し、一九九五年一二月二七日にこれまで黒子《くろこ》に徹していた新進党の事実上の実力者小沢幹事長が、細川らの推す羽田を破って党首の座につき、総選挙に備えるかまえをみせていた。しかし、橋本はなかなか動かなかった。かれの思惑は、同年九月四日、米兵三人による少女暴行事件を契機に一気に吹きあがった沖縄米軍基地縮小問題を処理し、後顧の憂いをなくしたのちに、疾風迅雷のごとく総選挙に臨むことにあったと思われる。

事実、橋本は一九九六年九月一〇日に大田昌秀知事と会談、一七日に沖縄訪問して問題の解決にいちおうのめどをつけたのち、息もつかせず訪米し、二四日（米時間）、クリントンと会談し、沖縄問題の経緯を報告、つづいて二七日、召集した臨時国会冒頭において、わずか二分間で解散を宣し（冒頭解散は戦後過去に七回あり）、一〇月二〇日に総選挙を実施することを決定した。目にもとまらぬ早業《はやわざ》とはこのことで、一九九三年七月一八日の宮沢政権の解散以来、じつに三年三ヵ月ぶりのことであった。

沖縄問題は、米兵による少女暴行事件を契機に、普天間《ふてんま》飛行場の代替地としての嘉手納《かでな》基地への機能統合をめぐって本格化した。

日本における在日米軍基地の七五%は沖縄に集中し、したがって、沖縄の基地問題は人権問題や地方自治の根幹にかかわる問題を内包している。このため、大田知事は一九九五年来、駐留軍用地の強制使用を続けるために必要な代理署名を拒否し、一九九六年四月一日から国の「不法占拠」（楚辺通信基地）の状態が続いていた。これをめぐって、国と沖縄県とのあいだで争いが起こり、この問題は最高裁大法廷に持ち込まれ、最高裁は同年八月二八日に大田知事の上告を棄却する判決をくだした。その根拠としては、どこの土地を、またどのくらいの土地を米軍に基地として提供するかは総理大臣の裁量にゆだねられている、というものであった。

しかし、大田はこれにたいして九月八日に、米軍基地の整理・縮小、日米地位協定の見なおしをめぐって住民投票をすることを定めた（都道府県レベルの住民投票はこれがはじめて）。投票の結果は、投票率五九・五三％、賛成票八九・〇九％（四八万二五三八人）で、これは全有権者の過半数（九〇万九八三二人、約六〇％）であった。

この結果をふまえて、九月一〇日に橋本・大田会談が開かれ、政府は、①沖縄の基地問題は、沖縄県民のみならず、全国民の問題である、②沖縄の将来像について政策協議会を設ける、③沖縄振興特別調整費五〇億円を計上する、ということで合意をみ、一三日、大田は苦渋の選択としながら、公告・縦覧代行（土地の強制使用にさいして、県収用者が審理のまえに対象地を一般に知らせ〔公告〕、関係書類を公開〔縦覧〕すること）に応じることを認め、一年近く続いた国と沖縄の対立はひとまず収束した。

日米安保共同宣言と周辺有事問題

ところで、この基地縮小をふくんだ沖縄問題にかんしては、アメリカは神経をとがらせ、一九九六年（平成八年）四月一七日に、橋本とクリントンとのあいだで沖縄基地の整理・統合・縮小をうたう「日米安保共同宣言」を出していた。しかしこの宣言の真意は、アメリカ側にとっては、日本周辺有事にさいして、これまで以上に日本の対米協力を必要とするというものであった。そしてこうした周辺有事の問題は、とくに一九九三年の北朝鮮（朝鮮民主主義人民共和国）の核開発疑惑をきっかけに起こり（三月、北朝鮮は国際原子力機関の特別査察を拒否、核不拡散条約〔NPT〕脱退を決定〔六月に脱退保留〕）、このため、翌年四月、羽田内閣のときに日米防衛協力を推進する条件を満たすということで普天間飛行場を返還する方法を検討する作業が進められていたが、一九九六年四月の「日米安保共同宣言」は、それらの動きを受けてなされたものであった。したがって、アメリカとの軍事協力の強化と沖縄の痛みとの矛盾をどのように解決するかが一九九五年九月以来の約一年間にわたる橋本政権の課題であった。

そして橋本は、九月一三日、沖縄問題にいちおうの解決をみるや、二四日（米時間、日本時間二五日）、橋本・クリントン会談によって一一月末までに普天間飛行場の移転問題（海上浮体施設建設が考えられていた）を解決することを確認した。

しかし、沖縄問題は全面基地撤回が実施されないかぎり、真の解決はみられない。このときの沖縄問題も、佐藤政権のもとでの沖縄施政権返還のときと同様、またもや日米安保協力強化の道具として利用されたのである。

初の小選挙区比例代表並立制下での総選挙

さて、沖縄問題をいちおう解決したのち、橋本は自民党の勢力拡大をめざして、日本初の小選挙区比例代表並立制による衆議院選挙（一九九六年一〇月二〇日）に打って出た。

議席数の配分は、自民党二三九、新進党一五六、民主党五二、共産党二六、社会民主党一五、さきがけ二、無所属・その他一〇であった。投票率は戦後最低の五九・六五％であった。

では、この選挙結果をどうみるか。自民党は選挙前の勢力より二八人増となったが、過半数には一二人足りなかった。新進党、無所属の「かくれ親自民党派」の面々を補充して単独政権でいくとしても、自民党の基盤ははなはだ心もとなく、これまでのようなとかく国民大衆や弱者を無視したような強引な政治をおこなうことはできないし、また社民党や民主党の閣外協力をとりつけながら政策を進める必要から、これまで以上に慎重に行動しなければなるまい。

一九九六年の自民党の勝利にかんしていえば、国民は結局のところ政治的安定を選択し(棄権率の高さも、裏を返せば安定志向のあらわれとみえないこともない)、老舗《しにせ》の自民党に将来の政治を託したものといえるが、しかし、その味や質を落とさないでなおいっそうの精進努力をするようにと、過半数を与えなかったものと思われる。絶妙のわざといえよう。

はじめ、二〇〇人近い当選者数が予想された新進党については、小沢党首の一八兆円減税、消費税三%据えおきという、あまりにもみえみえの口あたりのよい公約に国民は踊らされることなく、しかし、細川、羽田、海部元三首相の「非自民」的態度を評価して、四人減にとどめおいた。国民は小沢流のあまりにも強引な政治手法に「いかがなものか」という姿勢を示したものと思われる。

また、大躍進が期待された民主党も、選挙まえの現職議員と同数の五二人しか当選させてもらえなかった。この党は、菅と「友愛主義者」鳩山ジュニアの人気でもっているような政党で、実質は社民党や「さきがけ」の駆け込み寺的性格をもつ政党のイメージが強く、将来の方向性がはっきりしないために、党勢拡大の波に乗り切れなかったようである。

唯一の反保守党政策を掲げる共産党は、当初四〇人近い当選者が予測されたが、無党派層の獲得において民主党と競合し、二六人にとどまった。戦後五〇年間続いた反共攻撃の壁は依然として厚く、今後、いかにして中間層や無党派層をひきつける策を打ち出すかがこの党の課題となろう。かつての第二勢力、社会民主党(旧社会党)は惨敗した。昔日の社会党の健闘を知る者にとっては感無量というところであろう。社民党の凋落《ちょうらく》の原因は、労働組合の連合体である「連合」が、社民党のほかに、民主党、新進党などを分散支持したことにある。労働組合連合体の保守化が社民党敗北を導いたことはまちがいない。

この選挙の結果について、識者のなかには、自民党と新進党の二大政党が成立したことにより、政権交替の芽が出たことを評価する向きもあるが、自民・新進両党とも保守党であり、イギリスや北欧・ベネルクス諸国のように社会民主主義政党が二大政党の一極を形成しているわけではない日本では、保守二大政党あるいは保守大政党と拮抗できる第二極、第三極を育成することが必要であろう。しかし、これもまた、非自民・非保守政党勢力を結集できるスーパーマン的なすぐれた政治指導者が出現しないかぎり、きわめてむずかしいように思われる。

アメリカでは、一九九六年一一月五日（米時間）、クリントンが大統領に再選された。そしてそれに応ずるかのように、日本では一一月七日召集された特別国会において、橋本龍太郎自民党総裁が首相に再選された（衆議院、橋本二六二票、小沢一五二票、菅五二票、不破二六票、土井三票、無効三票）。第二次橋本内閣は自民党単独政権であり、大臣のポストはふたたび「派閥均衡」にもとづいて配分されたが、衆参両院議長を独占したことにみられるように、旧小渕派の突出が目立った（閣僚は、旧小渕派七、旧三塚派四、旧宮沢派五、旧渡辺派四、旧河本派一）。この内閣のメイン・テーマは「行政改革」である。

第二次橋本内閣が成立して二月もたたない一二月二六日、羽田孜がついに一二名の同志とともに「太陽党」を結成し、新進党を離脱した。この党は、将来、「民主党」や「社会民主党」と組んで、第三極、あわよくば第二極を形成することをめざしているといわれるが、「太陽党」のなかには自民党復帰論者もおり、先行きは不明である（結局、九八年に民主党へ合流した）。しかし、小沢一郎の求心力が大きく低下したことだけはまちがいない。

「汝どこにいく《クオ・ヴァディス》」、今後の日本政治の方向を決定するのは、結局のところ、国民の英知と努力にかかっていることは、戦後民主政治の進展と経験がそれを証明していることはまちがいない。国民こそが政治の主役なのである。

補論　一九九六年（平成八年）一月橋本龍太郎内閣の成立から二〇一四年（平成二六年）一二月安倍晋三第三次内閣の解散まで

『第八巻　戦後日本政治』は、いまから一八年ほどまえの一九九六年一二月に出版した『戦後日本政治史』（講談社学術文庫）を基本部分としている。そこでここでは一九九六年からこんにちまでの「日本の政治」について簡単に述べておく。

この時期は基本的には自民党一党支配（一九九九年一〇月、小渕恵三内閣に公明党が加わったが）の時代であった――途中で自民党に批判的保守政党である民主党内閣（鳩山由紀夫、菅直人、野田佳彦が次々に首相となったが）が三年余り政権についたが（二〇〇九年九月―二〇一二年一二月）――。

もっともこの自民党支配の時代には、まるで「日替わり弁当」のようにわずか一、二年でめまぐるしく内閣が変わり（五年六ヵ月続いた小泉純一郎内閣を例外として、橋本龍太郎、小渕恵三、森喜朗、小泉純一郎、安倍晋三、福田康夫、麻生太郎、安倍晋三）、「冷戦終結宣言」（一九八九年）後の新しい世界政治の変容に対応できるような国際・国内政治の整備ができなかったように思われる。世上、この時期を「失われた二〇年」と呼ぶのはこのためである。

こうしたなかで、二〇一二年一二月に安倍第二次内閣が、「デフレの解消――経済成長戦略」、「消費税増税による福祉国家の充実」、「集団的自衛権の容認」、「原子力の再稼動」などをかかげて（「アベノミクス」、「三本の矢」）華々しく登場した。このうち消費税八％は実現した（二〇一四年四月）が、これによって「福祉」が充実し経済が改善されたとは言えないし、デフレ克服も目に見えて成功したとは言えない。こうした状況のもとで、安倍首相は「アベノミクス」を確認すると称して二〇一四年一一月二一日に突然、衆議院を解散したが（一二月一四日、衆議院選挙）、これによってはたして日本の政治が大きく前進し経済が安定するとも思えない。

安倍晋三は、ギリシア・ローマ以来の世界の民主主義や戦後日本における民主主義の発展についてどの程度理解しているだろうか。戦後の日本人は戦前に徹底した国家主義・軍国主義教育を受けたかつての日本人とは異なる。安倍が議会にはかることなく閣議決定だけでしゃかりきになって推し進めようとしている「集団的自衛権」（同盟国が戦争すれば自衛隊を海外に派遣できる）の承認問題にしても、自民党の長老たち、たとえば野中広務、古賀誠前幹事長が異議をとなえている。経済再建の方法として「原子力の再稼動」を採用しようとしていることについては細川護熙、小泉純一郎元首相たちが反対しているのを安倍首相はどう考えているのだろうか。

「沖縄問題」についてもしかりである。沖縄県民は戦争に加担することになる基地はいらないと言っているのである。安倍首相はこれをどう考えているのだろうか。日本はいま政治的にも経済的にも「曲がり角」にきている。日本の進むべき道は、中・小国家二八ヵ国を主体としているＥＵ（ヨーロッパ連合）型の福祉国家を実現すべきである。いまこそ日本は、「自由」と格差のない「平等社会」と「平和憲法」（第九条）の精神による「平和主義」を世界に宣言する必要があるのではないか。

解説

はじめに

「戦後日本政治」を書く直接的契機となったのはいまから約二〇年まえ、東京女子大学文理学部において政治学（受講生四〇〇名）を教えていた（兼担講師）一九九四年（平成六年）の一月ごろか、当時学長をされていた京極純一先生（東京大学名誉教授）に、秋学期（九月）から「国際政治学」も教えて欲しい――一九八九年に「冷戦終結宣言」が発せられ、米ソの対立が終わり、「平和共存」への道が開かれた世界情勢のなかで「文部省」からの指導があったようだ――と言われたことにある。

「国際政治学」を教えるにさいしては、戦後の国際関係を述べるだけでなく、それらと戦後日本の政治との関係を述べる必要があると思った。こうして、わたくしは、六月に『戦後五〇年史Ｉ　国際関係の変容と日本』（学陽書房）を出版した。その後、わたくしはかねてからの念願であった「現代史」を書くことを試み――マルクスはたしか『フランスの内乱』において、「現代史」を論じることは政治学の本分であると述べていたように思うが――、「戦後日本」については、一九九六年（平成八年）一二月に『戦後日本政治史』（講談社学術文庫）を、「戦後世界」については、一九九九年（平成一一年）に、『戦後世界政治史』（講談社学術文庫）を出版した。

そして、二〇〇〇年（平成一二年）一一月には、前三著を総合した『二〇世紀という時代――平和と協調への道』（日本放送出版協会、ＮＨＫライブラリー、本集第九巻）を出版した。したがって、本巻は「現代日本政治」を主題としているが、

「日本の政治」と「国際政治」との関係に目配りして書かれている点に特色がある。

一　日本を研究するにさいしては世界も研究する必要がある――比較政治（思想）のすすめ

「研究のプロセス」にはなんらかの順序がある。わたくしはなぜ近代西欧の研究から現代日本研究にたどりついたのか。敗戦（一九四五年）により、エリート軍人養成校から旧制高校へと入り直したとき、わたくしは、日本の近代化・民主化をはかるためには「何をなすべきか」を考えることを生涯の目標にした。しかし、わたくしの眼前に展開していた政治・思想状況は混沌そのものであった。「どこから何を始めるか」、高校三年間は、この問題を見つけるための格闘であった。

まずは戦前日本の政治・思想――明治啓蒙期、自由民権期、明治憲法制定期、大正デモクラシー期、ファシズム期――の分析から始めるか。戦後日本のメイン・テーマである「戦後民主改革」の問題や「資本主義対社会主義」（「冷戦対決」）の問題を追求するか。あるいは近代民主主義の出発点である「市民革命」（イギリス革命、フランス革命）やホッブズ・ロック・ルソーなどの近代国家論の思想家を研究するか。一九世紀後半以降登場した福祉国家の思想・ファシズム・社会主義の角逐を研究するか。戦後世界において「冷戦対決」の一翼を担った社会主義（共産主義）革命思想、マルクス・エンゲルス・レーニン・毛沢東などの思想家たちを研究するか。研究テーマは山積していた。

結論的に言えば、わたくしは世界初の市民革命であるイギリスの「ピューリタン革命」（歴史）とその時代の代表的思想家――だれであるかはまだよくわからなかったが――を研究することにした。迂遠の道のようではあるが、近代の出発点となった政治や思想を研究することだと思ったからである。そこで大学では社会科学の原理を研究するために「政治学科」や「経済学科」、「歴史学科」ではなくまずは「哲学科」を選んだ。

ところで、日本の近代化や民主化を考えるばあい、明治維新期にせよ、自由民権期・明治憲法制定期・大正デモクラシー期にせよ、欧米思想の影響を抜きにしては考えられない。福澤諭吉、田口卯吉、陸羯南、長谷川如是閑などは西欧思想を研究し、当時の日本の封建思想や国家主義思想を批判していた。丸山眞男が戦後日本民主主義形成の旗手となりえたのは、かれが旧制高校時代以来、西欧デモクラシーを研究し、戦前日本の国家主義や軍国主義を適確に批判していたからである。わたくしが日本の民主主義を考えるばあいに、まずは西欧思想から研究することにしたのはそのためであった。

二　日本の戦後思想を研究するためには戦前の日本の思想も研究する必要がある

敗戦後日本がきわめてスピーディに世界の民主主義の思想・制度を受容できたのはなぜか。「一五年戦争期」の「神国日本」「ファシズム」への熱狂を体験したわたくしにとって、人はなぜかくも簡単に「国家主義」や「軍国主義」から「自由主義」「民主主義」に転換できるのか、なかなかに理解できなかった。しかし、半年あまり経つうちに、人間は「生命の安全」や「自由な社会」のための条件を建設するためには容易に「新しい世界」へ転換するものであり、それこそが「人間の本性」であることがわかった。

とはいえ、人間は長年にわたる「封建的支配」や「絶対主義的支配」や「独裁」の壁にはばまれてなかなかにみずからの力で、そのような政治状況を変えることはできないものだ。「明治維新」も「戦後民主改革」も「外圧」なしには成功しなかった。こうして明治維新は「イギリス革命」や「フランス革命」のような市民階級自身の力で獲得したとは必ずしも言えなかったから、その後の改革も中途半ばのままで、戦前日本において民主主義を定着させることができなかった。しかし、戦後日本はもはや失敗するわけにはいかない。いかにすれば、われわれは民主主義実現への道を確立することができるのか。それにはまずは世界の民主主義の発展の歴史や思想を研究することである。

と同時に戦後日本の民主化を考えるためには、戦前日本の近代化・民主化への思想的営為の「成功と失敗」、「光と影」について研究する必要がある。このことを痛感するようになったのは、一九七〇年代の学生運動の時期であった。われわれ戦中派世代は日本経済の高度成長をまえにして、「ファシズム再来」の危険を押し止めたという点に安住していた。しかしいまや「公害」「汚職」などの新しい社会的諸矛盾が登場してきていたのであり、学生諸君がわれわれ戦中派世代に警鐘を鳴らしたのはそのことであった。学生諸君は「戦後民主主義を問いなおす」ことをわれわれに迫った。では「どのように問いなおす」のか。それにはまずは「戦後民主改革」の実体を再検討するためにも「戦前日本」における民主主義の定着状況をみきわめるべきだと思った。

戦後日本があのようにスピーディに民主主義へ転換できたのはなぜか。「外圧」や「外国からの押しつけ」だけでは「国家主義」から「民主主義」への転換はできないであろう。それを可能にするなんらかの「内在的要因」が日本の側にあったはずである。「それは何か」。わたくしが、戦前日本の政治や思想を研究して、戦後日本の民主主義の問題を考えてみようと考えたのはそのゆえにであった。

われわれが戦前日本の「国家主義」「軍国主義」の負の部分だけに注目している――このこと自体はきわめて重要であるが――と、戦前の日本人が西欧デモクラシーから学んで、日本の民主主義の発展のために重ねた努力と営為を見逃すことになる。だからわれわれは、戦前の日本の思想家たちがどのような努力をしたか、にもかかわらずなぜ日本においては、民主主義が定着することに失敗したかを研究する必要がある。こうした観点からわたくしは、明治維新から敗戦にいたるまでの戦前日本の思想状況をグローバルに研究するという方法を試みることにした。

「一五年戦争」期における「国家主義」や「軍国主義」は、日本民主主義の発展史のなかでは例外状態である。したがって、この時期だけを見ているといきなり戦後民主主義へとつながらない。しかし、この時期以前にも、その力はきわめて弱かったが、日本の近代化・民主化のための思想的営為があった。こうした先人の努力と思想的伝統があったことが、戦後民主主義の構築につながっていることは否定できない。戦後日本に直近して民主主義が発展した時代は「大正デモクラシー時代」である。わたくしが「大正デモクラシー期」のオピニオン・リーダーであった長谷川如是閑の研究――そのころ、わたくしは如是閑と同時代人であったドイツ・ファシズムのイデオローグ、カール・シュミットやイギリスの二大政治学者ハロルド・ラスキ、E・H・カーの研究も開始していた――を始めたのは、戦前日本の民主主義最盛期の状況を調べてみたいと思ったためである。戦後民主改革期に活躍した大内兵衛、美濃部亮吉、丸山眞男たちが、如是閑の影響下にあったことを思えば「大正デモクラシー」と「戦後民主改革」の関係は一目瞭然であろう。

長谷川如是閑を研究してみると、今度は明治維新期の日本の知識人たちは西欧思想をどのように受容したかを研究してみる必要を感じ、福澤諭吉や加藤弘之の思想を研究した。このとき感じたことは、明治啓蒙期と大正デモクラシー期のあいだにある「明治憲法制定前後を含む時代」から「日清・日露戦争期」における明治一〇年から三〇年代にいたる時代が、日本の民主主義の発展を考えるさいにきわめて重要であることに気づいた。そこでわたくしは、この時期の田口卯吉・陸羯南を研究したが、かれらはイギリス（田口）やフランス（陸）の民主主義を研究し、日本にも民主主義の伝統があることを解明しつつも、同時に西欧の思想や制度を謙虚に学んで、当時台頭しつつあった天皇を神格化する国家主義や日清・日露戦争の勝利によって高揚していた軍国主義をきびしく批判していたことがわかった。

以上わたくしは、戦前日本における思想家たちの民主主義構築の営為と努力が、戦後民主主義の内在的要因であること、それゆえに戦後民主主義を考えるばあいは、戦前日本の民主主義との関係と問題点を抜きにしては考えられないことを指摘した。

おわりに

「戦後日本の政治」は戦前以上に「国際政治」の影響下にある。戦後四五年ほどは「米・ソ」の「冷戦対決」の、それ以後の二五年間は「アメリカ」のリーダーシップのもとで日本の政治は大きく動いている。わたくしが日本の政治を考えるばあい「世界の動き」との関連を考える必要があることを指摘したのはそのためである。

こうしたなかで日本が「生き残る」ためには、「内在的力」を強めることである。そしてその力は、「経済力」だけではなく民主主義を守る「思想力」を確立することである。そしてこうした「思想力」を高めるためには、ヨーロッパ・デモクラシーの主要原理である「自由・平等・平和」の思想から学ぶ以外にないのである。

二〇一四年一二月八日

田中 浩

戦後日本政治史略年表

年次	月日	おもな事項
一九四五年	八月一五日	「ポツダム宣言」受諾、無条件降伏
（昭和二〇）	一〇月四日	マッカーサー、日本「民主化」指令
	—一一日	
	一一月二日	日本社会党結成
	一一月九日	日本自由党結成
一九四六年	一月一日	天皇、「人間宣言」
（昭和二一）	一月四日	GHQ、軍国主義者の公職追放
	四月一〇日	新選挙法による衆議院総選挙、婦人参政権
	五月二二日	第一次吉田茂内閣成立
	一一月三日	日本国憲法公布
一九四七年	一月三一日	二・一ゼネスト中止命令
（昭和二二）	四月二五日	総選挙で社会党、第一党に
	五月三日	日本国憲法施行
	六月一日	片山哲内閣成立
一九四八年	三月一〇日	芦田均内閣成立
（昭和二三）	六月二三日	昭和電工事件（商工省課長らへの贈賄容疑）
	七月三一日	政令二〇一号（国家・地方公務員の団体交渉権・罷業権否認）

一九四九年（昭和二四）	三月七日	ドッジ公使、経済安定九原則（インフレ収束策）提示
	七月五日	下山事件
	八月一七日	松川事件
	八月二六日	シャウプ勧告（税制の根本的改変）
	一〇月一日	中華人民共和国成立
一九五〇年（昭和二五）	一月一九日	社会党、左右に分裂（四月三日、再統一）
	二月一〇日	GHQ、沖縄に恒久的基地建設を発表
	六月二五日	朝鮮戦争勃発
	七月二八日	二四日のGHQ勧告でマスコミ関係からレッド・パージはじまる
	八月一〇日	警察予備隊令公布
一九五一年（昭和二六）	六月二〇日	第一次追放解除（八月六日、第二次、鳩山一郎ら）
	九月八日	対日平和条約・日米安全保障条約調印
	一〇月二四日	講和・安保両条約の賛否をめぐり、社会党、左社・右社両党に分裂
一九五二年（昭和二七）	四月二八日	対日平和条約・日米安全保障条約発効
	五月一日	皇居前広場でデモ隊と警察隊激突、一二三〇人検挙（メーデー事件）
	七月四日	破壊活動防止法案、可決成立
	八月二八日	「抜打ち解散」（反吉田派つぶし、憲法第七条による解散）
一九五三年（昭和二八）	三月五日	スターリン首相死去（後任マレンコフ）
	三月一四日	「バカヤロー解散」（吉田内閣不信任案可決）
	七月二七日	朝鮮休戦協定調印
	八月八日	ソ連、水爆保有声明
	九月一二日	ソ連共産党第一書記にフルシチョフ選任
	一〇月二日	池田・ロバートソン会談（日米防衛問題）

一九五四年	一一月一五日	米副大統領ニクソン来日。一九日、保安隊増強を示唆
（昭和二九）	三月一日	米、ビキニ水域で水爆実験（第五福竜丸、乗組員全員汚染）
	三月一二日	自由党憲法調査会発足（会長・岸信介）
	四月二一日	造船疑獄で犬養法相、自由党幹事長佐藤栄作の逮捕延期と任意捜査を指示（指揮権発動）
	四月二六日（—七月二一日）	ジュネーヴ極東平和会議開く
	六月九日	防衛庁設置法、自衛隊法公布（外敵への防衛任務を規定）
	六月二八日	周恩来・ネルー会談（平和五原則）
	七月二一日	ジュネーヴ協定調印（ベトナムの独立・統一を目的とする二年以内の総選挙施行）、米、調印せず
一九五五年	四月一八日	アジア、アフリカ諸国、バンドン会議（二四日、平和一〇原則）
（昭和三〇）	五月一四日	ソ連、東欧八ヵ国、ワルシャワ条約調印
	一〇月一三日	社会党統一大会
	一一月一五日	自由民主党結成（自由党・日本民主党の合同）、保守合同により、「五五年体制」成立
一九五六年	二月二四日	フルシチョフ、スターリン批判
（昭和三一）	四月五日	自民党初代総裁に鳩山一郎を選出
	四月三〇日	衆院本会議で再軍備・憲法改正勢力拡大をめざす小選挙区法案をめぐり大混乱（五月一日、議長斡旋、一六日、廃案）
	七月一七日	経済白書「もはや戦後ではない」
	一〇月七日	鳩山首相訪ソ（一九日、「日ソ国交回復にかんする共同宣言」）
	一〇月一二日	立川基地闘争（砂川事件）
	一〇月二三日	ハンガリー事件（二四日、ソ連軍、鎮圧に出動）
	一二月一八日	日本の国連加盟承認
	一二月二三日	石橋湛山内閣成立

一九五七年（昭和三二）	一月一八日	中ソ共同宣言（社会主義国の団結を強調）
	二月二三日	石橋内閣総辞職（病気のため）
	二月二五日	岸信介内閣成立
	三月二五日	欧州経済共同市場（ＥＥＣ）条約調印
	六月一六日	岸首相訪米（二一日、「共同声明」発表、日米新時代を強調）
一九五八年（昭和三三）	五月二二日	総選挙（「話合い解散」）
	九月一一日	藤山・ダレス会談、日米安保条約改定に同意
	一〇月八日	政府、警察官職務執行法を国会に提出（一一月二二日、自社会談、審議未了）
一九五九年（昭和三四）	三月九日	社会党浅沼稲次郎、中国人民外交学会で、「米帝国主義は日中両国人民共同の敵」と講演
	三月二八日	社会党・総評・原水協など、日米安保条約改定阻止国民会議を結成
	三月三〇日	東京地裁伊達裁判長、米軍駐留は違憲と判決
	四月一〇日	皇太子明仁・正田美智子結婚
一九六〇年（昭和三五）	五月一九日	衆院安保特別委、自民党の強行採決で混乱、警官五〇〇人を導入、社会党の坐り込みを排除
	五月二〇日	未明、新安保条約を強行採決、国会空白状態、連日国会周辺デモ
	六月一五日	全学連主流派、国会突入をはかり警官隊と衝突。東大生樺美智子が死亡
	六月一九日	午前〇時、新安保条約・行政協定、自然承認
	七月一九日	池田勇人内閣成立
一九六一年（昭和三六）	一月二七日	自民党大会、党近代化の方針を決定
	六月三日	ケネディ・フルシチョフ、ウィーン会談
	六月一九日（―三〇日）	池田首相訪米、二二日、池田・ケネディ共同声明
一九六二年（昭和三七）	一〇月二二日	キューバ危機
	一一月九日	高碕達之助、廖承志と日中総合貿易にかんする覚書に調印、ＬＴ貿易始まる

一九六三年（昭和三八）	八月一四日	日本、部分的核実験停止条約に調印
	一〇月一七日	自民党組織調査会（会長三木武夫）、党近代化につき総裁に答申
	一一月二二日	ケネディ大統領暗殺
一九六四年（昭和三九）	四月一日	日本、ＩＭＦ八条国に移行
	四月二八日	日本、ＯＥＣＤに加盟
	一〇月一〇日（—二四日）	東京オリンピック開催
	一一月九日	佐藤栄作内閣成立
	一一月一七日	公明党結成大会
一九六五年（昭和四〇）	二月七日	南ベトナム民族解放戦線（ベトコン）、プレーク米軍基地を襲撃。米機、北ベトナムのドンホイを爆撃して北爆を開始
	五月一七日	ＩＬＯ87号条約、可決・成立
	八月一九日	佐藤首相、戦後首相として初の沖縄訪問
	一二月一八日	日韓基本条約批准書交換
一九六六年（昭和四一）	八月八日	中国、文化大革命決定
	九月二七日	社会党、共和製糖への不正融資問題を追及（黒い霧事件の追及）
	一二月二七日	「黒い霧」解散
一九六七年（昭和四二）	一月二九日	総選挙で、自民党得票率、初めて五〇％を割る
	四月一〇日	選挙制度審議会、政治資金規正案を答申
	四月一五日	東京都知事に社共推薦の美濃部亮吉当選
	七月一日	欧州共同体（ＥＣ）発足
	八月八日	東南アジア五ヵ国、ＡＳＥＡＮ結成
	九月二〇日	佐藤首相、東南アジア五ヵ国訪問

	（—三〇日）	
	一〇月二〇日	吉田茂元首相死去
	一一月一二日（—二〇日）	佐藤首相訪米（一五日、日米共同声明発表後、沖縄返還の時期明示せず、小笠原は一年以内）
一九六八年（昭和四三）	一月二七日	佐藤首相、衆参両院本会議で国内への核持ち込みに反対し、三年以内に沖縄返還のめどをつけると表明
	三月三一日	米大統領ジョンソン、北爆停止と大統領選不出馬表明
	五月三日	仏・パリ大学のナンテール分校、学生と警官隊の乱闘事件により閉鎖。四日、カルチエ・ラタンのソルボンヌ閉鎖、「五月危機」始まる。大学闘争が国際的なひろがりをみせる
	五月一三日	ベトナム和平パリ会議開始
	七月一日	核拡散防止条約調印
	八月二〇日	ソ連、東欧五ヵ国、「プラハの春」の民主化運動弾圧のためチェコに侵入
	一一月六日	米大統領にニクソン当選
一九六九年（昭和四四）	三月一〇日	佐藤首相、参院予算委で、はじめて沖縄返還につき「核抜き、基地本土並み」の方針で米国と折衝すると表明
	七月二五日	ニクソン、グアム島で、アジア諸国の自助強化と米国の負担削減の方針を表明（ニクソン・ドクトリン）
	八月三日	参院本会議、「大学臨時措置法案」を抜打ち的（二分間）に採決、成立
	一一月一七日（—二六日）	佐藤首相訪米、二一日共同声明（安保条約堅持、七二年に核抜き本土並み返還）
	一一月二六日	佐藤首相、記者会見で、非核三原則を堅持し、有事の核持込みは拒否と言明
一九七〇年（昭和四五）	三月三一日	日航機よど号、赤軍派学生九人にハイジャックされる
	一〇月二四日	佐藤首相、ニクソンと会談（繊維交渉再開）

	一一月一五日	初の沖縄国政参加選挙
	一二月一八日	参院本会議、公害関係一四法案可決・成立（二五日公布）
一九七一年（昭和四六）	六月一七日	沖縄返還協定調印
	八月一五日	ニクソン、金とドルの交換一時停止などドル防衛措置発表（ニクソン・ショック）
	八月二八日	政府、変動為替相場制への移行を決定
	一〇月一五日	日米繊維協定の了解覚書に仮調印
	一〇月二五日	国連総会、中国加盟。国府追放可決
一九七二年（昭和四七）	二月二一日（—二七日）	ニクソン訪中（二七日、上海コミュニケ、米、平和五原則を認める）
	五月一五日	沖縄施政権返還
	五月二二日（—二九日）	ニクソン訪ソ（二六日、戦略兵器制限条約ＳＡＬＴ・Ｉ調印）
	七月七日	田中角栄内閣成立
	九月二五日（—三〇日）	田中首相訪中（二九日、日中共同声明調印、国交正常化）
一九七三年（昭和四八）	一月二七日	ベトナム和平協定調印
	四月一〇日	田中首相、参院予算委で小選挙区制採用を表明（五月一六日断念）
	八月八日	金大中誘拐事件
	一〇月八日	田中首相訪ソ（一〇日、共同声明、領土問題など未解決の問題を含む平和条約交渉の継続を確認）
	一〇月一七日	湾岸六ヵ国原油値上げ決定、ＯＡＰＥＣ一〇ヵ国、米・イスラエル支持国向けの石油生産を五％ずつ削減決定（第一次オイル・ショック）
一九七四年（昭和四九）	七月一二日（—一六日）	一二日、三木副総理、一六日、福田蔵相、保利行管庁長官、田中の金権選挙批判で辞任

	一〇月一〇日	立花隆「田中角栄研究——その金脈と人脈」（「文藝春秋」一一月号）
	一一月二六日	田中首相辞意表明（一二月九日、三木武夫内閣成立）
一九七五年（昭和五〇）	四月三〇日	解放戦線軍、サイゴンへ無血入城（五月三日、ベトナム戦争終結）
	八月二日（—一一日）	三木首相訪米（六日、韓国の安全保障にかんし「共同声明」）
	一一月一三日（—一八日）	三木首相、一五日からの第一回先進国首脳会議（サミット）出席のため訪仏
一九七六年（昭和五一）	二月四日	米上院外交委多国籍企業小委員会公聴会、ロッキード社の工作資金公表（日本へは一〇〇〇万ドル）
	五月七日（—一〇日）	椎名副総裁、田中・大平・福田と会談、三木退陣で一致
	六月二五日	河野洋平ら六人、田中の政治姿勢に反対し離党（一三日）、新自由クラブ結成
	七月二七日	ロッキード事件にかんし、田中前首相逮捕
	九月九日	毛沢東中国共産党主席死去（後任・華国鋒）
	一一月三日	米大統領にカーター当選
	一二月二四日	三木首相退陣表明（一七日）、福田赳夫内閣成立
一九七七年（昭和五二）	四月二五日	自民党臨時大会、全党員・党友の予備選挙による総裁選導入決定
	六月三〇日	東南アジア条約機構（SEATO）、解散
	八月一二日	中国文化大革命終結宣言（中共第一一回全国代表大会）
一九七八年（昭和五三）	二月二六日（—三月六日）	中国、第五期全国人民代表大会開幕（新憲法採択、四つの近代化路線明記）
	五月二三日（—七月一日）	初の国連軍縮特別総会（核大国批判）
	一〇月二二日	鄧小平中国副首相来日（二三日、日中平和友好条約批准書交換式、同日公布、発効）

	一一月二六日	初の予備選挙で大平圧勝（二七日、福田、本選挙立候補辞退）
	一二月七日	大平正芳内閣成立
一九七九年（昭和五四）	五月四日	英国保守党党首サッチャー、先進国初の女性首相に
	一〇月七日	総選挙（自民二四八、社会一〇七、公明五七、共産三九、民社三五）。このころ、野党による連合政権構想（共産党を除く）うまれる
	一〇月九日	福田、三木、中曾根三派、第三五回総選挙における自民党敗北の責任を追及し、大平退陣を要求（四〇日抗争）
一九八〇年（昭和五五）	五月一六日	社会党、内閣不信任案提出、自民党非主流六九人欠席で可決、一九日解散決定（ハプニング解散）
	五月三一日	大平首相入院（代理伊東正義）、六月一二日死去
	六月二二日	衆参同日選挙（初）、自民二八四（三六人増）、社会一〇七
	七月一七日	鈴木善幸内閣成立
	一一月四日	米大統領にレーガン当選
	一二月五日	第二次臨時行政調査会（臨調）設置
一九八一年（昭和五六）	五月四日（—一〇日）	鈴木首相訪米、八日、共同声明、日本は積極的に防衛役割を分担、同盟関係を明記、シーレーン（海上交通路）一〇〇〇カイリ防衛を表明
	五月一二日	鈴木首相、日米共同声明の経過に不満を表明、一三日、軍事協力前進を否定、一五日、閣議で再度不満表明、一六日、伊東引責辞任
	七月一〇日	第二臨調第一・第二部会報告（三公社の民営化など増税なき財政合理化）
一九八二年（昭和五七）	二月一〇日	臨調第二次答申（許認可等の整理合理化）
	七月三〇日	臨調第三次答申（三公社の分割・民営化）
	九月二四日	閣議、行政改革大綱を決定
	一一月二七日	中曾根康弘内閣成立（一〇月一二日、鈴木首相退陣表明）
一九八三年	一月一七日	中曾根首相訪米、「日米は太平洋をはさむ運命共同体」表明、一九日、ワシントン・ポスト紙「日本

（昭和五八）	（一二日）	列島を不沈空母とする」「四海峡封鎖」との発言を記載（のち三海峡に訂正）
	一〇月一二日	ロッキード事件で田中元首相に実刑判決（懲役四年、追徴金五億円）
	一一月九日	レーガン大統領来日、日本の防衛努力の再確認（一一日、中曽根首相の別荘日の出山荘で懇談）
	一二月一八日	総選挙、投票率六七・九四％
一九八四年	三月二三日	中曽根首相訪中、趙紫陽首相と会談、朝鮮半島の緊張緩和と平和維持で合意
（昭和五九）	一二月一九日	英中が九七年香港返還合意文書に調印
	一二月二五日	電電公社民営化
一九八五年	二月七日	自由党田中派の竹下蔵相を中心とする勉強会「創政会」発足、衆院二九、参院一一議員が参加
（昭和六〇）	二月二七日	田中元首相、脳梗塞で入院、田中支配時代終わる
一九八六年	四月二六日	ソ連のチェルノブイリ原子力発電所事故
（昭和六一）	七月六日	衆参同日選挙で自民党大勝、社会党大敗
	八月一二日	新自由クラブ解党、自民党へ復党
	一一月二八日	参院本会議、国鉄分割・民営化関連八法案可決
	一二月二三日	自民党税制調査会、売上税の一九八八年導入を答申
一九八七年	一月二四日	閣議、防衛費のGNP一％枠を外すことを決定
（昭和六二）	一月二七日	ソ連党中央委で、ゴルバチョフ、複数立候補制など「ペレストロイカ」路線を表明
	二月四日	政府、売上税法案（マル優廃止）を衆議院に提出
	七月四日	自民党竹下派結成（経世会）、田中派一一三人入会
	一〇月一九日	ニューヨーク株式市場大暴落（ブラック・マンデー）
	一〇月二〇日	中曽根首相、次期総裁に竹下登を指名
	一一月六日	竹下登内閣成立
一九八八年	一月一五日	韓国、大韓航空機事件（八七年一一月二九日）は北朝鮮の爆弾テロ事件と断定
（昭和六三）	四月一四日	アフガニスタン和平合意文書調印（アフガニスタン、パキスタン、米、ソ）

	五月二九日（―六月二日）	レーガン訪ソ、六月一日、INF全廃条約批准書交換
	六月二八日	閣議、税制改革要綱を決定（減税九兆円、消費税を柱に増税六兆六〇〇〇億円）
	七月五日	リクルート事件（中曾根、安倍、宮沢の秘書関与判明、一二月九日、宮沢蔵相辞任）発生
	一一月八日	米大統領にブッシュ当選
	一二月二四日	参院本会議、消費税を柱とする税制改革関連六法案可決（公明・民社反対、社会・共産欠席、三〇日公布、八九年四月一日施行）
一九八九年（昭和六四・平成元）	一月七日	昭和天皇没、改元（平成）
	三月三〇日	竹下首相、リクルート関与明らかとなる（四月二五日、竹下辞任表明）
	六月二日	宇野宗佑内閣成立（六月七日、米紙、宇野首相の女性問題紹介）
	六月四日	天安門事件。ポーランド選挙でワレサ委員長の「連帯」、共産党に圧勝
	七月二三日	参院選、消費税反対を唱えて社会党大勝。社党女性議員一一人当選、「マドンナ旋風」と話題
	八月九日	海部俊樹内閣成立
	一一月一〇日	「ベルリンの壁」取りこわし始まる
	一二月二日（―三日）	ブッシュ・ゴルバチョフ「マルタ会談」。三日、「冷戦終結宣言」
一九九〇年（平成二）	二月七日	ソ連共産党中央委、一党独裁放棄
	二月一八日	衆院総選挙、自民党二七五、社会党一三六
	四月二六日	選挙制度審議会、小選挙区比例代表並立制を答申
	八月二日	イラク、クエート領に侵攻、湾岸危機発生
	八月三日	東西ドイツ統一
	八月三〇日	政府、多国籍軍への一〇億ドル支出決定（九月一四日、湾岸貢献策第二弾として二〇億ドル上積み）
一九九一年	一月一七日	多国籍軍、イラクに空爆開始、湾岸戦争勃発（二月二七日、湾岸戦争終結）

（平成三）	一月二四日	政府、多国籍軍に九〇億ドル追加支援決定
	四月二四日	政府、海上自衛隊掃海部隊のペルシャ湾派遣を決定（二六日、六隻出航）
	六月一二日	ソ連邦ロシア大統領にエリツィン当選
	六月二九日	自民党総務会、小選挙区比例代表並立制導入などを軸とする政治改革法案を党議決定（九月三〇日、政治改革三法案の廃棄確定）
	一一月五日	宮沢喜一内閣成立
	一二月二〇日	ＰＫＯ協力法、継続審議に
		ソ連一一共和国首脳会議、独立国家共同体（ＣＩＳ）設立に合意、ソ連邦崩壊
一九九二年（平成四）	一月九日	「国連カンボジア暫定行政機構（ＵＮＴＡＣ）」（三月一五日、活動開始）。特別代表に明石康
	二月七日	ＥＣ加盟国一二ヵ国、マーストリヒトで域内の政治・経済統合の推進をめざす欧州連合（ＥＵ）設立準備に調印
	五月七日	細川護熙前熊本県知事、新党「自由社会連合」結成（二二日、「日本新党」と改名）
	六月九日	ＰＫＯ法案、参院本会議で可決
	六月一五日	ＰＫＯ法案、衆院本会議で可決。衆院社会・社民連全議員が辞職願提出、自公民でＰＫＯ協力法可決
	八月二七日	金丸信、東京佐川急便からの五億円献金を認め、自民党副総裁と竹下派会長の辞任表明（九月二八日、東京簡裁罰金二〇万円の略式命令、一〇月二一日、議員辞職）
	一〇月二八日	竹下派後継会長、反小沢派の小渕恵三前幹事長に決定（小沢グループ「改革フォーラム21」旗あげ）
	一一月三日	米大統領にクリントン当選
	一二月一八日	一一日に竹下派を離脱した小沢・羽田グループが羽田派を結成。衆参両院で四四人が参加
一九九三年（平成五）	一月一九日	社党委員長に山花貞夫、書記長に赤松広隆選出
	三月一二日	北朝鮮、ＩＡＥＡの特別査察決議に反発、ＮＰＴからの脱退を声明（六月一一日、脱退を保留）
	三月三一日	自民党、単純小選挙区制の導入を柱とする政治改革四法案を党議決定（四月二日、衆院提出）
	五月一一日	モザンビークＰＫＯ参加の先遣隊出発（一五日本隊出発）

	五月二五日	自民党の「政治改革を実現する若手議員の会」が、党執行部の政治改革に不熱心な態度に反発して衆参議員の二一九人の署名を集め、首相に渡す
	六月一六日	宮沢首相が自民党総務会に出席、単純小選挙区制導入を柱とする四法案の採択を支持
	六月一八日	社公民提出の内閣不信任決議案の採決、賛成二五五、反対二二〇で可決、自民党議員の三九人が賛成、一八人が欠席
	六月二一日	武村正義らが自民党を離党（一八日）、「新党さきがけ」結成（一〇人）
	六月二三日	羽田派四四人が自民党を離党（二二日）、「新生党」を結成
	七月一八日	総選挙、自民二二三、社会七〇、新生五五、公明五一、日本新党三五、自社両党を中心とする「五五年体制」の崩壊へ
	七月三〇日	自民党、河野洋平を総裁に選出
	八月六日	衆院議長に土井たか子選出
	八月九日	細川護熙内閣成立
	九月二〇日	社会党委員長に村山富市を選出
	一二月一四日	コメ市場部分開放の受入れ、閣議決定
	一二月一六日	田中角栄元首相死去
一九九四年（平成六）	一月二一日	参院本会議、政府提出の政治改革関連四法案（小選挙区二七四、比例代表二二六）を否決
	一月二八日	土井議長、細川、河野を呼んで斡旋、小選挙区三〇〇、比例代表二〇〇（全国一一ブロック）で合意
	一月二九日	政治改革関連四法衆参本会議で可決、成立
	三月四日	政治改革関連法修正法、衆院本会議で可決、成立
	四月二八日	羽田孜内閣成立（四月八日、細川首相、政治資金疑惑で辞意、二五日、社会党抜きで新生、民社、日本新、自由四党と「改革の会」により新統一会派「改新」を結成、二六日、社会党、政権離脱）
	六月二三日	自民党、内閣不信任案提出（二五日、羽田内閣総辞職）
	六月三〇日	村山富市内閣成立

	七月二〇日	村山首相、自衛隊合憲の答弁、「日の丸」「君が代」は尊重の表明
	七月二一日	村山首相、非武装中立の役割終了を表明
	一二月一〇日	新生、公明、民社、日本新党で新進党結成（党首・海部俊樹）
一九九五年（平成七）	一月一七日	阪神大震災、死者六〇〇〇人を超す
	三月二〇日	地下鉄サリン事件、死者一一人、負傷者五五〇〇人以上
	四月九日	東京都知事に青島幸男、大阪府知事に横山ノック当選
	九月四日	沖縄で米兵三人の少女暴行事件
	九月二二日	自民党、橋本龍太郎を総裁に選出
一九九六年（平成八）	一月五日	村山首相、辞意表明
	一月一一日	橋本龍太郎内閣成立
	一月一九日	社会党、「社会民主党」と改名
	四月一七日	橋本・クリントン「日米安保共同宣言」
	八月二八日	最高裁、「沖縄代理署名訴訟」で大田沖縄県知事に上告棄却の判決
	九月八日	沖縄で米軍基地の整理・縮小、日米地位協定の見直しをめぐる住民投票、賛成八九・〇九％
	九月一〇日	橋本・大田会談、沖縄問題にいちおうの解決
	九月二二日	鳩山由紀夫・菅直人ら「民主党」結成
	一〇月二〇日	日本初の小選挙区比例代表並立制による衆院総選挙、自民党二三九、新進党一五六、民主党五二、共産党二六、社会民主党一五、さきがけ二、無所属・その他一〇、投票率、戦後最低の五九・六五％
	一二月二日	沖縄にかんする特別行動委員会（ＳＡＣＯ）最終報告。普天間飛行場の条件付返還、「沖縄本島東海岸沖」に代替基地建設を発表
	一二月二六日	羽田孜ら、新進党を離党し、太陽党結成
一九九七年（平成九）	二月一〇日（―五月二七日）	神戸連続児童殺傷事件（酒鬼薔薇事件）

	四月一日	消費税、三%から五%に引き上げ
	四月一七日	駐留軍用地特措法改正。沖縄の米軍基地の土地使用期限を恒久化
	五月八日	アイヌ文化振興法成立
	六月一八日	細川護熙、新進党を離党し、フロム・ファイブを結成
	七月二日	タイのバーツが米ヘッジファンドの空売りにより為替レート切り下げ。以後、通貨価値が暴落。インドネシア、韓国など東アジア、東南アジア各国に通貨不安広がる（アジア通貨危機）
	九月二三日	日米安保共同宣言の新ガイドライン（「日米防衛協力のための指針」）合意
	一一月五日	普天間飛行場の代替基地建設地として名護市辺野古沖とする計画が政府から名護市に提示
	一一月二四日	山一証券破綻、国内に金融危機広がる
	一二月一日（―一〇日）	第三回地球温暖化防止京都会議（COP3）。先進各国の温室効果ガス削減目標を定めた京都議定書採択（発効二〇〇五年）
	一二月二一日	名護市で基地建設を問う住民投票。反対五二・八五%
	一二月三一日	新進党解散、自由党（小沢一郎）、改革クラブ、新党友愛など六党に分党
一九九八年（平成一〇）	一月二三日	太陽党、フロム・ファイブなど三党が合流し、民政党結成
	三月二五日	NPO法成立
	四月二七日	民主党に民政党、新党友愛、民主改革連合が合流、新民主党が結成。党代表に菅直人就任
	五月三〇日	社民党、自民党への閣外協力を解消、連立政権を離脱。翌月には新党さきがけも政権離脱
	七月一二日	参院選、自民党敗北。橋本首相退陣し、小渕恵三内閣成立（三〇日）
	一〇月三日	宮沢喜一蔵相、アジア蔵相・中央銀行総裁会議で、「新宮沢構想」を発表。アジア通貨危機で通貨不安に陥った国を資金援助
	一〇月二三日	日本長期信用銀行、破綻。国有化される（この年、金融危機がつづき、GDPがマイナス成長、以後、長期のデフレに突入）
一九九九年	一月一四日	小渕内閣、自由党と連立し、改造内閣発足

（平成一一）	五月一四日	情報公開法成立
	五月二四日	周辺事態法などガイドライン関連法（防衛指針法）成立
	六月二三日	男女共同参画社会基本法成立
	八月九日	国旗国歌法成立
	八月一二日	通信傍受法など成立
	九月三〇日	茨城県東海村のＪＣＯ核燃料加工施設で国内初の臨界事故。従業員二人が死亡
	一〇月五日	連立政権に公明党が加わり、第二次改造内閣発足
二〇〇〇年（平成一二）	二月六日	大阪府知事選で太田房江が当選、国内初の女性知事
	四月一日	小沢一郎自由党首、連立政権からの離脱を決定。連立維持派は保守党を結成
	四月二日	小渕首相、緊急入院（五月一四日死去）。森喜朗が首班指名され、森内閣成立（四月五日）。公明党、保守党との連立は維持
	五月一五日	森首相、「日本は天皇を中心とする神の国」と発言
	七月一日	金融庁発足
	七月八日	三宅島雄山で大規模な噴火（九月に全島避難）
	七月二一日	沖縄名護市でサミット開催（九州・沖縄サミット）
	一一月二〇日	民主党ら野党四党、内閣不信任案を提出。自民党の加藤紘一、山﨑拓らが造反するも否決（加藤の乱）
二〇〇一年（平成一三）	一月六日	中央省庁再編（一府一二省庁）
	四月四日	「新しい歴史教科書をつくる会」の歴史・公民教科書、検定に合格。韓国、中国から批判
	四月二六日	森首相の退陣を受けた自民党総裁選で小泉純一郎が圧勝。小泉が首相に就任、公明党、保守党との連立は維持。発足時の支持率七八％は戦後一位
	八月一三日	小泉首相、靖国神社を参拝。韓国、中国から抗議
	九月一一日	アメリカで同時多発テロ（九・一一）

	一〇月二九日	テロ対策特別措置法成立（二年ごとの時限立法。一一月、海上自衛艦を米アフガニスタン侵攻支援の目的でインド洋に派遣）
二〇〇二年（平成一四）	一月一三日	シンガポールと自由貿易協定（FTA）を締結（以後、ASEAN諸国、中南米諸国とも締結）
	一月三〇日	田中真紀子外相らを更迭
	四月一日	九八年の新学習指導要領にもとづき、小・中学校でのゆとり教育はじまる（二〇一一年三月末まで）
	五月二八日	日本経団連発足
	八月五日	住民基本台帳ネットワークシステム（住基ネット）稼働開始。行政機関、地方公共団体で国民の個人情報をインターネットにより管理・共有
	九月一七日	小泉首相訪朝、金正日総書記と会談し、平壌宣言を発表（一〇月、拉致被害者五人が帰国）
	一二月一八日	構造改革特区法成立。地方自治・地方経済の規制を緩和
二〇〇三年（平成一五）	四月一五日	福島第一原発における検査の不正が発覚（〇二年一〇月）したことを受け、東電管内の原発がすべて停止、検査
	六月六日	有事関連三法成立。「有事」における国と行政の手続き、自衛隊の出動規程などを制定・改正
	六月一六日	労働者派遣法改正。派遣対象業務の範囲、派遣期間の制限を緩和
	七月九日	国立大学法人法成立
	七月二六日	イラク復興支援特別措置法成立
	九月二六日	民主党と自由党が合併
	一一月九日	衆議院選挙。民主党が躍進（四〇議席増）、社民党（六議席）・共産党（九議席）大敗。土井たか子社民党党首辞任
二〇〇四年（平成一六）	一月九日	陸上自衛隊をイラクのサマワに派遣。「人道復興支援」の名目
	一月一六日	韓国で竹島（独島）切手が発行。竹島領有問題が話題に
	四月一日	営団地下鉄、新東京国際空港が民営化され、東京地下鉄株式会社、成田国際空港株式会社となる
	四月七日	イラク日本人人質事件（計五名）、全員解放（一〇月にも一名誘拐され、殺害）

	（—一七日）	
	四月二三日（—二八日）	政治家の年金未納問題があいついで発覚（中川昭一経済産業相、麻生太郎総務相、福田康夫内閣官房長官、谷垣禎一財務相、菅直人民主党代表〔のちに行政側のミスであることが発覚〕など）
	五月二二日	小泉首相、北朝鮮を再度訪問。首脳会談
	六月二日	道路公団民営化四法成立
	六月一四日	有事関連七法成立
	七月二一日	日韓シャトル外交はじまる。小泉首相、韓国の盧武鉉大統領と済州島で会談
	七月三〇日	扇千景が女性初の参議院議長に就任
	八月九日	美浜原発で高温蒸気が噴出する事故。死者五名
	八月一三日	沖縄国際大学敷地内に普天間基地所属の米軍ヘリが墜落
	一一月一日	新紙幣発行
二〇〇五年（平成一七）	三月二五日（—九月二五日）	愛知万博
	三月一六日	島根県議会、「竹島の日」条例を制定。韓国が反発、竹島領有権をめぐって外交問題に
	三月一七日	韓国の盧武鉉大統領、「対日四大基調」（新韓日ドクトリン）を発表。これまでの方針から一転して日本に強硬な姿勢で臨み、靖国神社参拝・歴史認識・歴史教科書・竹島などの各問題について、日本の立場を否定し、訂正と謝罪を求める（「対日外交戦争」）
	四月二日（—二三日）	小泉首相の靖国神社参拝、歴史教科書などの問題をめぐって、中国の北京や上海などの諸都市で反日デモがあいつぐ
	六月一日	日本海対馬沖で違法操業の韓国漁船を海上保安庁が拿捕
	六月二〇日	ソウルで日韓首脳会談。歴史問題などで合意に至らず、シャトル外交が一時中断となる
	八月八日	郵政民営化法案が参院で否決。小泉首相、宣言通り衆議院を解散（郵政解散）。郵政法案に反対した綿貫民輔、亀井静香ら、自民党を離党し、国民新党を結成（一七日）

	九月一一日	衆院選挙で与党圧勝。選挙中の小泉首相のイメージ戦略（「小泉劇場」）が話題を呼ぶ
	一〇月一四日	郵政民営化法成立
二〇〇六年（平成一八）	二月一二日	社民党大会。自衛隊は違憲と政策転換
	五月一日	日米両政府、「再編実施のための日米のロードマップ」発表。在日米軍施設・兵員の再編成など。沖縄普天間飛行場については移設先を辺野古とし、一四年までに建設で合意
	六月二〇日	陸上自衛隊、サマワからの完全撤収が正式決定（七月二〇日、撤収完了。航空自衛隊は〇八年一二月に撤収決定）
	九月二〇日	小泉首相の任期満了に伴う自民党総裁選で安倍晋三選出。任期満了の退任は中曾根康弘以来。小泉政権は平成最長で戦後三位
	九月二五日	民主党代表に小沢一郎就任
	九月二六日	安倍晋三内閣成立
	一〇月八日	安倍首相、北京で胡錦濤国家主席と会談。翌日はソウルで盧武鉉大統領と会談
	一〇月九日	北朝鮮が核実験。日本政府、国連の制裁（一四日）とは別に独自の経済制裁を発動（一一日、一四日）
	一二月一五日	教育基本法改正。道徳心、愛国心、伝統の尊重などの徳目・理念を盛り込む
二〇〇七年（平成一九）	一月九日	防衛省発足
	一月一四日	日中韓三ヵ国首脳会談。北朝鮮の核兵器放棄を求める共同声明
	一月三一日	米下院に従軍慰安婦問題について日本政府に謝罪を要求する決議案が提出（七月末、採択）
	三月一日	安倍首相が「河野談話」（九三年八月）にかんする記者質問にたいし、「軍の強制を裏づける証拠はない」と回答。五日には、米の決議案について「客観的事実にもとづいていない」としつつ、「河野談話は継承する」、「広義の強制はあった」と発言。韓国、中国、米から抗議
	四月一一日	中国の温家宝首相が訪日、安倍首相と会談。翌日、衆議院で演説
	五月一四日	国民投票成立。憲法改正の国民投票について規定

	七月二九日	参院選で与党大敗。民主党、躍進し、第一党に。野党が過半数を獲得（ねじれ国会）
	九月一二日	安倍首相、突然の退陣を表明（八月に内閣改造、二日前に臨時国会開幕・所信表明演説）。テロ特措法（一一月一日に期限切れ）の延長問題、健康問題などの理由
	九月二三日	自民党総裁選。福田康夫選出
	九月二五日	首相指名選挙において、衆議院は福田康夫を、参議院は民主党代表小沢一郎を指名。憲法の規定により衆議院が優越し、福田康夫が首相に就任
二〇〇八年（平成二〇）	一月一一日	テロ特措法の後継の法「新テロ特措法」成立（一年ごとの時限立法）。自衛隊のインド洋派遣・補給活動を再開
	二月二五日	福田首相、韓国を訪問し、李明博大統領と会談。シャトル外交再開で合意
	四月三〇日	歳入関連一括法案成立。ガソリン税の一〇年間復活、「ふるさと納税」の制度化など
	六月一一日	参議院で福田首相にたいする問責決議案が可決（可決は戦後初）
	六月一八日	東シナ海のガス田所属問題にかんして、共同開発で中国と合意
	七月七日（―九日）	北海道洞爺湖サミット（G8）
	九月二四日	福田内閣総辞職。衆議院は自民党総裁麻生太郎を、参議院は民主党代表小沢一郎を首相に指名。衆議院が優越し、麻生太郎が首相に就任
	一二月一三日	福岡で初の日中韓サミット
二〇〇九年（平成二一）	二月一七日	中川昭一財務・金融相、辞任（一四日、G7で「もうろう会見」）
	五月一一日	小沢一郎民主党代表、辞任。鳩山由紀夫が新代表に（一六日）
	七月一二日	都議会選挙で民主党が第一党に
	七月一四日	衆議院に内閣不信任案（否決）、参議院に麻生首相への問責決議案（可決）が提出される。二一日、衆議院解散
	七月一九日	鳩山民主党代表、那覇市の集会で普天間基地の移設先を「最低でも県外」と発言し、「ロードマップ」

		案の見直しを示唆
	八月八日	渡辺喜美元行政改革相、みんなの党を結成
	八月三〇日	衆院選挙。民主党が三〇八議席を獲得し、第一党
	九月一六日	麻生内閣総辞職。民主党代表の鳩山由紀夫、首相に就任。社民党、国民新党と連立を組む
	九月二一日（—二三日）	鳩山首相、中、英、米、露、韓を訪問し、首脳会談
	一〇月二三日	岡田克也外相、普天間基地移設にかんして、県外移設は困難と発言。鳩山政権、移設問題で迷走
	一一月一三日	日米首脳会談。鳩山首相、普天間移設問題の年内解決をオバマ大統領に約束
二〇一〇年（平成二二）	一月一五日	「新テロ特措法」期限日。鳩山内閣は非延長を決定していたため、同日失効。翌日より自衛艦の撤収はじまる
	三月五日	外務省、日米安保、沖縄返還の「密約」関連文書を公開。九日、有識者委員会、「広義の密約」が存在したと報告書を提出（沖縄返還密約の文書については、一四年七月、不開示で確定）
	三月三一日	高校授業料無償化法成立
	五月二八日	日米両政府、普天間基地の移設先を名護市辺野古沖にするとの共同声明。社民党党首福島瑞穂、閣議決定での署名を拒否。社民党、連立政権から離脱（三〇日）
	六月二日	鳩山首相、辞任を表明。菅直人内閣成立（八日）
	七月一一日	参院選で民主党が惨敗。与党が過半数に届かず、ねじれ国会に
	九月七日	尖閣諸島（釣魚島）で中国漁船が日本の海上保安庁の巡視船に衝突する事件。日中で尖閣諸島をめぐるもつれ激しくなる
二〇一一年（平成二三）	一月三一日	小沢一郎民主党幹事長の政治資金をめぐり、検察が強制起訴
	三月一一日	東北地方太平洋沖で地震発生（マグニチュード九）。巨大津波が発生し、東北・関東の太平洋沖に甚大な被害。死者・行方不明者約一万八〇〇〇人（一四年九月現在）、避難者数約二四万六〇〇〇人（一四年八月現在）。地震と津波により、福島第一原発所の一—三号機の電源が喪失、原子炉が冷却

		できず、炉心溶融（メルトダウン）。周辺住民に避難指示（東日本大震災）
	四月一日	〇八年の学習指導要領にもとづき、小学校五・六年生に「外国語活動」が導入。ゆとり教育の方針から一転した教育内容に（脱ゆとり）
	六月二日	菅首相、震災対応に目途がついた段階での退陣を表明
	九月二六日	菅首相辞任。野田佳彦が首相に就任（三〇日）
二〇一二年（平成二四）	一月二五日	貿易収支が三一年ぶりに赤字
	二月二〇日	関電の原発、すべて停止
	三月三〇日	消費税増税法案を閣議決定
	四月一九日	福島第一原発一―四号機が廃炉（残りの五、六号機は一四年一月末に廃炉）
	五月五日	国内の原発すべて停止（七月、大飯原発三、四号機、再稼働、一三年九月に停止）
	八月一〇日	社会保障と税の一体改革関連法案、参院で三党（民主・自民・公明）合意にもとづき可決・成立。一四年四月から八％、一五年一〇月から一〇％に上げる計画。消費税増税法案審議中、小沢一郎ら多くの民主党議員が離党し、政党の結成があいつぐ
	八月二九日	参院で野田首相にたいする問責決議案が可決
	九月一一日	尖閣諸島を国有化
	九月二八日	橋下徹大阪府知事、大阪を拠点とする政党「日本維新の会」結成（一一月には石原慎太郎ら太陽の党が合流）
	一二月一六日	衆院選、自民党が第一党に返り咲き
	一二月二六日	野田内閣総辞職。安倍晋三自民党総裁、首相に就任。公明党との連立政権。民主党政権は三内閣一一九八日
二〇一三年（平成二五）	二月九日	新大久保で保守系団体の反韓デモ。以降、在日朝鮮人や中国人などにたいするヘイトスピーチが問題となる
	四月一九日	公職選挙法改正。インターネットを利用した選挙活動が解禁

	七月二一日	参院選。与党が圧勝、過半数を占めたのでねじれが解消。民主党は過去最低の議席数
	七月二三日	ＴＰＰ加盟交渉はじまる
	九月七日	安倍首相、国際オリンピック委員会総会の五輪招致スピーチで福島第一原発の放射線汚染水について、「コントロール下にある」と発言（同日、二〇二〇年オリンピック開催地が東京で決定）
	一二月六日	特定秘密保護法成立
	一二月二六日	安倍首相、靖国神社を参拝。現役の首相としては、〇六年の小泉元首相以来、約七年ぶりの参拝
	一二月二七日	仲井眞沖縄県知事、公約を翻し、辺野古沖海上施設の建設を承認
二〇一四年（平成二六）	一月一九日	名護市長選。移設反対派の稲嶺進が再選
	二月二六日	仮想通貨「ビットコイン」、東京の取引所が閉鎖し、すべての取引が停止となる
	三月二四日	ロシアを除いた七ヵ国（Ｇ７）は核保安サミット開催地のオランダ（ハーグ）で首脳会合を開き、ロシアがウクライナ南部クリミア半島を併合（一八日）したことに対抗し、ロシアのＧ８への参加停止を決める
	四月一日	消費税が八％に
	六月一九日	政府・自民党、国連安全保障理事会決議にもとづいて侵略行為などをおこなった国を制裁する集団安全保障について、日本が武力行使できるようにする方向で調整に入る
	六月二九日	イラクを拠点とする国際テロ組織アルカイダ系の過激派組織が、イラク北西部からシリア東部の一部で「イスラム国」の樹立を宣言
	七月一日	集団的自衛権の行使容認を閣議決定
	七月一六日	川内原発一、二号機、安全審査に合格
	九月一一日	朝日新聞、福島第一原発所長の政府聴取記録（「吉田調書」）にかんして、一部内容の報道に誤りがあったことを認め謝罪、記事を取消。慰安婦報道（吉田証言）などについても誤りを認め、取消。政治家、マスコミからの批判多数
	一一月一〇日	アジア太平洋経済協力会議（ＡＰＥＣ）で北京を訪問した安倍首相、中国の習近平国家主席と会談し、

		「戦略的互恵関係」にもとづき、関係改善に向けて一歩踏み出す方針を確認
	一一月一七日	安倍首相、ＡＰＥＣより帰国。翌一八日に衆院解散を表明。二一日、解散
	一二月一四日	衆院選。与党が過半数を維持。投票率は戦後最低を更新

人名索引

ア行

アイゼンハワー、ドワイト・D（Dwight D. Eisenhower, 1890-1969）　116, 121, 123-26, 133
赤松克麿（あかまつ・かつまろ, 1894-1955）　42
赤松広隆（あかまつ・ひろたか, 1948- ）　264, 277, 279, 280
浅沼稲次郎（あさぬま・いねじろう, 1898-1960）　86, 93, 110, 122, 124, 125, 135
芦田均（あしだ・ひとし, 1887-1959）　78, 82, 84, 97, 108
麻生太郎（あそう・たろう, 1940- ）　288
阿南惟幾（あなみ・これちか, 1887-1945）　67
安倍晋三（あべ・しんぞう, 1954- ）　288, 289
安倍晋太郎（あべ・しんたろう, 1924-1991）　85, 172, 177, 191, 194, 195, 207, 216-18, 233, 236, 238, 245, 247, 257
安倍能成（あべ・よししげ, 1883-1966）　85
有沢広巳（ありさわ・ひろみ, 1896-1988）　85
安藤正純（鉄腸, あんどう・まさずみ, 1876-1955）　44, 50
池田勇人（いけだ・はやと、1899-1965）　101, 104, 122, 128-130, 132, 133-144, 145-147, 154, 159, 174, 175, 191, 193, 196, 197, 215, 246
石井光次郎（いしい・みつじろう, 1889-1981）　122, 133, 141, 177
石橋湛山（いしばし・たんざん, 1884-1973）　84, 98, 104, 108, 113, 115, 116, 141, 159, 175, 247, 274
石原慎太郎（いしはら・しんたろう, 1932- ）　177, 238
板垣退助（いたがき・たいすけ, 1837-1919）　14, 15, 17
市川房枝（いちかわ・ふさえ, 1893-1981）　187
市川雄一（いちかわ・ゆういち, 1935- ）　274, 277, 280
伊藤欽亮（いとう・きんりょう, 1857-1928）　45
伊藤博文（いとう・ひろぶみ, 1841-1909）　17, 27-28, 41
伊東正義（いとう・まさよし, 1913-1994）　189, 191, 195, 206, 207, 232, 236
稲田正次（いなだ・まさつぐ, 1902-1984）　74
井上亀六（藁村, いのうえ・きろく）　41
犬養健（いぬかい・たける, 1896-1960）　97, 108, 181
植木枝盛（うえき・えもり, 1857-1892）　16
宇野宗佑（うの・そうすけ, 1922-1998）　176, 189, 191, 196, 209, 213, 218, 233, 235-37, 238, 243, 244, 247, 248, 274
梅津美治郎（うめづ・よしじろう, 1882-1949）　69
江田五月（えだ・さつき, 1941- ）　189, 251
江田三郎（えだ・さぶろう, 1907-1977）　124, 142, 189, 190
江藤新平（えとう・しんぺい, 1834-1874）　15

榎本武揚（えのもと・たけあき, 1836-1908）　19
エンゲルス、フリードリヒ（Friedrich Engels, 1820-1895）　291
大内兵衛（おおうち・ひょうえ, 1888-1980）　34, 85, 294
大久保利通（おおくぼ・としみち, 1830-1878）　15
大隈重信（おおくま・しげのぶ, 1838-1922）　16, 31, 17
大田昌秀（おおた・まさひで, 1925- ）　149, 283, 284
大野伴睦（おおの・ばんぼく, 1890-1964）　110, 141
大庭柯公（景秋, おおば・かこう, 1872-1924?）　50
大平正芳（おおひら・まさよし, 1910-1980）　100, 140, 141, 145, 159, 160, 162, 168, 172, 174-77, 181-84, 187, 188-93, 194-96, 199, 205, 207, 213, 215-17, 220, 221, 223, 224, 226, 228-30, 235, 236, 246, 247
大山郁夫（おおやま・いくお, 1880-1955）　50, 57
緒方竹虎（おがた・たけとら, 1888-1956）　107-110
尾崎行雄（咢堂, おざき・ゆきお, 1859-1954）　74
小沢一郎（おざわ・いちろう, 1942- ）　107, 150, 164, 167, 170, 172, 173, 176, 177, 191, 211, 212, 213, 217-19, 240, 242, 244, 245, 248, 250, 254-57, 260, 263, 265-70, 274-77, 279, 280, 283, 286, 287
小渕恵三（おぶち・けいぞう, 1937-2000）　169, 191, 219, 254, 255, 271, 287, 288

カ行

カー、E・H（Edward Hallett Carr, 1892-1982）　294
海部俊樹（かいふ・としき, 1931- ）　132, 173, 176, 189, 191, 196, 209, 210, 212, 218, 223, 237, 238-245, 247-51, 253, 254, 256, 260, 262, 265-67, 275, 276, 278, 286
梶山静六（かじやま・せいろく, 1926-2000）　229, 251, 254-57, 260, 263, 269
カストロ、フィデル（Fidel Castro, 1926- ）　139
片岡健吉（かたおか・けんきち, 1843-1903）　16
片山哲（かたやま・てつ, 1887-1978）　72, 78, 94, 102, 105, 210, 222, 279
勝海舟（かつ・かいしゅう, 1823-1899）　19
加藤紘一（かとう・こういち, 1939- ）　191, 233, 244
加藤弘之（かとう・ひろゆき, 1836-1916）　18-22, 24, 25, 27, 31, 294
加藤六月（かとう・むつき, 1926-2006）　181, 233, 245
金丸信（かねまる・しん, 1914-1996）　164, 167, 172, 176, 177, 186, 194, 217-19, 229, 245, 251, 254, 255, 263, 264, 267, 269
河上丈太郎（かわかみ・じょうたろう, 1889-1965）　93, 142
河上肇（かわかみ・はじめ, 1879-1946）　34
河東碧梧桐（秉五郎, かわひがし・へきごとう, 1873-1937）　45
菅直人（かん・なおと, 1946- ）　170, 212, 261, 280, 281, 286, 287, 288
岸信介（きし・のぶすけ, 1896-1987）　73, 104, 108-10, 113, 114-17, 120-26, 128, 132, 133, 135, 141, 144, 153, 159, 175, 191, 194, 197, 198, 215
ギゾー、フランソワ（François Pierre Guillaume Guizot, 1787-1874）　28
北一輝（きた・いっき, 1883-1937）　42
キッシンジャー、ヘンリー（Henry Kissinger, 1923- ）　159, 162
木戸孝允（きど・たかよし, 1833-1877）　15
金日成（キム・イルソン, 1912-1994）　79

金鍾泌（キム・ジョンピル, 1926- ） 140, 145
金大中（キム・デジュン, 1925-2009） 179, 199
清沢洌（きよさわ・きよし, 1890-1945） 61
陸羯南（実, くが・かつなん, 1857-1907） 17, 27, 28, 30, 35-45, 48, 50, 52-54, 71, 292, 294
櫛田民蔵（くしだ・たみぞう, 1885-1934） 34
久野収（くの・おさむ, 1910-1999） 85
クリントン、ビル（Bill Clinton, 1946- ） 149, 152, 153, 186, 190, 263, 283, 284, 285, 287
クロポトキン、ピョートル（Pyotr Kropotkin, 1842-1921） 54
桑原武夫（くわばら・たけお, 1904-1988） 85
ケネディ、ジョン・F（John Fitzgerald Kennedy, 1917-1963） 136, 140, 154
胡耀邦（こ・ようほう, 1915-1989） 200
ゴ・ディン・ジェム（Ngo Dinh Diem, 1901-1963） 136
小泉純一郎（こいずみ・じゅんいちろう, 1942- ） 191, 244, 288, 289
小磯国昭（こいそ・くにあき, 1880-1950） 66
河野一郎（こうの・いちろう, 1898-1965） 98, 104, 112, 141, 197, 236
河野密（こうの・みつ, 1897-1981） 93
河野洋平（こうの・ようへい, 1937- ） 183, 205, 236, 253, 260, 271, 272, 277-79
河本敏夫（こうもと・としお, 1911-2001） 176, 177, 193-95, 207, 218, 236, 238, 240, 254, 258, 287
古賀誠（こが・まこと, 1940- ） 289
古島一雄（こじま・かずお, 1865-1952） 41, 45
児玉誉士夫（こだま・よしお, 1911-1984） 180, 181
後藤象二郎（ごとう・しょうじろう, 1838-1897） 14
後藤田正晴（ごとうだ・まさはる, 1914-2005） 191, 195, 236, 242, 249, 269-71
近衛文麿（このえ・ふみまろ, 1891-1945） 67, 72, 262
ゴルバチョフ、ミハイル（Mikhail Sergeevich Gorbachyov, 1931- ） 148, 149, 171, 204, 227, 241

サ行

堺利彦（枯川, さかい・としひこ, 1871-1933） 57
桜内義雄（さくらうち・よしお, 1912-2003） 191, 194, 235, 251
佐々木惣一（ささき・そういち, 1878-1965） 72
サッチャー、マーガレット（Margaret Thatcher, 1925-2013） 171, 199, 202, 227, 241
佐藤栄作（さとう・えいさく, 1901-1975） 108, 128, 130, 131, 141, 143, 144-58, 159-61, 168, 174, 175, 179, 181, 186, 187, 191, 194, 196, 197, 214, 215, 246, 285
佐藤尚武（さとう・なおたけ, 1882-1971） 67
椎名悦三郎（しいな・えつさぶろう, 1898-1979） 145, 175, 176, 177, 181, 182
志賀重昂（しが・しげたか, 1863-1927） 31
重光葵（しげみつ・まもる, 1887-1957） 69, 103, 104, 108, 112
幣原喜重郎（しではら・きじゅうろう, 1872-1951） 71, 72, 97, 141
清水幾太郎（しみず・いくたろう, 1907-1988） 85
周恩来（しゅう・おんらい, 1898-1976） 140, 148, 159, 162
シュミット、カール（Carl Schmitt, 1888-1985） 294

ジョンソン、アンドリュー（Andrew Johnson, 1808-1875）　147, 151, 159
新村猛（しんむら・たけし, 1905-1992）　85
末川博（すえかわ・ひろし, 1892-1977）　85
鈴木貫太郎（すずき・かんたろう, 1868-1948）　66, 67
鈴木善幸（すずき・ぜんこう, 1911-2004）　168, 172, 174, 188, 189, 191, 193-96, 198, 199, 202, 207, 229, 242, 246, 247
鈴木茂三郎（すずき・もさぶろう, 1893-1970）　78, 86, 94, 103, 110, 117, 120
スターリン、ヨシフ（Iosif Vissarionovich Stalin, 1879-1953）　67, 92
スハルト（Soeharto, 1921-2008）　200
スペンサー、ハーバート（Herbert Spencer, 1820-1903）　29, 33
副島種臣（そえじま・たねおみ, 1828-1905）　15

タ行・ナ行

高木八尺（たかぎ・やさか, 1889-1984）　85
高野岩三郎（たかの・いわさぶろう, 1871-1949）　74
滝川幸辰（たきかわ・ゆきとき, 1891-1962）　55, 72
田口卯吉（鼎軒, たぐち・うきち, 1855-1905）　17, 27-35, 38, 42, 48, 52, 71, 292, 294
竹下登（たけした・のぼる, 1924-2000）　131, 155, 164, 167, 169, 170, 172-74, 176, 177, 187, 189, 190, 191, 195, 196, 199, 206-09, 211, 212, 213-35, 236-40, 242, 243, 245, 247, 248, 250, 251, 253-57, 259, 260, 263, 264, 266-68, 272, 275, 276, 281
武村正義（たけむら・まさよし, 1934- ）　264, 270, 274, 277
田中角栄（たなか・かくえい, 1918-1993）　109, 115, 116, 128-32, 141, 152, 154, 155, 157, 158-69, 170-73, 175-82, 184, 185, 188, 189, 191, 192, 194-99, 207, 208, 211, 214-20, 222-24, 235, 236, 239, 244-48, 253, 263, 266, 275, 276, 281
田中耕太郎（たなか・こうたろう, 1890-1974）　85
田辺誠（たなべ・まこと, 1922- ）　142, 251, 263, 264
谷干城（たに・たてき, 1837-1911）　31
ダレス、ジョン・フォスター（John Foster Dulles, 1888-1959）　84
チャーチル、ウィンストン（Winston Leonard Spencer Churchill, 1874-1965）　67
全斗煥（チョン・ドゥファン, 1931- ）　199
陳毅（ちん・き, 1901-1972）　121
恒藤恭（つねとう・きょう, 1888-1967）　85
坪内逍遥（雄蔵, つぼうち・しょうよう, 1859-1935）　50
都留重人（つる・しげと, 1912-2006）　85
鶴見和子（つるみ・かずこ, 1918-2006）　85
鶴見祐輔（つるみ・ゆうすけ, 1885-1973）　72
寺内正毅（てらうち・まさたけ, 1852-1919）　41
ド・ゴール、シャルル（Charles de Gaulle, 1890-1970）　134
土井たか子（どい・たかこ, 1928-2014）　142, 205, 226, 239, 251, 265, 270, 272, 281, 287
鄧小平（とう・しょうへい, 1904-1997）　185
東條英機（とうじょう・ひでき, 1884-1948）　69
徳富蘇峰（猪一郎, とくとみ・そほう, 1863-1957）　36

トリアッティ、パルミーロ（Palmiro Togliatti, 1893-1964） 142
鳥居素川（赫雄, とりい・そせん, 1867-1928） 41, 50
トルーマン、ハリー（Harry Truman, 1884-1972） 67, 80, 105
永井道雄（ながい・みちお, 1923-2000） 177
永井柳太郎（ながい・りゅうたろう, 1881-1944） 177
中川一郎（なかがわ・いちろう, 1925-1983） 100, 194, 195
中曾根康弘（なかそね・やすひろ, 1918- ） 109, 131, 141, 155, 159, 160, 168, 170-74, 176, 177, 181, 183, 187-91, 193-95, 196-208, 209, 210, 213, 216-18, 220, 221, 223, 224, 229-33, 235, 236, 238, 246, 247, 249, 275
中野好夫（なかの・よしお, 1903-85） 85, 111
中村正直（敬宇, なかむら・まさなお, 1832-1891） 50
南原繁（なんばら・しげる, 1889-1974） 86
二階堂進（にかいどう・すすむ, 1909-2000） 168, 181, 195, 207, 215, 218, 238
ニクソン、リチャード（Richard Milhous Nixon, 1913-1994） 104, 147-49, 151, 154, 159, 160, 168, 222
西尾末広（にしお・すえひろ, 1891-1981） 94, 102, 124
仁科芳雄（にしな・よしお, 1890-1951） 85
西村栄一（にしむら・えいいち, 1904-1971） 101
西村英一（にしむら・えいいち, 1897-1987） 191
野坂参三（のさか・さんぞう, 1892-1993） 93
野田佳彦（のだ・よしひこ, 1957- ） 288
野中広務（のなか・ひろむ, 1925- ） 289

ハ行

ハガチー、ジェイムズ（James Campbell Hagerty, 1909-1981） 125
橋本龍太郎（はしもと・りゅうたろう, 1937-2006） 149, 150, 152, 153, 169-74, 184, 186, 190, 191, 193, 211, 212, 217, 223, 236, 240, 244, 254, 259, 260, 271, 274, 275, 279, 281, 282-87, 288
長谷川如是閑（萬次郎, はせがわ・にょぜかん, 1875-1969） 33-35, 40, 45, 47-61, 71, 72, 93, 292, 294
羽田孜（はた・つとむ, 1935- ） 170, 173, 177, 191, 211, 212, 217, 219, 254, 255, 257, 258, 260, 262-70, 274-79, 282, 283, 285-87
バックル、ヘンリ（Henry Thomas Buckle, 1821-1862） 28
鳩山一郎（はとやま・いちろう, 1883-1959） 72, 77, 84, 98, 99, 101-04, 106-15, 132, 141, 144, 159, 161, 162, 166, 175, 191, 197, 244
鳩山邦夫（はとやま・くにお, 1948- ） 206, 231, 280
鳩山由紀夫（はとやま・ゆきお, 1947- ） 170, 212, 261, 280, 281, 286, 288
馬場恒吾（ばば・つねご, 1875-1956） 61
ハリントン、ジェイムズ（James Harrington, 1611-1677） 29
東久邇稔彦（ひがしくに・なるひこ, 1887-1990） 69, 71, 274
ビスマルク、オットー・フォン（Otto Eduard Leopold Fürst von Bismarck, 1815-1898） 15, 42
ヒトラー、アドルフ（Adolf Hitler, 1889-1945） 58, 167

フォード、ジェラルド（Gerald Ford, 1913-2006）　168, 181
福澤諭吉（ふくざわ・ゆきち, 1834-1901）　17-25, 27-29, 37-40, 42, 43, 48, 54, 71, 292, 294
福田赳夫（ふくだ・たけお, 1905-1995）　100, 141, 159-61, 164, 168, 172, 173, 175-78, 181-83, 184-88, 189-91, 193-96, 199, 205, 207, 213, 216, 220, 221, 223, 224, 230, 235, 236, 238, 246, 247
福田徳三（ふくだ・とくぞう, 1874-1930）　34
福田康夫（ふくだ・やすお, 1936- ）　288
藤波孝生（ふじなみ・たかお, 1932-2007）　233, 235
藤山愛一郎（ふじやま・あいいちろう, 1897-1985）　116, 121, 123, 141
フセイン、サッダーム（Saddam Hussein, 1937-2006）　241
ブッシュ、ジョージ・H・W（George Herbert Walker Bush, 1924- ）　149, 204, 241, 263
ブルガーニン、ニコライ（Nikolai Bulganin, 1895-1975）　112
フルシチョフ、ニキータ（Nikita Sergeevich Khrushchyov, 1894-1971）　113, 136
ブルンチュリ、ヨハン（Johann Kaspar Bluntschli, 1808-1881）　22
ブレジネフ、レオニード（Leonid Brezhnev, 1906-1982）　148
不破哲三（上田建二郎, ふわ・てつぞう, 1930- ）　277, 278, 287
ホー・チ・ミン（Ho Chi Minh, 1890-1969）　79
細川護熙（ほそかわ・もりひろ, 1938- ）　99, 129, 132, 134, 155, 167, 170, 173, 174, 178, 189-91, 193, 209-12, 214, 223, 226, 229, 236, 239, 243, 254, 257, 259-61, 262-75, 276-78, 280, 282, 283, 286, 289
ホッブズ、トマス（Thomas Hobbes, 1588-1679）　8, 24, 291

マ行

マーシャル、ジョージ（George Catlett Marshall, 1880-1959）　80
正岡子規（常規, まさおか・しき, 1867-1902）　41
町田忠治（まちだ・ちゅうじ, 1863-1946）　72
マッカーサー、ダグラス（Douglas MacArthur, 1880-1964）　11, 69-74, 78, 82-85, 87, 91, 92, 97, 104
マッカーシー、ジョセフ（Joseph McCarthy, 1908-1957）　92
松本烝治（まつもと・じょうじ, 1877-1954）　72, 73
マルクス、カール（Karl Marx, 1818-1883）　29, 54, 290, 291
丸山幹治（侃堂, まるやま・かんじ, 1880-1955）　44, 50
丸山眞男（まるやま・まさお, 1914-1996）　44, 85, 124, 292, 294
三木武夫（みき・たけお, 1907-1988）　78, 99, 100, 122, 141, 159, 160, 167, 168, 170-74, 175-83, 184, 186-91, 194, 196-98, 215, 216, 220, 222, 223, 237, 238, 247, 254, 260, 266, 273
三木武吉（みき・ぶきち, 1884-1956）　84, 98, 104, 110
水谷長三郎（みずたに・ちょうざぶろう, 1897-1960）　94
三塚博（みつづか・ひろし, 1927-2004）　218, 244, 245, 257, 271, 287
美濃部亮吉（みのべ・りょうきち, 1904-1984）　177, 294
三宅雪嶺（雄二郎, みやけ・せつれい, 1860-1945）　31, 40, 45
宮沢喜一（みやざわ・きいち, 1919-2007）　103, 132, 172, 173, 177, 179, 189, 191, 193, 194, 196, 207, 209, 210, 213, 216-19, 223, 226, 233, 236, 238, 242, 244, 245, 246-58, 262, 264, 267-69, 275, 276, 283, 287
宮沢俊義（みやざわ・としよし, 1899-1976）　73, 100

ミル、ジョン・ステュアート（John Stuart Mill, 1806-1873） 29, 261
三輪寿壮（みわ・じゅそう, 1894-1956） 93
ムッソリーニ、ベニート（Benito Mussolini, 1883-1945） 57, 58
村山達雄（むらやま・たつお, 1915-2010） 205, 233, 236
村山富市（むらやま・とみいち, 1924- ） 78, 139, 165, 171, 187, 190, 193, 211, 212, 223, 226, 260, 267, 271, 276-81, 282, 283
村山龍平（むらやま・りゅうへい, 1850-1933） 50
メージャー、ジョン（Sir John Major, 1943- ） 241
毛沢東（もう・たくとう, 1893-1976） 79, 86, 92, 148, 162, 291
森鷗外（林太郎, もり・おうがい, 1862-1922） 30
森喜朗（もり・よしろう, 1937- ） 271, 288
森戸辰男（もりと・たつお, 1888-1984） 34, 54, 55, 74

ヤ行・ラ行・ワ行

矢内原忠雄（やないはら・ただお, 1893-1961） 85
矢野龍渓（文雄, やの・りゅうけい, 1851-1931） 38
山川均（やまかわ・ひとし, 1880-1958） 93
山口鶴男（やまぐち・つるお, 1925- ） 205, 239
山口敏夫（やまぐち・としお, 1940- ） 183
山﨑拓（やまさき・たく, 1936- ） 191, 235, 244
山中貞則（やまなか・さだのり, 1921-2004） 168, 205, 230, 235
山花貞夫（やまはな・さだお, 1936-1999） 264, 271, 277, 279, 280
吉田茂（よしだ・しげる, 1878-1967） 71, 78, 82-87, 91, 92, 94, 97-104, 106-09, 113, 115, 128, 129, 132, 133, 141, 144, 153, 159, 175, 181, 191, 193, 196-98, 242, 246
吉野作造（よしの・さくぞう, 1878-1933） 34, 57, 71
ラスキ、ハロルド（Harold Laski, 1893-1950） 294
リッジウェイ、マシュー（Matthew Ridgway, 1895-1993） 84
ルソー、ジャン＝ジャック（Jean-Jacques Rousseau, 1712-1778） 8, 24, 291
レーガン、ロナルド（Ronald Wilson Reagan, 1911-2004） 171, 195, 197, 199-202, 227, 232, 241
レーニン、ウラジーミル（Vladimir Ilyich Lenin, 1870-1924） 259, 291
蠟山政道（ろうやま・まさみち, 1895-1980） 85
ロック、ジョン（John Locke, 1632-1704） 8, 24, 291
ロバートソン、ウォルター（Walter Robertson, 1893-1970） 104
渡辺美智雄（わたなべ・みちお, 1923-1995） 194, 207, 218, 231, 233, 235, 236, 244, 245, 257, 271, 277, 287
和辻哲郎（わつじ・てつろう, 1889-1960） 85

初出一覧

序章―第六章　『戦後日本政治史』（講談社、1996 年）
補論　書き下ろし（2014 年 12 月 8 日）
戦後日本政治史略年表　『戦後日本政治史』

田中 浩（たなか・ひろし）
1926年10月23日、佐賀県生まれ。東京文理科大学哲学科卒業、法学博士、政治学・政治思想専攻。一橋大学名誉教授、聖学院大学大学院客員教授。本シリーズ収録著作のほか、編書に『国家思想史』『日本の国家思想』（青木書店）『近代日本のジャーナリスト』『現代世界と国民国家の将来』『現代世界と福祉国家』（御茶の水書房）、『思想学の現在と未来』『ナショナリズムとデモクラシー』『ＥＵを考える』『リベラル・デモクラシーとソーシャル・デモクラシー』（未來社）、共訳書にボルケナウ『封建的世界像から近代的世界像へ』（みすず書房）、ホッブズ『リヴァイアサン』（河出書房新社）『哲学者と法学徒との対話』（岩波書店）、シュミット『政治的なものの概念』『政治神学』『大統領の独裁』『合法性と正当性』『独裁』、ミルトン『イングランド宗教改革論』『教会統治の理由』『離婚の教理と規律』『離婚の自由について』、ヒルトン、ヘイガン『イギリス農民戦争』、ワトキンス『ホッブズ』、タック『トマス・ホッブズ』、フィルプ『トマス・ペイン』、ピアソン『曲がり角にきた福祉国家』、クーペルス、カンデル編『ＥＵ時代の到来』、Ｔ・Ｈ・グリーン『イギリス革命講義』（未來社）など多数。

田中浩集　第八巻
現代日本政治

発行――二〇一五年一月三十日　初版第一刷発行

定価――（本体六八〇〇円＋税）

著　者――田中　浩
発行者――西谷能英
発行所――株式会社　未來社
東京都文京区小石川三―七―二
振替〇〇一七〇―三―八七三八五
電話・(03) 3814-5521（代表）
http://www.miraisha.co.jp/
Email: info@miraisha.co.jp

印刷・製本――萩原印刷

ISBN 978-4-624-90048-9 C0331